岭南学术文库第三辑　主编：舒元　陈平

FINANCIAL RISK MANAGEMENT IN RMB EXCHANGE MARKETS

人民币外汇市场风险管理研究

梁建峰 刘京军 田凤平 著

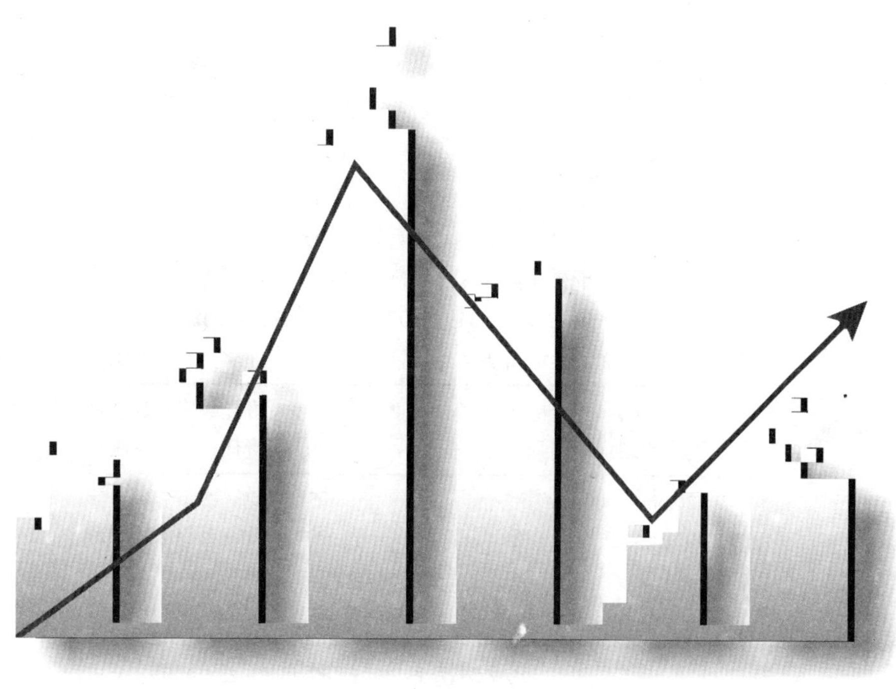

经济管理出版社
ECONOMY & MANAGEMENT PUBLISHING HOUSE

图书在版编目（CIP）数据

人民币外汇市场风险管理研究/梁建峰等著. —北京：经济管理出版社，2011.12

ISBN 978-7-5096-0854-8

Ⅰ. ①人… Ⅱ. ①梁… Ⅲ. ①人民币—外汇市场—风险管理—研究 Ⅳ. ①F822.1 ②F832.52

中国版本图书馆 CIP 数据核字（2011）第 277096 号

出版发行：经济管理出版社
北京市海淀区北蜂窝 8 号中雅大厦 11 层
电话：(010)51915602　　邮编：100038

印刷：三河市延风印装厂　　经销：新华书店

组稿编辑：王光艳　　责任编辑：魏晨红
责任印制：杨国强　　责任校对：李玉敏

720mm×1000mm/16　　15.25 印张　　278 千字
2012 年 10 月第 1 版　　2012 年 10 月第 1 次印刷

定价：38.00 元

书号：ISBN 978-7-5096-0854-8

国家社会科学基金资助项目（08CJY064）
国家杰出青年基金资助项目（70825002）
资助基金：国家自然科学基金资助项目（7087124）
广东省人文社科重点研究基地重大项目（09JDXM79019）
中央高校基本科研业务费专项目基金资助项目（09WKPY35，09WKPY36）

《岭南学术文库》第三辑
编 委 会

前 言

自2005年7月21日人民币汇率制度改革以来，到2008年6月人民币兑美元累计升值幅度已接近20%，但从2008年7月之后，人民币兑美元汇率一直维持在6.8附近。2010年6月19日，中国人民银行宣布根据国内外经济、金融形势和中国国际收支状况，决定进一步推进人民币汇率形成机制改革，增强人民币汇率弹性。中国人民银行将进一步发挥市场在资源配置中的基础性作用，促进国际收支基本平衡，保持人民币汇率在合理均衡水平上的基本稳定，维护宏观经济和金融市场稳定。虽然中国政府明确表态人民币币值没有被低估，但是人民币汇率问题始终是市场关注的焦点。随着汇改的深入，人民币即期汇率波动必将使汇率风险进一步凸显。

运用金融衍生品进行套期保值是管理金融风险的重要手段，这也适用于对人民币汇率风险的控制。围绕人民币汇率衍生品交易，境内外目前存在三个主要交易市场和多种汇率衍生品。境内市场以中国外汇交易中心为主，交易的衍生品主要是人民币外汇远期和外汇掉期；境外市场包括非交割远期（NDF）交易市场和芝加哥商品交易所（CME）的人民币期货期权交易市场，交易的衍生品主要为非交割远期和人民币外汇期货等。本书将从多个人民币外汇衍生品市场特征及其动态相关性入手，探讨人民币远期汇率与即期汇率变化的相关趋势，并且从微观层面上研究运用人民币汇率衍生品进行风险管理的方法。

本书出版之前已有不少学者对人民币汇率进行了研究，这些研究成果已为人民币外汇市场的风险管理提供了有利的参考。但我们也不得不注意到，随着人民币汇率制度改革的深入，越来越多的新问题已成为现阶段各方关注的重要议题，如境内外人民币外汇衍生品市场的有效性及其分割程度、境内外衍生品市场的波动率对即期汇率变化趋势的影响以及如何有效利用人民币汇率衍生品规避汇率风险等问题，这些正是本书的核心内容。本书内容围绕以下三个主题展开：①人民币外汇衍生品市场特征，主要探讨人民币远期市场有效性以及影响因素。②人民币外汇衍生品市场的动态相关性，主要研究多个市场之间的信息溢出、波动率影响以及外汇市场间的价格引导关系。③远期外汇市场的套期保值模型方法及套期效率等问题，研究包括方差最小化静态及动态套期保值方法的改进、基于相对在险价值和下偏测度的套期保值优化以及套期保值的动态调整等问题。本书在规范模型方法研究的同时，还以2005年7月至2008年12月各个人民币外汇市场的报价数据为基础，对上述问题进行了深入的实证研究。

本书内容依据以上各主题分为上、中、下三篇。

上篇包括第一章和第二章内容，集中于人民币外汇衍生品市场有效性研究。以往研究多单独考虑人民币/美元市场的有效性，忽略了人民币/美元汇率与人民币对应的其他流通货币汇率之间的相互作用。为此，本书在上篇的研究内容中，同时考察了人民币/美元、人民币/日元以及人民币/欧元的远期外汇市场的有效性及其影响因素。自2005年7月21日中国人民银行宣布开始实行以市场供求为基础、参考一篮子货币进行调节的有管理浮动汇率制度以来，人民币汇率波动的幅度逐渐加大，汇率风险凸显。只有清楚地认识到多个人民币外汇市场的价格波动及其信息传导关系，才能更好地运用多个市场交易对冲汇率风险。为此，在本书的中篇内容中，围绕人民币外汇市场的动态相关性和价格发现功能展开研究，分别运用DAG理论、VEC Granger因果检验方法、双变量EGARCH模型和DCC-EGARCH模型等工具，全面量化分析了三个市场之间的动态相关性和价格引导关系，研究内容包括第三章至第六章。如何运用人民币远期外汇市场交易有效对冲汇率风险已成为金融风险控制领域的前沿论题。本书下篇集中于人民币外汇衍生品套期保值模型与方法的研究，内容包括第七章至第十一章。研究围绕人民币远期套期保值方法，就套期比率优化以及套期效率评价等问题，从静态到动态、从传统模型到前沿方法逐步展开。

本书研究成果为深刻认识人民币外汇衍生品市场提供了新的启示，并为汇率风险管理提供了有效途径，创新之处在于：①综合考虑了境内外多个人民币外汇市场以及多个人民币外汇远期产品，从市场有效性、交叉动态相关性及价格引导关系等角度展开研究。研究有助于系统探讨人民币外汇衍生品市场体系，深刻认识人民币外汇市场特征，并为进一步运用衍生品市场对冲汇率风险奠定了基础。②在研究方法上，注重规范研究与实证研究相结合，并结合使用经典模型与前沿方法，在计量手段和方法研究上有所创新和发展。③在外汇风险管理研究方面，提出了多种套期保值模型，结合使用了前沿的计量方法，有助于改善理论模型的实际应用效果。利用金融工程方法研究避险模型也是本书的创新之处。

本书是在国家社科基金资助项目“境内外人民币衍生品市场相关性及其风险管理研究”的研究报告基础上经过补充整理而成，同时得到了国家杰出青年基金等多项基金资助。本书撰写过程中，得到了中山大学李仲飞教授、王曦教授的大力支持。两位教授多次与作者讨论研究思路，并提出了修改意见。在此表示深深的感谢！

本书各章的主要作者如下：第一章田凤平、李仲飞、刘京军；第二章田凤平、李仲飞；第三章吴英杰、刘京军；第四章、第五章王麟、刘京军；第六章谭清、梁建峰；第七章刘京军、曾令琤、梁建峰；第八章李勤、梁建峰；第九章刘京军、曾令琤；第十章刘京军；第十一章梁建峰、陈健平、刘京军。梁建峰、刘京军和田凤平负责全书的统筹撰写。

正值本书出版之际，中国人民银行明确指出中国加快资本账户开放的条件基本成熟，并将整个过程分为短期、中期、长期三个阶段。这是央行首次以官方报告的形式，描绘出中国资本市场开放的清晰路径图，并给出了相对具体的时间表。人民币汇率波动将成为常态，因此人民币的汇率风险管理将会是人民币国际化过程中的重要环节。作者希望本书的研究成果能够为管理层、业界和学界提供参考，希冀与同行进行学术交流和政策探讨。由于时间紧迫和水平有限，书中错误在所难免，真诚地希望得到读者批评和指正。

梁建峰　刘京军　田凤平

2012 年 3 月 19 日于广州

目　录

中 篇 人民币外汇市场的动态相关性研究

下　篇　人民币外汇衍生品套期保值研究

研究概述

一、研究背景与意义

自2005年7月21日人民币汇率制度改革以来，到2008年6月人民币兑美元累计升值幅度已接近20%，但从2008年7月之后，人民币兑美元汇率一直维持在6.8附近。2010年6月19日，中国人民银行宣布根据国内外经济、金融形势和中国国际收支状况，决定进一步推进人民币汇率形成机制改革，以增强人民币汇率弹性。中国人民银行将进一步发挥市场在资源配置中的基础性作用，促进国际收支基本平衡，保持人民币汇率在合理均衡水平上的基本稳定，维护宏观经济和金融市场稳定。虽然中国政府明确表态人民币币值没有被低估，但是人民币汇率问题始终是市场关注的焦点。随着汇率制度改革的深入，人民币即期汇率的波动必将使汇率风险进一步凸显。

围绕人民币汇率衍生品交易，境内外目前存在三个主要交易市场和多种汇率衍生品。境内市场以中国外汇交易中心为主；境外市场包括非交割远期（NDF）交易市场和芝加哥商品交易所（CME）的人民币期货期权交易市场。境内外衍生品市场的交易产品不尽相同。境内的产品主要是人民币外汇远期和外汇掉期，离岸市场产品包括非交割远期（NDF）和人民币外汇期货等。随着金融一体化进程的加快和程度的加深，我国境内外即期人民币市场、境内远期人民币市场与境外人民币NDF市场之间的联系越来越紧密。特别是随着境内人民币远期市场的发展，境内外人民币即期、远期市场之间的主导权和定价权已日益成为关乎人民币汇率稳定和金融安全的热点论题。如何正确理清人民币即期市场、境内远期市场以及境外NDF市场之间的联动关系以及定价权归属，进而运用远期外汇套期保值管理外汇风险已成为投资者和监管者非常关心的问题。

本书从多个人民币外汇衍生品市场特征及其相关性入手，探讨人民币远期汇率与即期汇率变化的相关趋势，并且从微观层面上研究运用外汇衍生品进行风险管理的方法。本书借鉴国内外金融市场上的前沿方法和成果，结合中国实际，研究境内外人民币汇率衍生品市场的分割程度，讨论衍生品市场之间的关系及其对人民币汇率变化趋势的影响，这些研究将有助于我国建立完整的人民币汇率衍生品市场和汇率形成机制。

目前的研究集中围绕人民币 NDF 与人民币即期汇率之间的关系展开。任兆璋和宁忠忠（2005）、张陶伟和杨金国（2005）的研究表明，人民币 NDF 离岸市场和 NDF 报价已经显著制约了人民币对美元远期汇率的报价。曾五一和方琦（2005）检验了外汇市场的有效性。代幼渝和杨莹（2007）对汇改以来的人民币境外 NDF 汇率、境内远期汇率和即期汇率的关系进行了实证研究。Izawa（2006）则对香港市场的人民币 NDF 报价的有效性进行了深入的实证研究。黄学军和吴冲锋（2006）研究了人民币汇率制度改革前后境外人民币 NDF 与境内即期汇率价格的互动关系。丁剑平（2003）讨论了人民币汇率形成机制及其与远期市场的相关问题。此外，王曦和才国伟（2007）在理性预期假设下计算了人民币有效汇率与均衡汇率。

文献研究成果为人民币汇率研究提供了较好的手段和途径。但随着人民币汇率制度改革的深入，越来越多的新问题已成为现阶段的重要研究课题。例如，境内外人民币汇率衍生品市场的有效性及其分割程度、汇率衍生品市场的波动率对即期汇率变化趋势的影响以及如何有效利用人民币外汇衍生品套期保值管理汇率风险等，这些问题正是本书的核心内容。本研究将为系统了解人民币外汇衍生品市场提供新的启示，并为外汇风险管理提供有效途径，对于企业从事汇率风险管理具有重要的指导作用和实践意义。

二、研究思路与内容

（一）基本思路

本书主要关注境内人民币远期外汇市场、境外人民币 NDF 市场和境内人民币外汇即期市场。研究依照远期市场有效性、市场间动态相关性、汇率风险管理三个层次分为上、中、下三篇。上篇围绕人民币外汇衍生品市场特征的研究，探讨人民币远期市场有效性。中篇围绕人民币外汇衍生品市场的动态相关性展开，包括远期市场之间以及远期与即期市场之间的信息流动和价格发现等问题。下篇探讨运用远期外汇市场进行套期保值的模型方法及套期效率等问题。这样就可以层次分明、逐步递进地深入研究境内外人民币外汇市场特征和风险管理方法。通过本研究，引导投资者深入了解市场之间的动态关系和相互影响机理，选择适当的套期保值模型，在不同的市场上进行套期保值，防范外汇风险。本书的研究思路如图 1 所示。

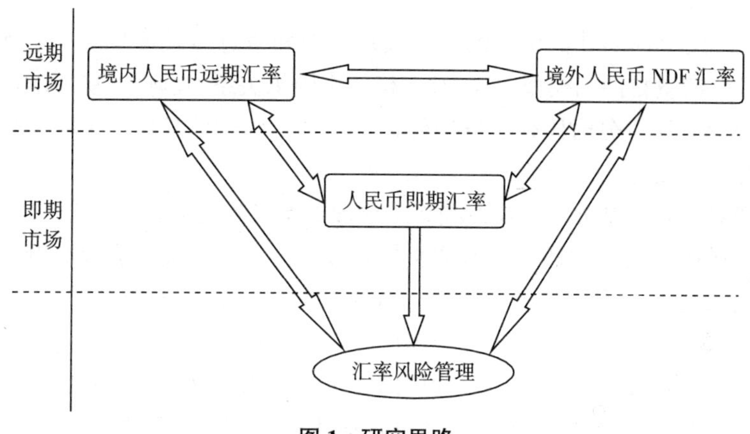

图 1 研究思路

（二）研究内容

1. 研究人民币远期外汇市场有效性

（1）由于远期市场是即期市场的预测，探讨远期市场的有效性以及理性预期假设具有重要的理论意义。以往的研究多从人民币/美元的角度探讨人民币远期外汇市场的有效性问题，忽略了其他货币与人民币之间关系的研究。本书将同时研究人民币/美元、人民币/欧元等多种远期汇率与即期汇率的协整关系，验证远期外汇市场的有效性。本书具体采用单方程的 OLS 方法、半参数适应性估计等方法进行研究。

（2）注意到在市场经济运行环境变化时模型中可能存在结构突变。因此本书将构造允许结构突变的协整模型，研究多种不同期限外汇品种的远期汇率特征，检验市场存在的结构突变现象及其原因，考察我国宏观经济因素对市场参与者行为以及市场有效性的影响。

2. 研究人民币外汇市场的动态相关性

（1）人民币外汇市场的信息流动和价格引导关系。即期汇率是中国外汇管理局公布的中间数据，即期汇率对境内外人民币衍生品市场是否存在信息溢出效应？同时即期汇率是否受到境内远期“本地因素”与境外远期“世界因素”的冲击和影响？境内远期市场是否存在信息优势，信息的持续性是否有效？针对以上问题，本书深入研究境内外人民币外汇市场之间的双向价格和波动率溢出效应，并分析境内外人民币远期市场与即期市场之间的同期引导、短期引导和均衡引导关系。

（2）人民币远期外汇市场的价格发现功能和信息传导关系。本书利用信息份额模型、向量自回归模型（VAR）、格兰杰因果关系检验以及脉冲响应分析和方差分解等方法，分时段检验境内外远期市场之间的信息传导关系和价格发现功能的特征与变化。

3. 研究运用远期外汇产品套期保值管理汇率风险的策略

如何运用人民币远期外汇市场交易有效对冲汇率风险已成为金融风险控制领域的前沿论题。本书集中于人民币外汇衍生品套期保值模型与方法的研究，包括套期比率优化及套期效率评价等问题。研究采用从静态到动态、从传统模型到前沿的方法逐步展开，通过构造即期市场和衍生品市场的资产避险组合模型，探讨这种避险组合模型的效果以及适用性，规避因汇率波动遭受的风险损失。

三、研究理论与方法综述

从以上研究思路可见，本研究从人民币境内外远期市场的有效性着手，进一步研究到境内外远期市场与即期市场的相关性，从而综合即期、远期外汇市场探讨汇率风险管理的策略方法。本书在文献研究的基础上，应用前沿方法深入展开，实现成果创新。本节将按照全文研究的三部分内容，就理论基础和主要研究方法进行综述。

（一）外汇市场有效性研究

法国经济学家 Bachelier 在 1900 年对商品价格和国债价格波动的研究中最早提出了有效市场假说。到 20 世纪六七十年代，关于市场有效性的研究迅速升温。Fama（1970）将信息和有效市场假说联系起来，将有效市场定义为市场价格能够迅速对新的信息进行准确调整的市场，这意味着证券的市场价格总是与其基本价值相一致。Fama（1970）对市场的弱有效性、半强有效性以及强有效性分别进行了检验，检验结果一致表明市场有效性模型在绝大多数情况下成立。

资本市场有效性理论自提出以来，对其理论研究和实证检验一直是现代金融研究的重点之一。资本市场是否有效对资产定价、风险控制、套期保值等方面都有巨大的影响。外汇市场作为一种资本市场，从 1973 年布雷顿森林体系崩溃以后才逐步发展起来，而汇率波动呈现出与股票、长期债券等资产价格类似的运动特征。这些启发人们将汇率看成一种资产价格，并将有效市场理论运用到外汇市场上，检验外汇市场的有效性，如 Frenkel（1976），Frenkel 和 Mussa（1980）等。

外汇市场的有效性是指在资本自由流动和没有交易成本的情况下，市场汇率充分反映了可得信息。其中包含的两个关键假设条件是市场参与者理性预期和风险中性。依据外汇市场的结构特点，对外汇市场有效性的检验有两个方面：①检验即期外汇市场的有效性，即研究汇率变动的随机性，检验名义利差是否为常数，如 Cumby 和 Obstfeld（1981），Mussa（1984）等；②检验远期外汇市场的有效性，即检验远期汇率是否为对应期限的未来即期汇率的理性预期，如 Hansen 和 Hodrick（1980），Blake 等（1986），Phillps 等（1996，1997），Kumar 和 Mukherjee（2007），Giannellis 和 Papadopoulos（2009）等。下面对外汇市场有效性检验的基本模型和前沿实证方法进行具体综述。

1. 外汇市场有效性检验基本模型

对外汇市场来说，一个有效的外汇市场中的价格反映了所有可得信息，策略投资者不能获得超额利润。外汇市场的有效性假设要求市场参与者是理性和风险中性的。在一个风险中性的有效外汇市场中，持有一种外币的收益（汇率变化）一定被持有该种外币的机会成本抵消，描述为非抵补利率平价条件。

$$\Delta_k s^e_{t+k} = i_t - i^*_t \tag{0-1}$$

其中，s_t 表示时间 t 时即期汇率的对数，i_t 和 i^*_t 分别表示本国和外国在时间 t 时的名义利率，e 表示在时间 t 已有信息集上的市场预期。

因此，对即期外汇市场的有效性研究主要是检验汇率变动的随机性，即检验名义利差是否等于常数。如果名义利差为常数，则意味着汇率是随机游走。Cumby 和 Obstfeld（1981）实证研究了偏离非抵补利率平价关系的随机性，结果拒绝了随机游走。Levich（1985）指出在风险中性和理性预期的条件下，只有当利差是常数时，即期汇率才服从随机游走。如果决定汇率的基本要素是序列相关的，那么均衡汇率也是序列相关的，因此外汇市场有效时即期汇率不一定服从随机游走。

文献研究外汇市场有效性的一种常用方法是利用抵补利率平价关系将即期汇率、远期汇率和市场有效性联系起来进行综合研究。抵补利率平价条件表示为：

$$\frac{F_t^{(k)}}{S_t}=\frac{1+i_t}{1+i_t^*} \tag{0-2}$$

其中，$F_t^{(k)}$表示在时间 t 的期限为 k 的远期汇率价格，S_t 表示在时间 t 的即期汇率价格。

将抵补利率平价条件两边取对数，适当变形并和非抵补利率平价条件结合，可得到检验外汇市场有效性的检验公式：

$$\Delta_k s_{t+k}=\alpha+\beta(f_t^{(k)}-s_t)+\eta_{t+k} \tag{0-3}$$

其中，$f_t^{(k)}$ 为 $F_t^{(k)}$ 的对数值，η_{t+k} 为扰动项。当市场参与者是风险中性和理性预期时，$\beta=1$，预期误差 η_{t+k} 在时间 t 已有信息的基础上的期望为零，即 $E[\eta_{t+k}\mid\Omega_t]=0$ 成立。已有的研究大部分都不支持外汇市场的有效性，如 Shiller 等（1983），Fama（1984），Bekaert 和 Hodrick（1993）等。一些文献的研究表明估计的 β 值更接近于-1，而不是 1，如 Froot 和 Thaler（1990）等。

2. 外汇市场有效性检验的实证方法

远期外汇市场的有效性检验主要是考察远期汇率的无偏性，即在抵补利率平价和非抵补利率平价同时成立时，远期汇率应该是未来即期汇率的无偏预测。因此，文献研究也把远期外汇市场的有效性称为远期外汇市场的无偏性假设（Forward Exchange Unbiasedness Hypothesis）。实证检验对该假设的检验有两种形式：①协整模型形式，刻画即期汇率和远期汇率之间的长期关系，主要利用即期汇率对滞后远期汇率回归。②平稳模型形式，刻画外汇市场的短期动态关系，主要利用即期汇率的一阶差分对滞后的远期溢价进行回归。Hakkio 和 Rush（1989），Barnhart 和 Szakmary（1991）对这两种估计形式进行了详细讨论。

关于外汇市场有效性的检验方法不断发展。Lewis（1989，1995）提出考虑宏观经济因素变化而存在结构突变的汇率模型，Engel 和 Hamilton（1990），Kaminsky（1993）等的研究也表明，用结构变化的模型能更好地预测汇率变化。此外，不少学者也注意到由于一国货币对应几种外汇的汇率，本国宏观因素的变化将同时引起多种汇率的变化，各汇率之间可能存在相关关系。Bilson（1981），Barnhart 和 Szakmary（1991）等建立了似无关回归（Seemingly Unrelated

Regression，SUR）模型，他们的研究表明了各模型回归残差存在的相关性。而Phillips等（1996），Hodgson（1999）的进一步研究表明，在设定残差项分布为厚尾、多变量的非正态分布时所估计的有效性显著提高。由于椭圆对称分布族不仅包括了高斯分布作为其中的一种特殊情形，还包括许多厚尾分布，如t分布、Logistic分布以及混合正态分布等，文献中常设定残差项分布为椭圆对称分布。如Hodgson等（2002）设定了在椭圆对称分布假设下的平稳SUR模型来检验资本市场有效性。Hodgson等（2004）将其在2002年提出的适应性估计进行了推广，使其对SUR协整模型也能进行估计，其研究结果表明：在残差分布为非正态时，半参数适应性估计量在很多情形下都与OLS估计量显著不同，半参数适应性估计更有效。关于中国外汇市场有效性研究的文章还较少，在已有研究中，代幼渝和杨莹（2007）发现美元/人民币远期外汇市场的无偏性假设不成立，投资者偏好风险。陈蓉和郑振龙（2009）发现美元/人民币远期汇率存在结构突变。

综上所述，结合外汇市场有效性检验的最新发展，本书对我国外汇市场有效性的检验将采用两种方法。①综合考虑人民币兑几种外币的汇率，建立SUR模型，采用Hodgson等（2004）提出的半参数适应性估计方法，检验市场有效性是否成立，并分析市场参与者的行为特征。②注意到我国宏观经济因素的变化以及对应货币国的经济环境变化对市场参与者预期的影响，本研究还将建立结构突变的汇率模型，检验是否存在结构变化，分析引起结构变化的经济事件，推断市场参与者对市场信息的反应。

本书研究的创新点在于以下两点：①在对我国外汇市场微观结构特征进行实证研究的过程中，同时考察美元/人民币、欧元/人民币以及日元/人民币多种外汇市场的有效性并建立SUR模型，利用半参数适应性估计方法对模型进行估计。②考虑到市场信息对市场参与者的影响，研究基于允许有结构突变的有效性模型，检验对应外汇市场存在的结构突变点，分析市场信息对市场参与者的影响，进一步考察了我国外汇市场的微观结构特征。

（二）人民币外汇市场动态相关性研究

伴随着金融一体化进程的加快及其程度的加深，我国即期人民币市场、境内远期人民币市场与境外人民币NDF市场之间的关联性越来越紧密。特别是随着境内人民币远期市场的发展，境内外人民币即期、远期市场之间的主导权和定价权已日益成为关乎人民币汇率稳定和金融安全的热点论题，进而如何正确理清人民币即期市场、境内远期市场以及境外 NDF 市场之间的联动关系以及定价权归属已成为投资者和监管者非常关心的问题。市场间信息传导（价格引导）以及价格发现机制的全面揭示不仅有利于投资者有效实现套期保值或套利，也有利于监管者制定和实施相关政策。外汇市场信息传导和价格发现研究的主要理论与方法综述如下。

1. 外汇市场间信息传导研究

人民币 NDF 市场属于离岸金融市场，与国内的远期外汇市场相互独立，不受国内货币当局管制。价格形成机制的差异也导致 NDF 汇率相对于国内的远期汇率波动幅度更大。当外界对于受管制货币的压力增大时，NDF 汇率往往会出现较大幅度的波动，市场交易量也会放大。这种强烈的预期会通过一定的传导机制对国内的远期市场产生影响。信息传导主要是用市场间的价格溢出效应和波动溢出效应来衡量。价格溢出效应是指市场间定价能力的传导，即一个金融市场的价格水平不仅受自身过去几期价格的影响，还受别的市场价格水平的制约。相应的，波动溢出效应是指市场间波动的传导，即金融市场的波动程度不仅受自身过去的影响，还受别的市场波动程度的制约。对金融市场信息流动的研究大多采用格兰杰（Granger）因果检验和广义自回归条件异方差（GARCH）模型及其变形，探讨是否存在线性价格溢出效应和非线性波动溢出效应。

（1）Granger 检验的应用。现有对人民币外汇市场间的信息传导研究多采用 VAR Granger 因果检验方法。向量自回归模型（Vector Autoregressive Model，VAR）由 Sims（1980）提出，它采用多方程联立的形式，在模型的每一个方程中，内生变量对模型的全部内生变量的滞后值进行回归，从而估计全部内生变量的动态关系。VAR 模型最大的特点是“让数据自己说话”，尽可能减少人为主观倾向的影响。

在我国人民币汇率改革后，国内学者纷纷利用以上方法对境内外人民币外汇市场的价格引导关系开展研究，但由于样本期、远期期限品种和检验方法的不同，并没有形成一致的结论。丁剑平等（2005）发现 NDF 与利率平价计算出来的汇率无显著的协整关系和 Granger 因果关系。黄学军等（2006）对汇率改革一年来的人民币即期市场与境外 NDF 市场的引导关系进行实证研究，对汇率的 Granger 因果检验表明在汇改后存在 1 月期 NDF 汇率与即期汇率之间的双向引导和即期汇率对 1 年期 NDF 汇率的单向引导。徐剑刚等（2007）对几乎相同样本期的两个市场汇率变动进行 Granger 检验，结果却显示境外 NDF 市场对即期市场具有报酬溢出效应，同时单变量 GARCH 模型分析显示两市场间不存在波动溢出效应。黄冬运（2008）分析了不同期限的远期汇率与即期汇率间的波动溢出效应。李晓峰等（2008）运用 Granger 检验分析了价格溢出效应，实证得出：即期对期货市场和 NDF 市场有均值溢出，无波动溢出效应；期货市场对即期市场有波动溢出效应；NDF 对即期市场有均值溢出和波动溢出效应。而在数据进一步更新后，李宪铎等（2008）以及戎如香（2008）分别对截至 2008 年 9 月的变动和收益率数据进行 Granger 检验又发现了即期市场对 NDF 市场的报酬溢出效应。此外，代幼渝等（2007）、梁云翀（2008）等运用 Granger 检验研究了人民币境内外两个或三个外汇市场间的因果关系或先后引导关系，并没有进一步研究信息流动的关系，而且由于选取的时间样本不同，跨度大多仅有一年，使他们的研究结果产生了差异。

由以上文献研究可见，VAR Granger 因果检验或者是不顾平稳性前提而对汇率检验，或者是牺牲汇率中的截距和趋势信息而对汇率变动检验，因此导致截然不同的结果。Feldstein 和 Stock（1994）认为如果非平稳变量间存在着协整关系，则应考虑使用基于向量误差修正（Vector Error Correction，VEC）模型进行因果检验，否则得出的结论可能会出现偏差。但 VEC Granger 检验应用于人民币外汇市场价格引导关系的研究还不多见。另外，以上研究都忽略了市场间的同期价格引导关系，因为 Granger 因果检验在本质上只反映变量间在时间顺序上的“先后”关系，只能说明市场间滞后的短期价格引导关系。同时 Granger 因果检验的定义是基于时间次序的“先后”，并不考虑变量间的同期因果关系，最重要的是 Granger 因果检验只考虑经济变量的因果关系在统计上的显著性，而忽略了其在经济意义上的显著性（Sims，1980；Abdullah 和 Rangazas，1988）。相比较而言，脉冲响应和方差分解方法能够为我们的研究提供更多的信息（Sims，1980；Abdullah 和 Rangazas，1988）。借助预测方差分解方法也能对各种传导途径的有效性进行比较，但是正确设定扰动项之间的同期因果关系，是合理地进行方差分解的关键（Bernanke，1986；Cooley 和 LeRoy，1985；Swanson 和 Granger，1997）。而且在实际的经验分析中，常常因变量排列次序不同而使得结论发生了变化。而 Bernanke（1986）提出的 Bernanke 分解，使得研究者可以对扰动项之间的同期因果关系进行设定，避免了类似 Choleski 分解中“扰动项递归关系”的强假定，但在应用中依然需要借助先验信息或相关的理论以对扰动项的同期关系进行设定，这就不可避免地存在着一定程度的主观色彩（Swanson 和 Granger，1997）。Swanson 和 Granger（1997）、Pearl（1995，2000）和 Spirtes 等（2000）提出的“有向无环图”（Directed Acyclic Graph，DAG）分析方法恰好能给这个问题提供有益的补充。DAG 方法能够基于历史数据的偏相关性揭示变量之间的同期引导关系。这种数据驱动下的结论有效避免了以往研究依赖主观判断可能带来的偏差，因此基于同期因果关系进行的 VAR 模型结构化，以及进一步对变量间综合引导关系进行的脉冲响应分析和预测方差分解分析都变得更加客观可靠。

（2）GARCH 模型及其相关模型的应用。GARCH 模型异方差建模方法在刻画证券波动聚类现象时引入时变条件波动的概念，显著加强了当前信息冲击的敏感性，克服了无条件方差遗漏重要特定时点信息的缺陷。在过去的 20 年中，大量的文献使用和改进 GARCH 模型对资产波动进行估计，并在此基础上演绎出了一系列 GARCH 族模型。Nelson（1991），Ding 等（1993），Glosten 等（1993），Zakoian（1994）等引入并实证检验了正负冲击非对称机制（在经济学意义上解释为“杠杆效应”）的存在，即相同大小的一项负向冲击比同等规模的正向冲击要大。另一些学者为避免在变量“内外生性”上判断的武断性而将单变量扩展为多变量模型，主要有 VECH 模型、BEKK 模型以及 CCC-GARCH 模型等。虽然 Bollerslev（1990）提出的 CCC-MVGARCH 模型也同样减少了估计参数并能够保障协方差的非负性，但 CCC-MVGARCH 模型严格的前提假设导致该模型的实用性大为降低。Engle 和 Kroner（1995）的 BEKK 模型在不同的前提假设条件下也做到了减少估计参数以及保障协方差的非负数性，但其缺点是随着时间数列变量的增加，推定参数也呈几何增加。Alexander（2000）提出了由单变量模型构成的对角多变量模型，该模型虽然研究的是动态相关性，但却存在着模型内参数的说明力不足和不适用于弱相关特点的金融资产如股票的缺陷。为了更好地研究多个时间序列的波动情况，Engle（2002）提出了 DCC-MVGARCH 模型，相比以前的模型，它的估计参数相对节俭，具有良好的计算优势，可以用来估计大规模的相关系数矩阵。DCC-MVGARCH（Dynamic Conditional Correlation Multivariate GARCH）模型是从 CCC-MVGARCH 模型发展而来的，模型放松了序列间的相关性是固定不变常数的假设，认为相关系数是随着时间变动而变动的动态相关系数。Roberta（2006）运用多元 GARCH 模型检验了人民币等亚洲货币的 NDF 市场与境内市场间的波动溢出效应。

目前国内关于外汇衍生品市场与汇率波动之间的关系的研究主要围绕人民币 NDF 与人民币即期汇率两个市场之间的关系展开。任兆璋等（2005）、张陶伟等（2005）的研究表明人民币 NDF 离岸市场和 NDF 报价已经显著制约了美元兑人民币远期汇率的报价。徐剑刚等（2007）使用 MA（1）- GARCH（1，1）

模型分析人民币 NDF 市场和即期市场间均值和波动溢出效应，结果表明，两个市场之间没有相互波动率溢出效应，但存在人民币 NDF 市场对于即期市场的单方向价格溢出效应。李晓峰等（2008）的研究基于格兰杰因果检验方法和 MGARCH-BEKK 模型，检验人民币即期外汇市场与境外期货市场、境外 NDF 市场之间的信息流动关系。陈蓉等（2008）运用三元 GARCH 模型实证研究表明，在境内关闭 NDF 市场后，境外 NDF 和远期对即期市场有单向价格溢出效应，而境内远期对 NDF 和即期市场有波动溢出效应，NDF 对远期市场有价格溢出效应。

2. 外汇市场价格发现研究

作为金融衍生品交易的两大功能之一，价格发现是指由于某一市场发生的交易行为所包含的经济信息反映到另外一个市场中去的从而对交易定价产生影响的过程。对于在多个市场上交易的一种金融资产而言，任何市场中的价格都是由其中一个或多个市场所获得的信息及其反应而决定的。市场之间的套利会使不同市场中价格的偏离得到纠正，这就是价格之间存在的一种协整关系，即这些价格受制于一个共因子的驱动。Engle 和 Granger（1987）、Johansen（1988）以及 Johansen 和 Juselius（1990）相继提出的协整分析为研究非平衡经济变量均衡关系提供了全新的方法，这些方法被大量运用到价格发现的研究中。

协整分析在价格发现研究的应用中得到了进一步扩展，其中最具影响的是关于以下两类模型的研究。一类是由 Gonzalo 和 Granger（1995）提出的永久短暂（Permanent Transitory，PT）模型。它从误差修正模型出发，把价格的变化划分为永久冲击和短暂冲击，PT 模型通过永久冲击的误差修正系数来研究每个市场对共因子的贡献。另一类是 Hasbrouck（1995）研究提出的信息份额（Information Share，IS）分析模型，它以向量误差修正模型（Vector Error Correction Model，VECM）为基础，按照共因子的信息方差来定义信息份额。IS 模型测量了每个市场的信息对共因子方差的贡献，并把这种贡献的大小定义为价格发现的大小。IS 模型在协整关系分析的基础上，进一步将长期作用部分的总方差进行分解，计算出每个因子对总方差的贡献，由此识别期货市场和现货市场在价格发现功能中作用的大小。

PT 模型和 IS 模型近年来吸引了学术界的广泛关注。Harries 等（1995）考察了在 NYSE 和地区交易所同时进行交易的美国股票的价格发现过程。Booth（1999）通过采用德国的 DAX 指数的日内交易数据分析了股指现货、股指期货和股指期权三者之间的价格发现过程。Darrat 和 Zhong（2002）利用价格发现模型研究了纽约市场和东京市场对亚太地区 11 个新兴市场的价格发现作用。Baillie 等（2002），De Jong（2002）研究了 IS 模型与 PT 模型之间的关系，发现在相似方差的残差是不相关的前提下，两个模型提供了相似的结果；否则若这些残差中有强烈的相关，得到的结果则迥异。此外，也有文献比较了两类模型的不同点，如 Harris 等（2002）、Hasbrouck（2002）等。

国内的共因子价格发现研究在开始阶段主要集中在农产品期货和商品期货。肖辉等（2004）利用 PT 模型研究了伦敦金属交易所与上海期货交易所铜价格发现过程。徐信忠等（2005）利用 IS 模型研究了上海和伦敦市场铜期货的价格发现功能。王群勇和张晓峒（2005）利用 IS 模型研究了世界原油期货市场对原油价格的发现功能。近年来，共因子价格发现的研究也逐渐扩展到了债券市场、股票市场。在对股票市场的研究中，王群勇和张晓峒（2005）利用 PT 模型研究了中国在纽约证券交易所上市的股票的价格发现机制。研究发现，纽约市场对公司股票的价格发现起着主导作用，并提出交易量是价格发现的主要解释因素。在对债券市场的研究中，于鑫（2008）基于银行间债券市场的高频数据，利用 VAR 模型和脉冲响应，对做市商市场的运行情况进行了检验，发现存货效应和信息不对称对价格发现均有显著影响。

综上，本书将运用前沿的 DAG 理论和 VEC Granger 因果检验方法，量化分析市场之间的同期引导、短期引导和均衡引导关系。应用双变量 EGARCH 模型和 DCC-EGARCH 模型拟合即期外汇市场与境内外人民币远期市场的信息溢出和动态相关性。在远期外汇市场对人民币汇率的价格发现功能的研究中，本书将借助 Engle-Granger 的协整检验方法对三个人民币外汇市场两两之间的动态关系进行探讨，并通过信息份额模型、脉冲响应分析和方差分解方法，分时段检验境内外远期市场之间的价格发现和信息传导特征及其变化。本书研究的创新点在于同时探讨了收益率与波动率之间的相互传导关系，研究报告体现了多种不同的研究计量方法，如 VEC-Granger 引导关系、DAG 方法、EGARCH 方法等。多种不同的研究方法都得到检验，而且，研究利用的数据是 2005~2008 年的时间序列数据，同时给出了不同期限品种的数据，远比现有文献数据时间长、品种多，更加全面。因此我们的研究能够更加全面地描述不同期限品种之间的关系。

（三）外汇衍生品套期保值研究

套期保值的研究由来已久，传统套期保值问题研究集中在以下三个方面：

①关于最优套期保值模型目标的设定。②关于最优套期保值比率的优化。③关于套期保值效率的评价。传统套期保值理论主要是基于单期套期保值研究，即进行套期保值时现货市场与期货市场的交割时间一致，但是现实中可能会存在现货市场的交割时间超出期货市场的交割时间，这时就需要使用展期套期保值策略来保护资产。

1. 套期保值目标与风险测度

Keynes（1930）和 Hicks（1946）最初提出简单套期保值思想，他们认为商品的期货和现货价格由于受到相同因素的影响，两者的走势基本一致，因此，套期保值者在期货市场上建立一个与现货头寸数量相等而方向相反的期货头寸，就可以完美地对冲现货市场上的价格波动风险。Working（1953）认为商品的现货和期货价格走势并非完全一致，因此简单套期保值并不能完全对冲风险，并且套期保值者不是完全的风险厌恶者，也会有一定的获利要求，因而投资者需要基于对未来现货和期货价格变动关系的预期而做出套期保值决策，他们面临的风险主要是基差风险。

Johnson（1960）和 Stein（1961）将均值—方差分析引入套期保值问题的研究，提出了投资组合套期保值理论。该理论认为投资者进行套期保值的实质是建立商品现货和期货两个市场上的投资组合，通过使投资者的风险最小化或效用最大化，确定投资者现货和期货的持仓头寸。Ederington（1979）将其推广到金融期货，以投资组合的收益率方差作为风险测度，在最小化风险的目标下得到最优套期保值比率，并提出了用 OLS 回归方法估计最优套期保值比率。Howard 和 D'Antonio（1984）指出只是简单地考虑减少资产组合的风险是不全面的，需要综合权衡风险和收益，从而提出了最大化夏普比率的套期保值模型。Hsin 和 Kuo（1994）则认为用均值—方差效用函数作为优化目标更能综合权衡风险和收益。

一般套期保值模型都是用方差来度量风险，但是方差度量的是双边风险，不符合一般投资者对资产贬值风险的定义。为了更贴切地描述投资者的心理感受，商业实践中多采用单边风险。因此各种新的风险测度方法应运而生，例如半方差、下偏矩（Lower Partial Moment，LPM）、在险价值（Value at Risk，VaR）等。De Jong 和 De Roon（1997）提出用半方差作为投资风险的测度。Lien 和 Tse（2000）运用 LPM 模型研究了期货市场套期保值问题。迟国泰等（2008）研究了基于 VaR 的期货最优套期保值模型。

风险的下偏距有着均值方差理论不具备的优点。首先，它仅将损失作为风险的计量因子，反映了投资者对风险的真实心理感受，符合行为科学的原理；其次，从效用函数的角度看，它仅要求投资者是风险厌恶型，即效用函数是凹型的，而不像方差那样要求二次型的效用函数。因而 LPM 被认为是风险测度的一种较好的方法。但是，在现实中运用 LPM 计量套期保值的下方风险的时候，会遇到即期市场和远期市场联合分布不确定的情况，给计算最终的 LPM 值带来困难。学者在研究中一般的做法是假设它们的联合分布服从联合正态分布或者均匀分布，从而简化计算过程。这种处理方法有一个不足之处，就是没有考虑到这两个金融收益序列真实的联合分布状况，使得最终 LPM 的计算结果可信度不高。为了确定收益序列联合分布，常常采用能够捕捉尾部波动特征的 GARCH 模型来确定各收益序列的边缘分布。可进一步运用 Copula 方法连接两个收益序列，得到两个收益序列的联合分布。这样，在确定收益序列的联合分布后，计算 LPM 时就可得到一种接近真实分布的测量方法。

在险价值作为一种风险度量测度目前也已被广泛接受，是国际上新近发展起来的一种卓有成效的风险量化技术。在险价值，可表述为在一定的持有期和一定的置信度内，某项资产或组合所面临的最大可能损失金额。根据 Jorion（1997）的定义，相对 VaR 计算的是相对平均值而言的极值损失，定义如下：

$$\mathrm{VaR}(r_h) = q_\alpha(r_h) - E(r_h),\ q_\alpha(r_h) = \inf\{K \in R: P(r_h \leqslant K) \geqslant \alpha\} \tag{0-4}$$

其中，$1-\alpha$ 为投资者选择的置信度。从 VaR 的定义可以看出其对风险的度量方式与人对风险的心理感受非常接近，它涵盖了不确定性和损失这两个公认的风险特征，可用于刻画损失规避（Loss Aversion）等行为特征（姚京等，2006）。此外，置信度水平的选择也在一定程度上反映了投资者主观方面的信息。

2. 最优套期保值比率的估计

随着计量经济学中时间序列分析方法的发展，最优套期保值比率的估计方法也不断发展。Ederington（1979）采用最小二乘法（OLS）来估计最优套期保值比率 h^*，将其看作是回归方程 $\Delta S_t = \alpha + h\Delta F_t + \varepsilon_t$ 中系数 h 的最小二乘估计量，即 h^* 为现货收益率对期货收益率回归方程中的回归系数。

利用 OLS 模型来估计最优套期保值比率的优点在于其直观性和易操作性。然而随着计量经济学中时间序列分析方法的发展，该模型受到越来越多的批评。主要是因为使用 OLS 回归所得到的残差存在自相关问题，并不满足经典线性回归模型的基本假设。Herbst 等（1989）和 Myers 等（1989）后来提出了双变量自回归模型（B-VAR），消除残差自相关。Lien 和 Luo（1993）、Ghosh（1993）

及 Chou 等（1996）均发现期货价格序列与现货价格序列之间存在协整关系。Ghosh（1993）建立了误差修正模型 ECM，同时考虑了现货和期货价格非平稳性、长期均衡关系以及短期动态关系，并实证发现，当不恰当地忽略协整关系时，所计算出的套期保值比率将小于最优值。Lien（1996）的研究为协整关系如何影响最优套期保值比率提供了理论支持，他指出，套期保值者如果忽视协整关系，那么将得到一个相对较低的最小风险套期保值比率，同时套期保值效果也会相应地变差。Chou 和 Lee（1996）对日经指数的最优套期保值比率进行比较，发现误差修正模型（ECM）比 OLS 方法更能有效地对冲现货头寸的风险。

上述几种估计方法都是最优套期保值比率的静态估计方法，它们都假定回归残差服从正态分布或联合正态分布，即残差的方差和协方差是恒定的，从而估计出的最优套期保值比率为一常数，不随时间的改变而改变。但是，收益率时间序列具有时变异方差波动性，这意味着期货价格与现货价格的条件协方差将随着时间的变化而变化，用静态方法来估计最优套期保值比率不适用于此类情形。因而，ARCH 模型、GARCH 模型等最优套期保值比率的动态估计方法陆续被应用于套期保值研究。Cecchetti 和 Cumby（1988）利用 ARCH 模型估计出美国国债期货的动态套期保值比率。Baillie 和 Myers（1991）针对美国期货市场上的大豆、玉米、棉花、咖啡、黄金等品种利用 GARCH 模型估计动态最优套期保值比率，并进行了实证研究。Kroner 和 Sultan（1993）对模型进行了改进，将 ECM 模型与 GARCH 模型结合起来，提出了 ECM-GARCH 模型，并估计了英镑、日元、加元等世界主要货币期货的最优套期保值比率，取得了较好的套期保值效果。Lien 和 Tse（1999）进一步利用 VAR-GARCH 模型、ECM-GARCH 模型和 FIEC- GARCH 模型等来估计 NSA 期货指数的动态最优套期保值比率。

3. 套期保值效率的评价

通过建立套期保值的优化模型，利用各种计量方法估计出最优套期保值比率后，还需要评价这种套期保值策略的有效性。常见的套期保值效率评价方法有以下三种：风险最小化、权衡收益和风险、效用最大化。

Ederington（1979）从风险最小化角度提出了使用套期保值减少投资组合收益率方差的百分比作为相应的套期保值效率的评价指标（HE）：

$$HE = 1 - \frac{Var(r_h)}{Var(r_s)} \tag{0-5}$$

其中，$Var(r_h)$表示按最优套期保值比率套期保值后的资产组合收益率的方差，$Var(r_s)$表示未进行套期保值的资产组合收益率的方差。如果套期保值后资产组合收益率的方差为 0，即 Var（r_h）= 0，表明套期保值组合可以完全规避损失风险，在此情况下 HE 指标值为 1；如果套期保值后资产组合收益率的方差不变，则表明进行套期保值不能规避任何损失风险，此时HE值为 0。一般而言，HE值会介于 0~1，且 HE 值越大，表明套期保值的效率越高。

Howard 和 D'Antonio（1984）认为，套期保值者的目标是同时追求收益最大和风险最小，提出了权衡收益和风险的夏普比率来衡量套期保值效率：

$$HE = \frac{\theta_h}{\theta_s} \tag{0-6}$$

其中，θ_h，θ_s 分别表示套期保值资产组合的夏普比率和未进行套期保值的资产组合的夏普比率。当 HE > 1 时，套期保值有效，并且HE越大，表明套期保值越有效。

Howard 和 D'Antonio（1987）指出，上述指标的适用条件是资产的收益率必须大于无风险收益率。为了避免出现不适用的情况，可以对上式进行修正，从而有

$$HE = \frac{\theta_h - \theta_s}{|\theta_s|} \tag{0-7}$$

或者

$$HE = \theta_h - \theta_s \tag{0-8}$$

此时，当 HE > 0 时，套期保值有效，并且 HE 越大，表明套期保值越有效。

Hsin 和 Kuo（1994）认为，套期保值者的目标是追求效用的最大化，从而提出了套期保值效率评价的指标：

$$HE = U_h - U_s \tag{0-9}$$

其中，U_h，U_s 分别表示进行套期保值和未进行套期保值的投资者的效用。常用的 MV 效用函数定义为：

$$U = E(r) - \frac{1}{2}\lambda\sigma^2 \tag{0-10}$$

当HE > 0时，套期保值有效，并且 HE 越大，表示套期保值效率越高。

4. 展期套期保值策略

当套期保值时间超过最长的期货合约，或者出于流动性的考虑需要使用期限较短的合约时，就需要在一个合约到期平仓的同时持有另一个更晚到期的合约来对现货进行套期保值，这就是展期套期保值策略 RH（Rolling Hedge）。展期套期保值策略主要有两种类型：①成堆套期保值 SRH（Stack-and-Roll

Hedge)，目前的研究主要集中在这种类型。②系列展期套期保值 SH（Strip-and-Roll Hedge）。在成堆套期保值 SRH 策略中，在每一个保值阶段只使用一种期货合约进行套期保值，这种期货合约要比套期保值所要求的期限短。期货合约到期时，当前合约平仓，同时立即运用新的期货合约进行保值，这样将合约向前不断滚转。系列展期套期保值 SH 策略采用一系列到期日不同的合约进行保值，但是，在展期过程中并不建立新的仓位，而只是在期限最短的合约到期时，将其平仓，并对剩余的合约重新调整套期保值比率，这样不断地调整，直到到期日。

Lien 和 Shaffer（2001）研究表明，当现货价格只受一种因素影响时，可选择 SRH 模型进行套期保值，但是由于套期保值者进入市场的时机不能够完全自由选择，这一假设在现实中往往不成立。在 SH 模型中，合约种类数在展期过程中逐期减少，隐含假定影响价格波动的多种因素主要集中在前期发挥作用，从而在前期要使用多个合约进行保值，而在后期则不断减少。SH 模型还对套期保值的最长期限做出了规定——不能够超出期货市场上能够找到的最长期限的合约，而很多情况下，套期保值者所要求的保值期限都比最长期限的合约还要长。

为克服以上局限，伍海军和马永开（2007）提出了一种新的展期套期保值模型，保值者可以在展期过程中不断建立新的头寸，保持展期过程中合约种类数不变，也可以在一些阶段保持合约种类数不变，而某些阶段减少合约种类数，具体可以根据影响价格的因素多寡、掌握的信息以及可供选择的合约等决定，称这种模型为多期展期套期保值 MSRH（Multi-period Strip-and-Roll Hedge）。MSRH 模型在每个阶段都可以自由选择合约种类，而且组合中的合约数目也是可以变动的，当某一阶段决定减少合约种类数时，只要不再建立新的仓位并将对头寸组合不利的那些合约平仓即可，套期保值者可以在展期过程中根据不同情况灵活地构筑自己的头寸系列，并且可以在展期过程中随时更新信息调整策略。

伍海军和马永开设计的这种多期展期套期保值模型仍然具有一定的局限性。具体有以下两点：①只能采用同类合约，区别只在于各个合约的到期期限不同。②对期货合约的个数、进入和结束时间有一定的要求。针对以上缺点，迟国泰等（2009）提出了基于方差的变化型系列展期套期保值模型。这种模型对期货合约的种类、进入和结束时间都没有要求，完全可以按照套期保值者自己的需要进行个性化定制，实现期货合约的灵活组合。新的模型是对伍海军和马永开的 MRSH 模型的推广。

综上，本书在研究人民币远期外汇套期保值的策略方法中，将在模型构造、风险测度选择和数据处理手段等方面尝试前沿方法，实现创新。将结合使用 VaR、LPM 等新型的风险度量方法和优化准则，采用 Copula 等方法进行数据拟合分析，并通过 BV-GARCH 和 GARCH-ECM 等方法扩展到动态套期保值，促使套期效率较传统方法有大幅度提升。

四、研究成果与创新

（一）研究成果

1. 成果一：人民币远期外汇市场有效性检验

以往研究多从人民币/美元的角度探讨人民币远期市场的有效性问题，忽略了其他货币和人民币之间的关系研究。本书则同时研究了人民币/美元、人民币/日元以及人民币/欧元的外汇远期市场的有效性问题，并分别对 2005 年 8 月 1 日至 2008 年 12 月 31 日各外汇品种的不同期限的远期外汇报价进行考察，得出以下结论。

结论 1：通过分别采用单方程 OLS 方法和半参数适应性估计方法的估计，考察人民币外汇市场有效性。考虑到人民币各外币汇率之间的联系，建立了综合美元/人民币、欧元/人民币以及日元/人民币的 SUR 模型，采用了半参数方法进行估计。估计结果表明，考察期间各外汇市场的有效性均不成立，各人民币外汇市场存在相关关系，且各市场中的参与者对风险溢价要求不同，具有非风险中性特征。考察期内人民币远期外汇市场有效性假设不成立的主要原因可归结为市场参与者要求的时变风险溢价以及我国政府对外汇即期市场的报价限制。

结论 2：研究注意到市场经济运行环境变化时模型中可能存在结构突变，因此建立了结构突变的协整模型，考察我国宏观经济因素对市场参与者行为以及市场有效性的影响。允许结构突变的协整模型的估计结果表明：1 月期美元/人民币远期市场的无偏性模型存在多个结构突变点，对应市场的无偏性在某些时间段内成立，结构突变与中美两国的利率政策相关；1 月期日元/人民币远期市场的无偏性模型也存在多个结构突变点，对应市场的无偏性在整个考察期内均不成立，结构突变多与日本政府发行大量政府债券相关；1 月期欧元/人民币远期市场的无偏性模型不存在结构突变点，对应市场的无偏性在整个考察期内不成立。

2. 成果二：人民币外汇市场动态相关性

自从 2005 年 7 月 21 日中国人民银行宣布开始实行以市场供求为基础、参考一篮子货币进行调节、有管理的浮动汇率制度以来，人民币汇率波动的幅度逐渐加大，汇率风险凸显。只有清楚地了解多个人民币汇率市场的价格波动及其信息传导关系，才能更好地运用多个市场交易对冲汇率风险。中篇围绕多个人民币外汇市场的动态相关性和价格发现功能展开研究，利用 2005~2008 年的时间序列数据，同时给出了不同期限品种的数据，远远比现有文献数据时间长、品种多，且更加全面。本研究分别运用 DAG 理论、VEC Granger 因果检验方法、双变量 EGARCH 模型和 DCC-EGARCH 模型等工具，全面量化分析了三个市场之间的动态相关性和价格引导关系，得出以下结论：

结论 3：针对收益率溢出我们指出，1 月期、3 月期和 6 月期远期品种的境内人民币远期市场收益率与境外 NDF 市场收益率之间均有双向价格溢出效应，NDF 市场对境内远期外汇市场的价格引导作用更大，也就是在较短期限的远期市场中，NDF 相对于境内远期外汇市场拥有更大的远期定价权。在 12 月期的远期品种中，仅存在 NDF 市场对境内远期外汇市场的单方向价格引导作用。

结论 4：针对波动性溢出我们指出，1 月期品种只存在境内远期外汇市场对于 NDF 市场的单方向波动率溢出效应；3 月及 6 月期品种存在双向波动率溢出效应，且境内远期外汇市场对于 NDF 市场的波动率溢出效应更大；12 月期品种存在双向波动率溢出效应，且 NDF 市场对于境内远期外汇市场的波动率溢出效应更大。从上面我们可以看出在波动率溢出效应方面，在短期限的远期市场中，境内远期外汇市场更多地扮演着波动率输出者的角色。

3. 成果三：人民币汇率风险管理方法

下篇研究围绕人民币远期套期保值方法，包括套期比率优化及套期效率评价等问题。研究从静态到动态、从传统模型到前沿方法逐步展开，得出以下主要结论：

结论 5：运用误差修正模型，BV-GARCH 和 ECM-GARCH 等动态最优套期保值模型研究了境内外人民币远期市场的套期保值绩效。远期产品品种的选择影响到套期效率，在可行的情况下，选用短期内到期的远期外汇产品，套期绩效较好。同时发现因为套期模型选择的不同，国内远期与 NDF 市场在套期保值效果上各有优势，这与风险度量方法的选择及模型设置相关。将模型扩展为动态变化型展期套期保值模型，并针对该模型提出了动态跟踪调整策略。实证研究表明变化型展期套期保值模型的套期保值绩效大幅显著提高。

结论 6：在极值理论框架下得到基于相对 VaR 的最优套期保值比率的解析式，基于双变量 GARCH（1，1）方法分别建立境内外人民币远期市场与即期汇率市场的实证模型，比较发现，相对 VaR 下的套期保值效率比传统最小方差套期效率更优。另外，本研究采用 Copula-GARCH 方法对收益序列数据进行拟合，解决了 LPM 模型中因联合分布函数不确定所带来的计算和研究困难。通过绩效比较也发现，无论在境内远期市场还是 NDF 市场，LPM 模型的绩效都比最小方差的绩效要好。

（二）学术价值及创新之处

本书深入探讨了人民币境内外远期市场特征，远期市场和即期市场之间的关系，以及如何运用远期外汇市场交易有效对冲汇率风险。本研究成果对于宏观层面系统认识境内外人民币汇率市场特征、价格引导关系，以及在微观层面企业进行汇率风险管理都具有重要的指导作用和实践意义。创新之处表现在以下几点：

（1）综合考虑了境内外多个人民币汇率市场以及人民币外汇品种的远期产品，从市场有效性、交叉动态相关性及价格引导关系等角度展开研究。本研究有助于系统探讨人民币汇率衍生品市场体系，深刻认识人民币汇率市场特征，并为进一步运用衍生品市场对冲汇率风险奠定了基础。

（2）研究方法上，注重规范研究与实证研究结合，并结合使用经典模型与前沿方法。主要采用半参数模型、允许结构突变的估计方法等考察人民币汇率衍生品市场有效性，利用动态相关时间序列模型以及向量 GARCH 模型等方法研究人民币远期汇率对即期汇率的价格引导关系等问题，在计量手段和方法研究上有所创新和发展。

（3）在外汇风险管理的研究方面，提出多种套期保值模型，结合使用了前沿的计量方法，有助于改善理论模型的实际应用效果。例如，本书使用 Copula-GARCH 等方法进行数据拟合，采用 VaR、LPM 等风险度量工具进行套期保值优化，并探讨了套期保值的动态调整等相关问题。利用金融工程方法研究避险模型也是本书的创新之处。

上篇

人民币外汇衍生品市场有效性研究

本篇内容主要研究人民币外汇衍生品市场特征，探讨人民币远期市场的有效性，采用了半参数适应性估计，允许结构突变的协整模型等研究方法。实证研究采用了汇率制度改革之后，即2005年8月1日至2008年12月31日境内外人民币外汇市场上的多种人民币外汇对的日报价数据作为基础。

第一章同时研究了人民币/美元、人民币/日元以及人民币/欧元的外汇远期市场的有效性问题。以往的研究仅从人民币/美元的角度探讨人民币远期市场的有效性问题，忽略了其他货币和人民币之间的关系研究。本章对美元/人民币、欧元/人民币、日元/人民币不同期限的远期外汇市场的有效性进行考察。考虑到各回归方程残差项的相关性、非正态分布以及自变量之间的协整关系，本书的研究不仅采用单方程的OLS方法对各方程进行估计，还采用半参数适应性估计方法对建立的SUR系统进行估计。研究表明适应性估计结果和OLS估计结果相差较大，半参数适应性估计量较OLS估计量更有效，但就文中考察数据而言，适应性估计和OLS估计的结论一致，即各远期外汇市场的有效性假设（也称市场无偏性）均不成立。

第二章继续研究远期外汇市场有效性的问题，考虑到市场经济运行环境变化时模型中可能存在的结构突变，在这一章中建立了结构突变的协整模型，考察我国宏观经济因素对市场参与者行为以及市场有效性的影响。FMOLS估计结果表明，回归模型中变量间关系可能存在结构突变。允许结构突变的协整模型的估计结果表明，1月期美元/人民币远期市场的无偏性模型存在多个结构突变点，对应市场的无偏性在某些时间段内成立，结构突变与中美两国的利率政策相关；1 月期日元/人民币远期市场的无偏性模型也存在多个结构突变点，对应市场的无偏性在整个考察期内均不成立，结构突变多与日本政府发行大量政府债券相关；1 月期欧元/人民币远期市场的无偏性模型不存在结构突变点，对应市场的无偏性在整个考察期内不成立。

本篇研究的创新点表现在以下两点：①在对我国外汇市场微观结构特征进行实证研究的过程中，本篇研究取得了外汇远期、即期的相关数据，利用该数据，对美元/人民币、欧元/人民币以及日元/人民币外汇市场的有效性进行分析，考虑到三种外汇价格之间的联系，建立了 SUR 模型，利用半参数适应性估计方法对模型进行估计。②考虑了市场信息对市场参与者的影响，依据允许有结构突变的有效性模型，对外汇市场进行了进一步考察，检验对应外汇市场存在的结构突变点，分析市场信息对市场参与者的影响，进一步考察了我国外汇市场的微观结构特征。

第一章 基于半参数估计方法的远期外汇市场有效性研究

第一节 引言

随着世界经济全球化的日益加深，全球资本流动大规模增加，各国外汇收支、国际收支大幅度扩展，外汇市场交易量达到空前的规模，2008 年国际外汇市场的日交易量已经超过 3 万亿美元。据国家外汇管理局发布的《中国外汇市场年报 2005》的数据显示，在 2005 年 159 个交易日里，我国外汇市场上 8 个外币对① 的交易量达到了 521.33 亿美元。金融危机后，我国外汇市场 2009 年 6 月份前三周日均成交量较 2008 年日均成交量提高了 36%②。外汇市场的持续发展对我国外汇储备、国际收支、汇率制度以及货币政策等方面都产生了越来越大的影响。因此，从多角度研究我国外汇市场的运行特征显得越来越重要。本章从金融市场的有效性理论出发，对我国汇率制度改革后人民币远期市场的有效性进行了检验，从市场有效性角度刻画了我国外汇市场现阶段的特征。

资本市场有效性理论自 1970 年由 Fama 提出以来，其理论研究和实证检验就一直是现代金融研究的重点之一。资本市场是否有效对资产定价、风险控制、套期保值等方面都将产生巨大的影响。外汇市场作为一种资本市场，从 1973 年布雷顿森林体系崩溃以后才逐步发展起来，而汇率波动呈现出的与股票、长期债券等资产价格类似的运动特征，启发人们将汇率看成一种资产价格，并将有效市场理论运用到外汇市场上，检验外汇市场的有效性，如 Dornbusch（1976），

① 8 个外币对指欧元/美元、澳元/美元、英镑/美元、美元/日元、美元/加拿大元、美元/瑞士法郎、美元/港币和欧元/日元。

② 摘自 2009 年 6 月 25 日首届中国外汇与黄金高层论坛上我国外汇管理局局长王小弈的讲话。

Frenkel（1976），Frenkel 和 Mussa（1980）等。外汇市场的有效性是指在资本自由流动和没有交易成本的情况下，市场汇率充分反映了可得信息。其包含的两个关键假设条件是市场参与者理性预期和风险中性。依据外汇市场的结构特点，对外汇市场有效性的检验有两个方面：①检验即期外汇市场的有效性，即研究汇率变动的随机性，检验名义利差是否为常数，如 Cumby 和 Obstfeld（1981），Mussa（1984）等。②检验远期外汇市场的有效性，即检验远期汇率是否为对应期限的未来即期汇率的理性预期，如 Hansen 和 Hodrick（1980），Blake 等（1986），Phillps 等（1996，1997），Kumar 和 Mukherjee（2007），Giannellis 和 Papadopoulos（2009）等。

目前，我国人民币外汇主要交易涉及三个市场：两个远期市场和一个即期市场。远期市场包括境外无本金交割远期（Non-Deliverable Forward，NDF）市场和境内远期市场。在境外人民币 NDF 市场中，存在着日元/人民币、欧元/人民币、美元/人民币、英镑/人民币、港元/人民币五种人民币货币对的远期交易。[①] 2005 年 7 月 21 日人民币汇率形成机制改革后，我国开始实行以市场供求为基础，参考一篮子货币的有管理浮动汇率制度，人民币汇率不再单一盯着美元。随着我国外汇市场改革的进一步加深和配套措施的完善，我国外汇市场的市场化程度已经大幅提高，初步具备了发现市场价格、风险管理和资源配置等功能，人民币即期汇率和远期汇率的联系越来越紧密，如任兆璋和宁忠忠（2005）的研究表明 NDF 汇率在一定程度上反映了人民币汇率的真实价值。人民币远期[②]报价成为诸多机构对人民币汇率预期的重要参考指标，了解远期汇率和即期汇率之间的关系对市场参与者进行有效的套期保值和套利等都具有重要意义。

2005 年前人民币汇率相对稳定，研究人民币即期汇率和远期汇率报价之间的关系以及我国人民币远期外汇市场有效性的文献相对较少，并且已有的文献大都集中在讨论人民币兑美元的远期市场上。如张陶伟和杨金国（2005）用人民币兑美元的汇率数据研究了人民币 NDF 与人民币汇率的关系，发现人民币 NDF 市场价格反映了市场对即期均衡实际汇率的预测；黄学军和吴冲锋（2006）用人民币兑美元的即期汇率和境外远期汇率研究了汇改前后两种汇率价格之间的关系，发现汇改后 1 月期 NDF 对即期汇率具有引导作用；代幼渝和杨莹

① 在境内远期交易中，也存在美元/人民币、欧元/人民币、日元/人民币、英镑/人民币、港元/人民币远期交易，但是由于境内远期交易市场相对境外远期交易市场来说运营时间较短，因此本书选择境外人民币 NDF 远期市场作为研究对象。

② 在本书中，如无特别说明，人民币远期均指境外无本金交割远期（NDF）。

(2007) 考察了美元/人民币远期市场的有效性问题，结果表明：在短期内投资者偏好风险，远期市场有效性假设不成立；李晓峰和陈华（2008）用人民币兑美元的数据研究发现境外 NDF 引导着即期汇率的变动，远期汇率在一定程度上反映了即期汇率预期。事实上，由于我国的人民币汇率改革是实行盯住一篮子货币的政策，人民币有对应的几种流通货币的汇率。以往的研究中仅仅考察了美元兑人民币的汇率变化特征，忽略了欧元、日元等其他外币兑人民币汇率的影响，但是由于这些汇率实际上都是相对于美元汇率进行套算确定的，各种人民币汇率之间存在着一定关系，忽略人民币兑不同货币汇率之间的关系，对人民币即期市场和远期市场进行研究无疑将会导致分析结果不够全面。因此，我们将同时考虑我国实行汇率制度改革后，美元、欧元以及日元三种[①] 货币对应的人民币远期市场，更全面地分析人民币即期汇率和远期汇率之间的关系，对这几种货币对应的人民币远期市场的有效性进行检验。

目前对远期外汇市场的有效性检验主要考察远期汇率的无偏性，即在抵补利率平价和非抵补利率平价同时成立时，远期汇率是未来即期汇率的无偏预测。文献中一般把远期外汇市场的有效性称为远期外汇市场无偏性假设（Forward Exchange Unbiasedness Hypothesis）。实证检验中，对该假设的检验有两种形式，第一种称为协整模型形式，刻画即期汇率和远期汇率之间的长远关系，主要利用即期汇率对滞后远期汇率回归；第二种是平稳模型形式，刻画外汇市场的短期动态关系，主要利用即期汇率的一阶差分对滞后的远期溢价进行回归。Hakkio 和 Rush（1989），Barnhart 和 Szakmary（1991）对这两种估计形式进行了详细讨论。

本章同时考察人民币分别兑美元、欧元和日元的汇率，各汇率实际都依据美元汇率进行测算确定，三个回归方程的扰动项之间存在相关性，因此，相对于每个方程单独进行回归估计，更适合建立似无关回归（Seemingly Unrelated Regression，SUR）模型，应用 Zellner（1962）的 FGLS 估计方法对 SUR 系统进行回归。如 Baileyet 等（1984），Evans 和 Lewis（1995）都建立了协整形式的 SUR 模型，检验外汇市场的无偏性，Bilson（1981），Barnhart 和 Szakmary（1991）建立了平稳形式的 SUR 模型检验外汇市场的无偏性。他们的研究结果

① 我国自 2006 年 8 月 1 日起才增加国内银行间英镑交易，考虑到国内外远期市场之间的引导关系，英镑/人民币境外远期本书暂不予考虑。中国香港自 1983 年 10 月以来一直实施联系汇率制度，港元固定按 7.8 港元兑 1 美元的汇率与美元挂钩，因此人民币与港元之间的关系实际上为人民币与美元之间的关系。故此，本书仅选择了自汇改后另外三种货币对应的人民币远期市场进行研究。

表明：随着货币市场的不同，模型检验结果会随之改变，不同外汇远期市场的有效性存在较大差异，但是各模型回归残差的非正态性是各外汇市场的共同特征。考虑到残差项的相关性，Phillips 等（1996），Hodgson（1999）的研究表明：设定残差项分布为厚尾、多变量的非正态分布时，估计的有效性显著提高。由于椭圆对称分布族不仅包括了高斯分布作为其中的一种特殊情形，还包括许多厚尾分布，如 t 分布、Logistic 分布以及混合正态分布等，文献中常设定残差项分布为椭圆对称分布。如 Hodgson 等（2002）设定了在椭圆对称分布假设下的平稳 SUR 模型来检验资本市场有效性，其研究结果显示，在该假设条件下，估计有效性提高。同时，他们还提出了半参数适应估计量（Adaptive Estimator），对该估计量的有效性检验表明：适应估计量的有效性随变量维数增加而提高，在原残差分布为正态分布时，适应性估计量没有 OLS 估计量有效，而在残差为非正态分布时，适应性估计量有效性更高。值得注意的是，经典的 SUR 模型的 FGLS 估计并不适用于模型变量间存在协整关系的情形，如 Philips 和 Park（1988），Moon（1999）指出 SUR 模型中变量间存在协整关系时，FGLS 估计有偏，并导致模型的假设检验失效。为解决此问题，Hodgson 等（2004）将其在 2002 年提出的适应性估计进行了推广，使其对 SUR 协整模型也能进行估计，其研究结果表明：在残差分布为非正态时，半参数适应性估计量在很多情形下都与 OLS 估计量显著不同，半参数适应性估计更有效。综上所述，考虑到汇率回归残差项的非正态性以及回归变量之间存在的协整关系，本章将采用 Hodgson 等（2004）提出的半参数适应性估计对似无关系统进行估计，考察人民币即期汇率和远期汇率之间的关系，检验人民币远期市场的有效性。

第二节　模型和半参数估计方法

检验远期外汇市场有效性的常用模型形式有两种，一种为平稳模型形式，另一种为协整模型形式，具体如下：

假设观测数据为即期汇率 $\{s_t^i\}$ 和远期价格 $\{f_t^i\}$，其中 $t=1, \cdots, n+1$，$i=1, \cdots, m$。s_t^i 为基准货币（人民币）对第 i 国货币的即期汇率对数，本章中 $m=3$，$i=1, 2, 3$ 分别表示美国、欧洲联盟和日本，对应货币为美元、欧元和日元，f_t^i 表示时刻 t+1 进行交割的远期价格对数。给定上述观测值，平稳模型形式的外汇市场无偏性假设可表述为：远期溢价（也称为远期升水）$f_t^i - s_t^i$ 为即期汇率在交割期间变化的无偏预测，即 $E_t[s_{t+1}^i - s_t^i] = f_t^i - s_t^i$，其中 E_t 表示在时刻 t 所有信息下的条件期望，该假设可以通过估计 m 个方程来进行实证检验：

$$s_{t+1}^i - s_t^i = \alpha^i + \beta^i(f_t^i - s_t^i) + u_{i,t+1};\ t = 1,\ \cdots,\ n+1,\ i = 1,\ \cdots,\ m \tag{1-1}$$

则外汇市场无偏性假设可表述为：

$$H_0:\ \alpha^i = 0,\ \beta^i = 1,\ i = 1,\ \cdots,\ m \tag{1-2}$$

在原假设条件下，远期价格为即期汇率的无偏预测，远期外汇市场有效。

协整形式的外汇市场无偏性假设可表述为：当期的远期价格为下一期即期汇率的无偏预测，即 $E_t[s_{t+1}^i] = f_t^i$，对应的回归方程为：

$$s_{t+1}^i = \alpha^i + \beta^i f_t^i + u_{i,t+1} \tag{1-3}$$

无偏性假设即为：

$$H_0:\ \alpha^i = 0,\ \beta^i = 1,\ i = 1,\ \cdots,\ m \tag{1-4}$$

上述两种模型都可以通过对单方程进行 OLS 估计，再依据 Wald 检验考察市场的有效性。但是，如引言中所述，当各方程扰动性之间相关时，OLS 估计不如 m 个方程构成的 SUR 系统的 FGLS 估计有效，并且当模型变量间存在协整关系时，FGLS 不再适用。Hodgson 等（2004）提出的 SUR 协整模型的半参数适应性估计方法很好地解决了上述两方面的问题，下面简单介绍 Hodgson 等（2004）提出的半参数适应性估计方法。

给定模型（1–1）和模型（1–3），可将两种模型表述为包含 m 个方程的 SUR 模型：

$$y_t = \alpha + x_t\beta + u_t := w_t\theta + u_t,\ t = 1,\ \cdots,\ n \tag{1-5}$$

其中，$y_t \in R^m$，$\alpha \in R^m$，

$$x_t = \begin{pmatrix} x_{1t}^T & & 0 \\ & \ddots & \\ 0 & & x_{mt}^T \end{pmatrix},\ \beta = \begin{bmatrix} \beta_1 \\ \vdots \\ \beta_m \end{bmatrix},\ u_t = \begin{bmatrix} u_{1t} \\ \vdots \\ u_{mt} \end{bmatrix}$$

$w_t = [I_m \quad x_t]$，$x_{it}^T \in R^{k_i}$，$\beta_i \in R^{k_i}$，对所有的 i = 1，⋯，m 成立。所有的参数向量为 $\theta = [\alpha^T \quad \beta^T]^T \in R^{m+k}$，其中，$k = k_1 + \cdots + k_m$，$u_t \in R^m$ 为独立同分布，均值为零，方差为 $E(u_t u_t^T) = \Sigma_u$，分布为 p（u）。本章中 m 等于 3，$k_1 = k_2 = k_3 = 1$。

在 p(u)已知时，可通过最大化似然函数 $L_n(\theta)=\sum_{t=1}^{n}\ln p(y_t-w_t\theta)$来估计 θ。由初值$\hat{\theta}$得到的两步 Newton–Raphson 估计$\bar{\theta}$渐近等价于 MLE 估计，即估计值$\bar{\theta}$满足条件$\delta_n^{-1}(\bar{\theta}-\theta_0)\xrightarrow{D}MN(0,\Omega^{-1})$。其中，$\hat{\theta}$为高斯似然估计（如 OLS 估计），$\delta_n$ 为加权矩阵，当 x_t 平稳时，$\delta_n=n^{-1/2}I_{m+k}$，当 x_t 协整时，$\delta_n=\mathrm{diag}[n^{-1/2}I_m,\ n^{-1}I_k]$。渐近信息矩阵 Ω 满足 $\delta_n(\partial^2L_n(\theta_0)/\partial\theta\partial\theta')\delta_n\xrightarrow{P}\Omega$。为得出 Ω 的具体形式，定义 p 的 m 维得分向量为 $\varphi(u)=\frac{\partial p(u)/\partial u}{p(u)}$，信息矩阵为 $\Phi(p)=\int\varphi(u)\varphi(u)^Tp(u)du$。当模型为平稳形式时，渐近信息矩阵为

$$\Omega=\begin{bmatrix}\Phi_p & E[\Phi_p x_t]\\ E[x_t^T\Phi_p] & E[x_t^T\Phi_p x_t]\end{bmatrix}$$

当模型为协整形式时，渐近信息矩阵为

$$\Omega=\begin{pmatrix}\Phi_p & \Phi_p\int_0^1 M(r)dr\\ \int_0^1 M(r)^Tdr\Phi_p & \int_0^1 M(r)^T\Phi_pM(r)dr\end{pmatrix}$$

其中，

$$M(r)=\begin{pmatrix}M_1^T(r) & & 0\\ & \ddots & \\ 0 & & M_m^T(r)\end{pmatrix}$$

对于每个 i = 1，…，m，$M_i(r)$ 为 k_i 维的布朗运动，其协方差矩阵与 Δx_{it} 的协方差矩阵相等。也就是说，在协整模型形式时，信息矩阵是随机矩阵。

当 p(u) 未知时，未知函数p(u) 由非参数估计给出。Hodgson 等（2004）得到如下适应性估计量：

$$\tilde{\theta}=\hat{\theta}+\delta_n\hat{\Omega}_n^{-1}(\hat{\theta})\hat{\Delta}_n(\hat{\theta}) \tag{1-6}$$

其中，$\hat{\Delta}_n$ 和 $\hat{\Omega}_n$ 分别为 L_n 一阶导和二阶导的估计，其具体形式将在下面的估计步骤中给出。适应性估计按照如下步骤进行：

（1）首先由高斯极大似然估计（如 OLS 估计）得到$\hat{\theta}$和残差序列 $\{\hat{u}_t\}_{t=1}^n$，

并定义标准化残差序列$\{\hat{\varepsilon}_t\}_{t=1}^{n}$，其中$\hat{\varepsilon}_t = \hat{\Sigma}^{-1/2}\hat{u}_t$，$\hat{\Sigma} = \hat{c}^{-1}\hat{\Sigma}_u$，$\hat{\Sigma}_u = n^{-1}\sum_{t=1}^{n}\hat{u}_t\hat{u}_t^T$，$\hat{c} = [\det\hat{\Sigma}_u]^{1/m}$。接着计算转换序列$\{\hat{z}_t\}_{t=1}^{n}$，其中$\hat{z}_t = \tau(\hat{\nu}_t)$，$\hat{\nu}_t = \hat{\varepsilon}_t^T\hat{\varepsilon}_t$，$\tau(\nu;\ \zeta) = (\nu^{\zeta} - 1)/\zeta$，$\zeta = m/2$。

（2）记窗宽为h_n的高斯核为$K_{h_n}(\cdot)$，估计$\hat{z}_t$的密度和一阶导为：

$$\hat{\gamma}_t(z) = \frac{1}{n-1}\sum_{s=1,s\neq t}^{n}K_{h_n}(z - \hat{z}_s);\ \hat{\gamma}_t'(z) = \frac{1}{n-1}\sum_{s=1,s\neq t}^{n}K_{h_n}'(z - \hat{z}_s)。$$

（3）给出筛选条件如下：（Ⅰ）$\hat{\gamma}_t(\hat{z}_t) \geqslant d_n$；（Ⅱ）$|\hat{z}_t| \leqslant e_n$；（Ⅲ）$|\lambda(\hat{z}_t)| \leqslant b_n$；（Ⅳ）$|\rho^{1/2}(\hat{z}_t)\quad \hat{\gamma}_t'(\hat{z}_t)| \leqslant c_n\hat{\gamma}_t(\hat{z}_t)$，其中$\rho(z) = \nu\tau'(\nu)J_{\tau}^{-1}(z)$，$\nu = \tau^{-1}(z)$，$J_{\tau}(z) = |\partial\tau^{-1}(z)/\partial z|$，$\lambda(z) = (d/dz)^{-1}\rho^{1/2}(z)$。则$\rho(u)$的得分向量$\varphi(u)$估计为：当四个筛选条件都满足时，$\hat{\varphi}_t(\hat{u}_t) = \hat{\Sigma}^{-1/2}\hat{\varepsilon}_t[s(\hat{\nu}_t) + \tau'(\hat{\nu}_t)\frac{\hat{\gamma}_t'}{\hat{\gamma}_t}(\hat{z}_t)]$，否则，$\hat{\varphi}_t(\hat{u}_t) = 0$。其中，$s(\nu) = (1 - m/2)\nu^{-1} - \frac{J_{\tau}'}{J_{\tau}}\{\tau(\nu)\}\tau'(\nu)$。信息矩阵为$\hat{\Phi}_p = \frac{1}{n}\sum_{t=1}^{n}\hat{\varphi}_t(\hat{u}_t)\hat{\varphi}_t(\hat{u}_t)^T$。

（4）定义模型的得分向量和信息矩阵的估计量如下：

$$\hat{\Delta}_n(\hat{\theta}) = -\delta_n\sum_{t=1}^{n}w_t^T\hat{\varphi}_t\ (\hat{u}_t)；\ \hat{\Omega}_n(\hat{\theta}) = \delta_n\sum_{t=1}^{n}w_t^T\hat{\Phi}_p w_t\delta_n。$$

将$\hat{\theta}$、δ_n、$\hat{\Omega}_n(\hat{\theta})$和$\hat{\Delta}_n(\hat{\theta})$代入式（1-6），可得 Hodgson 等（2004）给出的适应性估计量$\tilde{\theta}$。给定上述估计，Hodgson 等（2004）证明了如下的命题成立：

命题 1：假定Φ_p为有限正定，$\int_0^{\infty}\nu^{m/2}s(\nu)^2g(\nu)d\nu < \infty$，Lebesgue 密度为$\rho(u)$的残差分布在 Lebesgue 测度下绝对连续，$x_t$严格外生，条件（Ⅰ）~（Ⅳ）中的常数满足$c_n \to \infty$，$e_n \to \infty$，$b_n \to \infty$，$h_n \to 0$，$d_n \to 0$，$h_nc_n \to 0$，$e_nh_n^{-3} \to o(n)$，$b_nh_n^{-3} \to o(n)$，则适应性估计量满足渐近性质$\delta_n^{-1}(\tilde{\theta} - \theta) \xrightarrow{D} MN(0,\ \Omega^{-1})$。

第三节 人民币远期外汇市场有效性检验

本章对我国 2005 年 7 月 21 日实行汇率制度改革后的远期外汇市场有效性进行考察，使用的数据包括：2005 年 8 月 1 日至 2008 年 12 月 31 日，人民币即期汇率（Spot Rate）和美元/人民币、欧元/人民币、日元/人民币的无本金远期汇率（NDF），NDF 交易品种包括 1 月期、3 月期、6 月期和 12 月期，数据来源为 Bloomberg 资讯。

表 1–1 和表 1–2 给出了平稳模型（1–1）和协整模型（1–3）所用数据的描述统计量。从表 1–1 中可以看出，设定平稳模型时，仅在 1 月期和 3 月期的组别中有部分序列的 ADF（Augmented Dickey–Fuller）检验拒绝了单位根假设。从表 1–2 可以看出，除 6 月期欧元/人民币的组别在 10%的显著性水平下拒绝原序列的单位根假设外，其余各组别的 ADF 检验均不能拒绝原序列有单位根的假设。这说明，用 FGLS 估计对书中的 SUR 系统进行估计将会导致估计有偏。

表 1–1 平稳模型（1–1）所用数据的描述统计量

变量	均值	标准差	最小值	最大值	ADF
			1 月期		
美元/人民币（$S_{t+1}-S_t$）	−0.004	0.005	−0.021	0.008	−2.036
欧元/人民币（$S_{t+1}-S_t$）	−0.002	0.029	−0.144	0.132	−3.579***
日元/人民币（$S_{t+1}-S_t$）	−0.000	0.031	−0.069	0.121	−3.293**
美元/人民币（F_t-S_t）	−0.004	0.004	−0.018	0.011	−1.149
欧元/人民币（F_t-S_t）	−0.003	0.004	−0.019	0.011	−1.928
日元/人民币（F_t-S_t）	−0.000	0.004	−0.016	0.015	−2.661*
			3 月期		
美元/人民币（$S_{t+1}-S_t$）	−0.013	0.011	−0.044	0.007	−1.674
欧元/人民币（$S_{t+1}-S_t$）	−0.007	0.050	−0.217	0.078	−2.200
日元/人民币（$S_{t+1}-S_t$）	−0.000	0.052	−0.112	0.188	−2.598*
美元/人民币（F_t-S_t）	−0.013	0.007	−0.048	0.016	−1.322
欧元/人民币（F_t-S_t）	−0.011	0.009	−0.053	0.015	−1.253
日元/人民币（F_t-S_t）	−0.003	0.008	−0.044	0.032	−1.484

续表

变量	均值	标准差	最小值	最大值	ADF
		6 月期			
美元/人民币（$S_{t+1}-S_t$）	–0.028	0.018	–0.072	–0.002	–1.012
欧元/人民币（$S_{t+1}-S_t$）	–0.003	0.067	–0.249	0.087	–1.419
日元/人民币（$S_{t+1}-S_t$）	–0.007	0.055	–0.119	0.201	–2.459
美元/人民币（F_t-S_t）	–0.027	0.012	–0.081	–0.013	–2.408
欧元/人民币（F_t-S_t）	–0.022	0.017	–0.091	–0.003	–1.535
日元/人民币（F_t-S_t）	–0.006	0.015	–0.074	0.011	–1.735
		12 月期			
美元/人民币（$S_{t+1}-S_t$）	–0.061	0.027	–0.105	–0.012	–1.776
欧元/人民币（$S_{t+1}-S_t$）	0.014	0.074	–0.259	0.097	–1.896
日元/人民币（$S_{t+1}-S_t$）	–0.015	0.062	–0.137	0.186	–1.236
美元/人民币（F_t-S_t）	–0.046	0.013	–0.096	–0.028	0.509
欧元/人民币（F_t-S_t）	–0.032	0.019	–0.098	–0.009	0.772
日元/人民币（F_t-S_t）	–0.002	0.017	–0.063	0.019	0.477

注：滞后期按 AIC 标准选择，最大滞后期为 18，单位根检验含常数项。1 月期的 ADF 统计量在显著性水平分别为 1%，5%，10%下的临界值分别为–3.443，–2.867，–2.569；3 月期的 ADF 统计量在显著性水平分别为 1%，5%，10%下的临界值分别为–3.440，–2.866，–2.569；6 月期的 ADF 统计量在显著性水平分别为 1%，5%，10%下的临界值分别为–3.445，–2.867，–2.570；12 月期的 ADF 统计量在显著性水平分别为 1%，5%，10%下的临界值分别为–3.443，–2.867，–2.569。*、**、*** 分别表示在 10%，5%，1%的显著水平下拒绝原假设。

表 1–2 协整模型（1–3）所用数据的描述统计量

变量	均值	标准差	最小值	最大值	ADF
		1 月期			
美元/人民币（S_{t+1}）	2.022	0.061	1.918	2.092	1.386
欧元/人民币（S_{t+1}）	2.318	0.053	2.141	2.411	–2.283
日元/人民币（S_{t+1}）	–2.702	0.044	–2.788	–2.546	–2.036
美元/人民币（F_t）	2.022	0.059	1.915	2.091	0.259
欧元/人民币（F_t）	2.316	0.048	2.146	2.405	–1.046
日元/人民币（F_t）	–2.702	0.042	–2.787	–2.591	–2.279
		3 月期			
美元/人民币（S_{t+1}）	2.018	0.060	1.918	2.090	1.232
欧元/人民币（S_{t+1}）	2.319	0.063	2.141	2.413	–2.535
日元/人民币（S_{t+1}）	–2.704	0.041	–2.787	–2.546	–1.741
美元/人民币（F_t）	2.018	0.058	1.904	2.087	–0.215

续表

变量	均值	标准差	最小值	最大值	ADF
欧元/人民币（F_t）	2.316	0.034	2.238	2.386	−1.775
日元/人民币（F_t）	−2.706	0.042	−2.789	−2.601	−2.469
6 月期					
美元/人民币（s_{t+1}）	2.013	0.058	1.918	2.087	0.747
欧元/人民币（s_{t+1}）	2.324	0.053	2.143	2.414	−2.815*
日元/人民币（s_{t+1}）	−2.707	0.043	−2.786	−2.546	−1.308
美元/人民币（F_t）	2.013	0.057	1.877	2.079	0.761
欧元/人民币（F_t）	2.304	0.028	2.229	2.358	−1.781
日元/人民币（F_t）	−2.706	0.045	−2.788	−2.599	−2.116
12 月期					
美元/人民币（S_{t+1}）	1.998	0.055	1.918	2.079	−0.296
欧元/人民币（S_{t+1}）	2.330	0.055	2.141	2.413	−2.367
日元/人民币（S_{t+1}）	−2.715	0.042	−2.788	−2.546	−1.245
美元/人民币（F_t）	2.012	0.041	1.904	2.061	2.377
欧元/人民币（F_t）	2.283	0.022	2.226	2.321	−2.336
日元/人民币（F_t）	−2.702	0.053	−2.795	−2.594	−1.384

注：滞后期按 AIC 标准选择，最大滞后期为 18，单位根检验含常数项。1 月期的 ADF 统计量在显著性水平分别为 1%，5%，10%下的临界值分别为−3.443，−2.867，−2.569；3 月期的 ADF 统计量在显著性水平分别为 1%，5%，10%下的临界值分别为−3.440，−2.866，−2.569；6 月期的 ADF 统计量在显著性水平分别为 1%，5%，10%下的临界值分别为−3.445，−2.867，−2.570；12 月期的 ADF 统计量在显著性水平分别为 1%，5%，10%下的临界值分别为−3.443，−2.867，−2.569。*、**、*** 分别表示在 10%，5%，1%的显著水平下拒绝原假设。

表 1−3 给出了多元变量的正态性检验结果，书中用多元变量的峰度检验法检验。该检验依据 Mardia（1970）的文章，利用 OLS 估计的残差项来构造检验统计量，统计量详细描述可参考 Mardia（1970）的文章。从表中结果可以看出，

表 1−3　多元变量的正态性检验：峰度检验结果

外汇种类	平稳模型检验结果	协整模型检验结果
1 月期	23.663 （0.000**）	29.022 （0.000**）
3 月期	13.917 （0.000**）	13.185 （0.000**）
6 月期	10.854 （0.000**）	11.149 （0.000**）
12 月期	−2.656 （0.00*）	5.949 （0.000**）

注：多元变量的峰度检验应用 Mardia（1970）构造的统计量进行检验。括号中的数值为 p 值，* 表示 p 值小于 0.005，** 表示 p 值小于 0.0001。

峰度检验拒绝了两模型对应序列的多元正态分布假设。这一结果表明，适应性估计结果要比 OLS 估计结果有效。

由于模型（1–1）和模型（1–3）中所用序列有单位根，书中对两模型 OLS 估计后的残差序列分别进行 ADF 检验，若检验结果表明残差序列平稳，则说明原模型中变量间存在协整关系，原模型可用来进行估计，反之，若检验结果表明残差序列不平稳，则说明原模型中变量间的协整关系还有待进一步研究，为简便起见，本章中对这类模型的估计结果将不予讨论。通过对 OLS 估计后的残差序列进行检验，得到如下结论：在设定平稳模型时，6 月期和 12 月期美元/人民币的模型回归残差序列不平稳，有单位根；在设定协整模型时，6 月期的日元/人民币的模型回归残差序列不平稳，12 月期的美元/人民币的模型回归残差序列不平稳。因此，在本章中，设定平稳模型时，对 6 月期和 12 月期的美元/人民币回归模型结果不予考虑；设定协整模型时，对 6 月期日元/人民币回归和 12 月期美元/人民币回归模型的结果不予考虑。下文中，虽然列出了上述对应序列两种估计方法下的估计结果，但是在进行分析时，其对应结果将不予考虑。另一个值得注意的是，在设定平稳模型进行估计时，1 月期的欧元/人民币（$S_{t+1}-S_t$）序列平稳，而 1 月期欧元/人民币（F_t-S_t）序列不平稳，但是估计的残差序列平稳，3 月期的日元/人民币（$S_{t+1}-S_t$）序列平稳，而 3 月期日元/人民币（F_t-S_t）序列不平稳，但是估计的残差项序列平稳；在设定协整模型进行估计时，6 月期欧元/人民币（S_{t+1}）序列平稳，而 6 月期欧元/人民币（F_t）序列不平稳，但残差项序列平稳。出现上述结果的一个可能是，变量存在结构突变，应进一步使用含有结构突变的单位根检验，[①] 如王少平和李子奈（2003）等。

表 1–4　平稳模型（1–1）估计结果

外汇种类	OLS 估计结果		适应性估计结果	
	α	β	α	β
1 月期				
美元/人民币	–0.0023 (–8.26)	0.5794 (10.83)	0.0003* (1.11)	0.9198 (688.58)
欧元/人民币	–0.0036 (–2.18)	–0.7207 (–1.99)	0.0091 (2.09)	–0.2620* (–0.29)
日元/人民币	0.0007* (0.57)	2.2081 (5.89)	–0.0132 (–3.69)	1.4614* (1.67)

① 本研究中已经发现了上述变量存在结构突变，有结构突变的单位根检验研究将在第二章论述。

续表

外汇种类	OLS 估计结果		适应性估计结果	
	α	β	α	β
3 月期				
美元/人民币	-0.0002* (-0.26)	0.9940 (22.14)	-0.0012 (-2.15)	0.893 (331.15)
欧元/人民币	0.0003* (0.01)	0.6523 (3.00)	0.0647 (8.05)	1.0114 (25.21)
日元/人民币	0.0029* (1.43)	1.4193 (6.01)	-0.0241 (-9.37)	1.0093 (78.49)
6 月期				
美元/人民币	-0.0065 (-3.45)	0.7878 (12.27)	-0.0019* (-1.39)	0.9168 (161.50)
欧元/人民币	0.0441 (10.05)	2.1183 (13.45)	0.0580 (13.27)	0.8588 (47.44)
日元/人民币	-0.0069 (-2.44)	-0.0297* (-0.17)	-0.0630 (-8.99)	0.9569 (32.83)
12 月期				
美元/人民币	-0.0024* (-0.70)	1.2602 (18.10)	-0.0231 (-11.83)	0.4209 (106.42)
欧元/人民币	0.0994 (22.30)	2.5965 (22.35)	0.0652 (11.90)	0.3795 (34.05)
日元/人民币	-0.0219 (-11.95)	-2.7196 (-25.44)	-0.0600 (-10.16)	0.4637 (38.56)

注：括号中的数字为对应的 t 值。* 表示在 5%的显著性水平，对应参数估计值统计上不显著。适应性估计的 t 统计量可参见 Hodgson，Linton and Vorkink（2004），p.337。

表 1-5 协整模型（1-3）估计结果

外汇种类	OLS 估计结果		适应性估计结果	
	α	β	α	β
1 月期				
美元/人民币	-0.0531 (-8.28)	1.0259 (324.10)	-0.0464 (-5.44)	1.0226 (242.37)
欧元/人民币	0.2197 (3.44)	0.9057 (32.87)	0.2870 (4.05)	0.8779 (28.71)
日元/人民币	-0.5785 (-7.16)	0.7856 (26.29)	-0.9030 (-8.75)	0.6682 (17.49)

续表

外汇种类	OLS 估计结果		适应性估计结果	
	α	β	α	β
3 月期				
美元/人民币	−0.0467 (−4.34)	1.0232 (191.91)	−0.0680 (−6.64)	1.0339 (204.29)
欧元/人民币	0.8052 (6.31)	0.6539 (11.86)	0.7327 (3.94)	0.6874 (8.57)
日元/人民币	−1.9983 (−20.16)	0.2611 (7.12)	−1.4970 (−10.34)	0.4504 (8.42)
6 月期				
美元/人民币	0.0192* (0.73)	0.9901 (75.88)	−0.0086 (−0.25)	1.0044 (59.61)
欧元/人民币	2.3220 (11.64)	0.0010* (0.01)	2.3398 (10.08)	−0.0045* (−0.044)
日元/人民币	−2.3931 (−19.90)	0.1159 (2.61)	−2.4768 (−11.42)	0.0939 (1.17)
12 月期				
美元/人民币	−0.5093 (−12.00)	1.2458 (59.09)	−0.8277 (−14.92)	1.4040 (50.94)
欧元/人民币	2.7015 (10.72)	−0.1627* (−1.47)	4.0703 (9.63)	−0.7480* (−1.04)
日元/人民币	−3.2678 (−35.39)	−0.2045 (−5.98)	−3.4017 (−17.75)	−0.2522 (−3.56)

注：括号中的数字为对应的 t 值。* 表示在 5%的显著性水平，对应参数估计值统计上不显著。适应性估计的 t 统计量可参见 Hodgson，Linton and Vorkink（2004），p.337。

表 1–4 和表 1–5 给出了平稳模型（1–1）和协整模型（1–3）的 OLS 估计和适应性估计的估计结果，其中适应性估计依据文中的估计步骤进行 GAUSS 编程估计。

表 1–4 和表 1–5 的估计结果（不考虑估计结果不显著、平稳模型 6 月期和 12 月期美元/人民币回归结果以及协整模型 6 月期日元/人民币回归和 12 月期美元/人民币回归结果）表明：①对美元/人民币模型来说，不论是平稳模型还是协整模型，两种估计方法得到的结果都表明，该市场上对应的参与者偏好风险（$\alpha < 0$），要求的风险溢价为负，这一结果和早期的结论一致，如代幼渝和杨莹（2007）。估计结果中 $0 < \beta < 1$ 表明，即期汇率的变化只能反映一部分的远期溢价，不能完全反映远期溢价的变化。这也表明，由于我国目前实行外汇即期市

场报价限制等政策，人民币即期汇率调整还相对较慢。另一方面，结果中所有 β 值都与无偏估计值 1 相差较小，表明未来一段时间内人民币汇率调整幅度减缓，美元/人民币汇率逐渐趋向均衡值。②对欧元/人民币模型来说，两种估计方法得到的平稳模型和协整模型估计的 α 值都大于零（除平稳模型 1 月期外），并随着交易期限延长 α 值增大，表明在该市场上的参与者厌恶风险，要求的风险溢价为正，随着交易期限的延长，市场参与者要求的风险溢价逐渐升高。1 月期平稳模型估计的 β 值小于零，表明该市场上的即期汇率变动方向和市场预期相反。6 月期和 12 月期平稳模型 OLS 估计的 β 值都远大于 1($\beta > 2$)，表明人民币兑欧元即期汇率对该市场上的远期溢价反应过度，但是对上述两模型用适应性估计方法得到的 β 值却大幅减小（$0 < \beta < 1$），表明在考虑人民币其他远期外汇市场的影响后，人民币即期汇率变动仍然对远期市场反应不足。另一方面，上述现象也说明，人民币兑欧元市场变动与人民币兑美元和日元市场相关性较大，适应性估计结果比 OLS 估计结果有效。协整模型估计的 β 值均小于 1，表明未来即期汇率仅能部分反映市场预期。③对日元/人民币模型来说，两种估计方法得到的平稳模型和协整模型估计的 α 值都小于零，表明该市场的参与者偏好风险。随着交易期限的延长，估计的 β 值逐渐减小，人民币兑日元即期汇率短期内对市场反应过度，随交易期限的延长对市场反应不足。

以上都是从计量结果进行分析，没有考虑数据期内各政府对市场的政策干预，一个更全面的分析是依据各国在此期间实行的外汇干预政策分时段分别对模型进行估计，分析实行不同政策期间内外汇市场的变动关系。另外，尽管本章考虑到了人民币对不同货币外汇市场之间的相互关系，用半参数适应性估计方法对建立的 SUR 系统模型进行了估计，提高了估计的有效性，但是并没有对欧元/美元和日元/美元的外汇市场进行分析，没有深入分析欧元/美元和美元/人民币市场以及日元/美元和美元/人民币市场之间的联系，这是本章可进一步拓展的方向。

表 1-6 给出了平稳模型（1-1）和协整模型（1-3）对应的远期外汇市场有效性假说检验的 Wald 值。检验结果表明，在 5%的显著性水平下，两种估计方法的结果都拒绝了人民币四个不同期限的远期外汇市场的有效性假设。

远期外汇市场的有效性检验被拒绝并不是最近才发现，已有对远期外汇市场有效性研究的文献中，绝大多数实证检验都拒绝了远期外汇市场的有效性假设。如 Fama（1984），Baillie 和 Bollerslev（1989），Barnhart 和 Szakmary（1991），Flood 和 Rose（1996），Clarida 和 Taylor（1997），Sarno 和 Taylor

表 1-6　远期外汇无偏性检验，H_0：$\alpha^i=0$，$\beta^i=1$，i = 1，…，m

远期种类	1 月期	3 月期	6 月期	12 月期
	平稳模型 Wald 统计量 JF（p 值）			
OLS 估计	109.736（0.0000）	10.439（0.107）	152.051（0.0000）	2108.089（0.0000）
适应性估计	986.371（0.0000）	1135.338（0.0000）	1187.074（0.0000）	3182.808（0.0000）
	协整模型 Wald 统计量 JF（p 值）			
OLS 估计	145.136（0.0000）	470.937（0.0000）	592.466（0.0000）	2193.466（0.0000）
适应性估计	245.566（0.0000）	388.887（0.0000）	918.845（0.0000）	3097.656（0.0000）

注：在原假设下，JF 的渐近分布为 χ^2_6。括号中的数值为对应的 p 值。适应性估计的 Wald 统计量可参见 Hodgson，Linton and Vorkink（2004），p.337。

（2002），代幼渝和杨莹（2007）等。为什么远期外汇市场有效性假设会屡遭拒绝呢？一部分学者认为是由于远期外汇市场有效性假设的前提假设不成立，即市场参与者的理性预期假设和风险中性假设在现实中不成立。如 Frankel 和 Froot（1987），Froot 和 Franlkel（1989）使用了投资者对未来即期汇率的预测值的调查数据在理性预期假设和风险中性假设之间寻找远期外汇市场有效性假设不成立的原因。他们发现 $\beta\neq1$ 的主要原因是理性预期不成立。MacDonald 和 Torrance（1988）得到的结论也与此一致。Taylor（1989）得到的结论则认为，$\beta\neq1$ 的主要原因是风险中性不成立，但是这些证据非常微弱，在其考察的四种外汇中，仅在其中一种外汇市场上成立。Liu 和 Maddala（1992）得到的结论认为，远期外汇市场有效性假设不成立的原因是风险溢价。

本章对人民币远期市场有效性检验的结果则表明：美元/人民币远期市场的参与者偏好风险，要求的风险溢价为负，我国实施的外汇市场管制导致即期汇率变化不能完全反映市场预期，但总体上美元/人民币汇率已经逐渐趋向均衡值，未来一段时间的调整幅度不大；欧元/人民币远期市场的参与者厌恶风险，并且要求的风险溢价随交易期限的延长逐渐增加，考虑人民币兑不同货币的远期市场的相关关系后的结果表明，人民币即期汇率变动对市场预期反应不足；日元/人民币远期市场的参与者偏好风险，要求的风险溢价为负，短期内人民币兑日元即期汇率对市场反应过度，长期对市场反应不足。上述结论表明，我国外汇远期市场有效性假设不成立主要是由时变的风险溢价以及我国实施的外汇报价限制引起的。

第四节　本章结论

本章用 OLS 估计方法和半参数的适应性估计方法分别对 2005 年 8 月 1 日至 2008 年 12 月 31 日，美元/人民币、欧元/人民币、日元/人民币的各自四个不同期限的远期外汇市场的有效性进行了考察。考虑到各回归方程残差项的相关性、非正态分布以及自变量之间的协整关系，本书不仅采用了 OLS 估计方法对单方程进行估计，还采用半参数适应性估计方法对建立的 SUR 系统进行估计。估计结果表明：适应性估计结果和 OLS 估计结果相差较大，半参数适应性估计量比 OLS 估计量更有效。这和 Hodgson 等（2004）的结论一致。但就本书考察数据而言，两种估计方法的结果一致显示，有效性假设检验在各个人民币远期外汇市场上均不成立。

考察期内人民币远期外汇市场有效性假设不成立的主要原因可归结为市场参与者要求的时变风险溢价以及我国政府对外汇即期市场的报价限制。具体来说：①在人民币兑美元的远期外汇市场上，市场参与者偏好风险，预期美元贬值，要求的风险溢价为负。人民币兑美元即期汇率报价的涨跌幅限制等政策导致该市场上的即期汇率变化只能部分反映远期溢价的变化，人民币兑美元即期汇率调整相对较慢。另外，模型的估计结果还显示，人民币兑美元即期汇率已经逐渐趋向市场均衡，未来一段时间内人民币兑美元汇率相对稳定，调整幅度较小。②在人民币兑欧元市场上，市场参与者厌恶风险，要求的风险溢价随交易的延长而增大，即期汇率报价仅能部分反映对应市场上远期溢价的变化。同时，结果还显示，人民币兑欧元市场与人民币兑美元和日元市场相关性较大，适应性估计比 OLS 估计有效。③在人民币兑日元市场上，市场参与者偏好风险，即期汇率短期内对市场反应过度，长期内对市场反应不足。市场参与者预期人民币兑日元和人民币兑美元市场相关性较大。

未来一段时间内，我国应继续实施人民币兑美元市场的现有外汇政策，保持人民币兑美元汇率的稳定；完善人民币兑欧元和人民币兑日元市场的汇率报价，更多地从各国实际经济发展水平、实行的货币政策、利率政策等方面来考虑两市场的汇率报价，降低对应市场汇率报价和人民币兑美元汇率报价之间的相关性，减小人民币外汇市场的系统风险。

第二章 基于结构突变模型的外汇市场有效性研究

第一节 引言

关于即期汇率和远期汇率之间的协整关系、远期汇率是不是即期汇率的无偏估计的问题，文献中已有大量研究。不论是考虑风险补偿，还是考虑市场参与者的理性预期偏差，大多数的实证结果都表明外汇远期市场的无偏性假设不成立。

文献中考察外汇远期市场无偏性的常用模型有两种：一种是对数水平回归模型（Log-level Regressions，未来即期汇率对当期远期汇率回归），另一种是远期溢价模型（Forward-premium Regressions，即期汇率的变化对当期远期溢价回归）。如果对数水平回归模型常数项为零，系数为 1，则表明无偏性假设成立。然而，很多研究表明，远期溢价模型回归的系数为负值，这在文献中常称为“远期异常偏离”（Forward Bias Anomaly）或者“远期溢价之谜”（Forward Premium Puzzle）。最近一些文献中，远期溢价模型被认为是受限的误差修正模型。他们的研究表明，远期和即期存在一阶协整关系，但是不同的误差修正结构表明了远期的异常偏离，这表明，长期的无偏性假设中存在着短期的无偏性偏离。但是，实证中远期汇率和即期汇率的一阶协整关系并不总是成立。如 Engel（1996）。

在无偏性假设下，远期溢价序列应为平稳序列，但是实证中却得到多种不同结果。如 Hai 等（1997）用 ADF 和 DF-GLS 检验拒绝了法郎、英镑和日元汇率远期溢价序列的单位根假设；Crowder（1994）用 ADF 检验接受了英镑、马克和加元汇率远期溢价序列的单位根假设，KPSS 检验拒绝了这些序列的平稳性假设。Baillie 和 Bollerslev（1994）在英镑、马克和加元汇率远期溢价序列中发现了序列的长记忆性，他们认为该发现可以解释上述相矛盾的结果。

如果远期溢价序列有单位根或分数根，那么远期汇率和即期汇率之间的协整关系以及长期无偏性假设就都不会成立。没有误差修正时，短期的无偏性假设也不成立。实际上，从文献中以下两方面的结论来看，远期溢价序列是否平稳可能与即期和远期序列协整关系的结构突变有关。一方面，在序列平稳但有结构突变时，用 ADF 检验来检验序列的平稳性的有效性很低，而用 KPSS 进行检验时，若没有考虑到原序列的结构突变，则检验结果常发生 Size 扭曲（Size Distortion），如 Shin（1994），Bartley 等（2001）；另一方面，远期溢价序列的分数单整现象可能也反映了序列中的结构突变，如 Diebold 和 Inoue（2001），Gadea 等（2004）等。

基于上述原因，最近一些研究时间序列模型的文献中，往往都允许模型中有结构突变。如 Baum 等（1999）考察了布雷顿森林体系瓦解后 17 个国家的汇率，基于允许有结构突变的模型分析，得到的检验结果不能拒绝单位根假设，表明购买力平价理论不成立。Bekaert 等（2002）和 Voronkova（2004）通过允许其考察的时间序列模型有结构突变，得到了和以往类似研究不同的结论。

还有一些文献的研究结果表明，随着考察期内时间段的变化，远期溢价模型回归结果发生了变化，模型回归结果不稳定。如 Gregory 和 McCurdy（1984）的研究拒绝了远期溢价模型回归结果的稳定性；Barnhart 和 Szakmary（1991）发现不同时间段的远期溢价偏离程度不同；Bekaert 和 Hodrick（1993）发现远期溢价模型的回归结果不稳定，并证明其为两状态转移的马尔可夫模型；Villanueva（1999）考察了 1973~1994 年 9 种汇率的对数水平回归模型和远期溢价模型，发现远期溢价模型回归结果不稳定，而对水平回归模型来说，有些汇率对应的回归结果稳定，有些不稳定；Kutan 和 Zhou（2003）考察了 3 种货币即期汇率和远期汇率的协整关系，发现所考察 3 种货币的即期汇率和远期汇率在 20 世纪 80 年代末期至 90 年代中期没有协整关系，而在 20 世纪 90 年代中期至末期有协整关系；Villanueva（2007）考察了 1975~2005 年 3 种汇率即期和远期之间的协整关系，并允许模型中有结构突变，其研究结果表明，长期内远期无偏性理论成立；而在突变期间内，远期溢价模型的估计结果表明，短期内有些样本的远期无偏性理论成立，有些样本的远期无偏性理论不成立。

国内研究人民币远期外汇市场无偏性的文章还相对较少，对人民币远期外汇市场的研究也主要集中在美元/人民币的市场上，研究过程中一般也不考虑模

求式（2-1）中常数项 α 为零。因此，在满足弱无偏性假设的条件下，要使式（2-1）回归有意义，则下式成立：

$$U_{t+1}=[(S_{t+1}-F_t)-\alpha]\sim I(0) \quad (2\text{-}2)$$

由于 α 为常数，因此由式（2-2）知（$S_{t+1}-F_t$）序列一定为 I（0）。进一步，可以将（$S_{t+1}-F_t$）表达为即期汇率的收益和远期溢价之和：

$$(S_{t+1}-F_t)=(S_{t+1}-S_t)-(F_t-S_t) \quad (2\text{-}3)$$

如果上式中（$S_{t+1}-F_t$）为I（0），即期汇率的收益序列（$S_{t+1}-S_t$）也为 I（0）①，则远期溢价（F_t-S_t）序列也一定为I（0），即远期溢价序列为平稳序列，也意味着远期和即期序列之间有协整关系，文献中常将这一关系表述为"当前 LL 模型"：

$$S_t=\alpha'+\beta F_t+u_t \quad (2\text{-}4)$$

其中，α′为常数项，u_t 为误差项。在无偏性假设（β = 1）下，式（2-4）意味着远期溢价序列为平稳序列：

$$u_t=-[(F_t-S_t)+\alpha']\sim I(0) \quad (2\text{-}5)$$

由式（2-3）可知，给定即期汇率的收益序列（$S_{t+1}-S_t$）为平稳序列时，如果（$S_{t+1}-F_t$）序列不平稳，则远期溢价序列（F_t-S_t）也不平稳。

检验远期无偏性的远期溢价回归模型为：

$$(S_{t+1}-S_t)=a+b(F_t-S_t)+e_{t+1} \quad (2\text{-}6)$$

弱无偏性假设要求 b = 1。如果（F_t-S_t）为 I(1) 或 I(d),（$S_{t+1}-S_t$）为 I(0)，此时式（2-6）因变量和自变量之间不存在稳定的均衡关系，回归方程为伪方程。因此，要使式（2-6）回归有意义，（F_t-S_t）必须要为 I（0），也即要求式（2-1）或式（2-4）中 β = 1。有些学者认为远期溢价回归模型式（2-6）要优于 LL 模型［式（2-1）或式（2-4）］，如 Barnhart 和 Szakmary（1991），McCallum（1994）认为模型（2-6）能更好地描述远期无偏性假设。但是，若式（2-1）和式（2-4）中 β = 1不成立，则式（2-6）的回归为伪回归，即使式（2-6）回归的参数 b = 1 也毫无意义。因此，一个完整的远期无偏性检验应包括对式（2-1）和式（2-4）的协整向量估计，对回归残差序列的单位根检验和平稳性检验，以及对 β = 1的假设检验。

① 实际上，对文章考察期内的人民币即期汇率对应的不同期限收益序列的单位根检验结果表明，各即期汇率收益序列均平稳，为 I(0)。文中推导远期溢价回归模型的前提条件成立。

一、数据描述和单位根检验

本章所用数据为我国 2005 年 7 月 21 日实行汇率改革后的数据，利用的数据包括：2005 年 8 月 1 日至 2008 年 12 月 31 日人民币即期汇率（Spot Rate）和美元/人民币、欧元/人民币、日元/人民币的无本金远期汇率（NDF），NDF 交易品种包括 1 月期、3 月期、6 月期和 12 月期，数据来源为 Bloomberg 资讯。

由式（2-2）和式（2-5）可知：①若远期溢价序列（$F_t - S_t$）和远期超额回报序列（$S_{t+1} - F_t$）都拒绝了单位根假设，则说明远期外汇市场无偏性假设成立。②不能拒绝远期溢价序列和远期超额回报序列的平稳性，说明远期外汇市场无偏性假设成立。下文采用 Elliott 等（1996）提出的 DF-GLS 方法对序列进行单位根检验，即用广义最小二乘法剔除序列中常数项（记作 DF-GLS μ）或常数项和趋势项（记作 DF-GLS τ）后再用 ADF 方法对序列进行单位根检验。最大滞后阶数 L 由 Hayashi（2000）给出的方法决定，$L = \text{integer}\left[12\left(T/100\right)^{1/4}\right]$，[①] DF-GLS 方法检验的最优滞后阶数由 Ng 和 Perron（2001）给出的修正 AIC（MAIC）准则决定。书中采用 KPSS 方法检验序列的平稳性，并且一种检验中允许含有常数项（记作 KPSS-c），另一种检验中允许含有常数项和时间趋势项（记作 KPSS-t）。KPSS 检验中的残差协方差的估计采用核估计方法，核函数为 Quadratic Spectral Kernel，窗宽依据 Andrews（1991）的方法选择。

表 2-1 中列出了 1 月期、3 月期、6 月期和 12 月期美元/人民币、欧元/人民币和日元/人民币的远期溢价序列和远期超额回报序列的单位根检验结果。1 月期美元汇率的远期溢价序列的单整阶数不能确定，而欧元和日元汇率序列的带常数项的序列为平稳序列，但是欧元序列有常数项和趋势项时的单整阶数不确定。3 月期三种汇率的远期溢价序列带常数项时的单整阶数都不确定，而美元和欧元汇率的远期溢价序列带常数项和趋势项时为一阶单整序列。6 月期欧元和日元汇率的远期溢价序列带常数项时单整阶数不确定，而美元溢价序列带常数项时为平稳序列，带趋势项时单整阶数不确定。12 月期三种汇率的远期溢价序列均为一阶单整。对四种期限的远期超额回报序列来说，DF-GLS 和 KPSS 检验的结果在大多数的情形下不一致，序列单整阶数不能确定，带常数项和带趋

① 依据该规则，本书中 1 月期和 3 月期的美元/人民币、欧元/人民币和日元/人民币的相关序列的最大滞后阶数为 18，6 月期和 12 月期的三种汇率对应序列最大滞后阶数为 17。

势项的检验结果大多数情形下也不一致。文献中一般认为远期溢价序列中单位根检验结果的不确定性可能由序列的分数单整引起，如 Engel（1996），Baillie 和 Bollerslev（1994，2000）等，类似的，可以认为远期超额回报序列单位根检验结果的不确定性也可能由序列的分数单整引起。

二、协整模型的估计

为了更进一步分析远期市场的无偏性，需要对式（2-1）和式（2-4）回归残差项进行单位根检验和平稳性检验，以及对回归系数 β 是否等于 1 进行检验。为了识别时间趋势是否对回归关系有影响，本章在式（2-1）和式（2-4）中加入时间趋势项进行估计，估计方程如下：

$$S_{t+1} = \alpha + \beta F_t + (\gamma t) + U_{t+1} \quad (2\text{-}7)$$

$$S_t = \alpha' + \beta F_t + (\gamma' t) + u_t \quad (2\text{-}8)$$

考虑到回归变量之间同时期的相关性和变量的自相关性，我们采用 Phillips 和 Hansen（1990）提出的完全修正 OLS 估计方法来估计。该估计参数为 $A = (\alpha, \beta, \gamma)$，模型 $Y = AX + U$ 的 FMOLS 估计为：

$$A^{FM} = (X'X)^{-1}(X'Y^{+} - T\hat{\Delta}_{0x}^{+}) \quad (2\text{-}9)$$

其中，Y^{+}的每个分量 $y_t^{+} = y_t - \hat{\Omega}_{0x}\hat{\Omega}_{xx}^{-1}\Delta x_t$，$\hat{\Omega}_{0x}$ 和$\hat{\Omega}_{xx}$ 为长期协方差的核估计 $\Omega_{0x} = \mathrm{lr}\,\mathrm{cov}(u_t, \Delta x_t)$，$\Omega_{xx} = \mathrm{lr}\,\mathrm{cov}(\Delta x_t, \Delta x_t)$。$\hat{\Delta}_{0x}^{+} = \hat{\Delta}_{0x} - \hat{\Omega}_{0x}\hat{\Omega}_{xx}^{-1}\hat{\Delta}_{xx}$，$\hat{\Delta}_{0x}$ 和$\hat{\Delta}_{xx}$ 为单边长期协方差的核估计，$\Delta_{0x} = \mathrm{lr}\,\mathrm{cov}_{+}(u_t, \Delta x_t)$，$\Delta_{xx} = \mathrm{lr}\,\mathrm{cov}_{+}(\Delta x_t, \Delta x_t)$。估计参数的协方差矩阵为 $T(X'X)^{-1}\sum^{HAC}(X'X)^{-1}$，其中 $\sum^{HAC}$ 为存在异方差和自相关时回归残差项协方差矩阵的一致估计，详见 Andrews（1991）。上述估计中所用的核函数为 Quadratic Spectral Kernel，本书参考 Andrews（1991）的方法选择最优窗宽。

FMOLS 估计的残差项为 $S - XA^{FM}$，通过对残差序列进行 ADF 单位根检验即可知回归方程中序列之间是否存在协整关系。由于残差序列已经剔除了常数项或趋势项，故 ADF 检验时不包括常数项或趋势项。考虑到表 2-1 中的检验结果，ADF 检验的临界值使用 Hamilton（1994）表 B9 中的第二种情形（不含趋势项）和第三种情形（含趋势项）。最大滞后阶数由 Hayashi（2000）所列方法进行选择。书中用 Leybourne 和 McCabe（1994）提出的协整 KPSS 检验对 FMOLS

估计的残差序列进行平稳性检验。① 检验中残差协方差的估计采用核估计方法，核函数为 Quadratic Spectral Kernel，窗宽依据 Andrew（1991）的方法选择。所有 FMOLS 估计均通过 GAUSS 编程实现。

表 2-1 远期溢价序列和远期超额回报序列的单位根检验

	DF-GLS μ [滞后阶数]	DF-GLS τ [滞后阶数]	KPSS-c	KPSS-t	序列为 I(0) 或 I(1)
			1 月期		
(F_t-S_t)——美元	-1.277 [6]	-1.511 [6]	0.106	0.107	不能确定
(F_t-S_t)——欧元	-1.808* [7]	-1.817 [7]	0.145	0.087	I(0)/不能确定
(F_t-S_t)——日元	-2.671** [1]	-2.724* [1]	0.104	0.084	I(0)
$(S_{t+1}-F_t)$——美元	-1.599 [18]	-3.476** [18]	0.733**	0.036	I(1)/I(0)
$(S_{t+1}-F_t)$——欧元	-3.234*** [14]	-3.433** [14]	0.154	0.097	I(0)
$(S_{t+1}-F_t)$——日元	-3.087*** [15]	-3.262** [15]	0.349*	0.056	不能确定/I(0)
			3 月期		
(F_t-S_t)——美元	-1.191 [5]	-1.127 [5]	0.219	0.142*	不能确定/I(1)
(F_t-S_t)——欧元	-1.322 [1]	-1.204 [1]	0.275	0.567***	不能确定/I(1)
(F_t-S_t)——日元	-1.606 [18]	-1.587 [18]	0.273	0.099	不能确定
$(S_{t+1}-F_t)$——美元	-2.149** [9]	-3.354** [9]	0.230	0.085	I(0)
$(S_{t+1}-F_t)$——欧元	-1.948** [1]	-1.980 [1]	0.234	0.135*	I(0)/I(1)
$(S_{t+1}-F_t)$——日元	-0.939 [18]	-2.603* [18]	0.479**	0.084	I(1)/I(0)
			6 月期		
(F_t-S_t)——美元	-1.822* [10]	-2.557 [1]	0.311	0.116	I(0)/不能确定
(F_t-S_t)——欧元	-1.081 [2]	-2.303 [2]	0.311	0.122*	不能确定/I(1)
(F_t-S_t)——日元	-1.323 [17]	-2.057 [17]	0.294	0.122*	不能确定/I(1)
$(S_{t+1}-F_t)$——美元	-1.452 [6]	-1.617 [6]	0.199	0.209**	不能确定/I(1)
$(S_{t+1}-F_t)$——欧元	-1.404 [0]	-1.416 [0]	0.319	0.157**	不能确定/I(1)
$(S_{t+1}-F_t)$——日元	-0.741 [8]	-1.857 [1]	0.308	0.093	不能确定
			12 月期		
(F_t-S_t)——美元	0.599 [15]	-0.774 [15]	702.99***	0.141*	I(1)
(F_t-S_t)——欧元	0.977 [16]	-0.736 [14]	0.858***	0.165**	I(1)
(F_t-S_t)——日元	0.468 [0]	-0.653 [0]	1.304***	0.164**	I(1)
$(S_{t+1}-F_t)$——美元	0.599 [15]	-0.774 [15]	0.350*	4.695***	I(1)

① 此处 KPSS 检验中不含常数项，也不含趋势项，因为回归模型中已经剔除了常数项和趋势项。

续表

	DF-GLS μ [滞后阶数]	DF-GLS τ [滞后阶数]	KPSS-c	KPSS-t	序列为 I(0) 或 I(1)
12 月期					
$(S_{t+1}-F_t)$ ——欧元	-2.125** [12]	-1.543 [0]	0.378*	0.202**	不能确定/I(1)
$(S_{t+1}-F_t)$ ——日元	-0.402 [11]	-1.594 [11]	1.173***	0.126*	I(1)

注：DF-GLS 检验中最优滞后阶数由 MAIC 准则选择，表中标记为中括号中的数值。DF-GLS 检验的原假设为序列有单位根，KPSS 检验的原假设为序列为平稳序列。“序列为 I(0) 或 I(1)” 项中，“/” 左边结论表示序列中有常数项的检验结果，右侧结论表示序列中有常数项和趋势项的检验结果，没有用 “/” 区分，表示检验结果相同。

1 月期的 DF-GLS μ 检验的临界值为-2.569（1%），-1.941（5%），-1.616（10%）；1 月期的 DF-GLS τ 检验的临界值为-3.480（1%），-2.890（5%），-2.570（10%）；3 月期的 DF-GLS μ 检验的临界值为-2.568（1%），-1.941（5%），-1.616（10%）；3 月期的 DF-GLS τ 检验的临界值为-3.480（1%），-2.890（5%），-2.570（10%）；6 月期的 DF-GLS μ 检验的临界值为-2.570（1%），-1.942（5%），-1.616（10%）；6 月期的 DF-GLS τ 检验的临界值为-3.480（1%），-2.890（5%），-2.570（10%）；12 月期的 DF-GLS μ 检验的临界值为-2.570（1%），-1.941（5%），-1.616（10%）；12 月期的 DF-GLS τ 检验的临界值为-3.480（1%），-2.890（5%），-2.570（10%）。

KPSS-c 检验临界值为 0.739（1%），0.463（5%），0.347（10%）；KPSS-t 检验临界值为 0.216（1%），0.146（5%），0.119（10%）。

* 表示在 10%的水平下拒绝原假设；** 表示在 5%的水平下拒绝原假设；*** 表示在 1%的水平下拒绝原假设。

表 2-2 中式（2-7）的估计结果表明：1 月期美元和欧元的对数水平形式的无偏性模型变量之间存在协整关系，美元模型不能拒绝 $\beta=1$ 的原假设，美元带趋势项的模型拒绝趋势项为零的假设；对日元模型来说，1 月期不带趋势项的模型变量间存在协整关系，模型回归结果拒绝 $\beta=1$ 的假设，而 1 月期带趋势项的模型变量之间是否存在协整关系结论不明确，即 ADF 检验不能拒绝回归残差序列的单位根假设，KPSS 检验不能拒绝回归残差序列的平稳性假设；3 月期美元不带趋势项的回归模型变量间存在协整关系，3 月期美元带趋势项的回归模型以及欧元和日元的回归模型变量间是否存在协整关系结论不明确；6 月期美元和欧元带趋势项的回归模型的残差序列有单位根，对应回归为伪回归，而其余回归模型变量间是否存在协整关系结论不明确；12 月期美元、欧元以及日元带趋势项的回归模型的残差序列都有单位根，对应回归为伪回归，日元不带趋势项的回归模型变量间是否存在协整关系结论不明确。

表 2-3 中式（2-8）的估计结果表明：1 月期欧元汇率估计模型变量间存在协整关系，且参数检验结果拒绝 $\beta=1$ 和 $\gamma'=0$ 的假设，1 月期美元和日元汇率估计模型变量间是否存在协整关系结论不明确；3 月期和 6 月期美元有趋势项

的回归模型残差序列有单位根，对应回归为伪回归，而 3 月期和 6 月期其他估计模型变量间是否存在协整关系结论不明确；12 月期欧元无趋势项的回归模型残差序列有单位根，对应回归为伪回归，而其他估计模型变量间是否存在协整关系结论不明确。

对照表 2–2 和表 2–3 中的估计结果，可以发现表 2–2 中 3 月期、6 月期和 12 月期的模型（除 3 月期美元不含趋势项的模型外）对应变量间的协整关系不确定或者对应回归为伪回归，为分析方便，下文中将不再考虑 3 月期、6 月期和 12 月期的远期无偏性模型。表 2–2 中，除 1 月期带趋势项的日元汇率模型外，其余 1 月期模型结果都表明对应变量间存在协整关系，并且不能拒绝 $\beta = 1$ 的假设。表 2–3 中，除 1 月期欧元汇率对应模型外，其余 1 月期模型估计结果都表明对应模型变量间的协整关系不确定。值得注意的是，表 2–2 中式（2–7）对应的 1 月期欧元模型不能拒绝 $\beta = 1$ 的假设，而表 2–3 中式（2–8）对应的 1 月期欧元模型拒绝了依据 $\beta = 1$ 的假设，依据书中式（2–1）~式（2–5）的分析知，在整个考察期内人民币/欧元远期外汇市场的无偏性假设不成立。

对式（2–7）和式（2–8）出现回归结论不明确的现象，一部分学者认为是由回归模型中变量序列的分数单整引起，如 Engel（1996）。另一部分学者则认为由模型的结构变化引起。如果模型中存在结构变化，Gregory，Nason 和 Watt（1994）表明 ADF 检验将过低地拒绝单位根假设。此外，Diebols 和 Inoue（2001）与 Gadea 等（2004）的研究还表明序列的分数单整现象和序列的结构变化很难区分。据文献中上面两方面的结论，认为式（2–8）中 1 月期美元和日元对应模型可能存在结构突变。

表 2–2　式（2–7）FMOLS 估计结果

	α	β	γ	t(β = 1)	t(γ = 0)	ADF	KPSS	结论
				1 月期				
美元–无 t	–0.06117 (0.00000)	1.02999 (0.00000)	—	1.054	—	–4.285*** [16]	0.069	协整
美元–有 t	0.14616 (0.00000)	0.93229 (0.00000)	–0.00004 (0.00000)	–1.183	–1.759*	–4.374*** [16]	0.097	协整
欧元–无 t	0.27938 (0.00023)	0.88024 (0.00000)	—	–1.587	—	–3.544** [14]	0.121	协整
欧元–有 t	0.20861 (0.03749)	0.91147 (0.00000)	–0.00001 (0.33945)	–0.837	–1.316	–3.584* [14]	0.109	协整
日元–无 t	–0.62756 (0.00000)	0.76766 (0.00000)	—	–7.957***	—	–3.088* [15]	0.141	协整

续表

	α	β	γ	t(β=1)	t(γ=0)	ADF	KPSS	结论
1月期								
日元-有t	-0.38116 (0.00111)	0.86202 (0.00000)	0.00004 (0.00205)	-0.921	1.847*	-3.479 [15]	0.082	不确定
3月期								
美元-无t	-0.07483 (0.10438)	1.03761 (0.00000)	—	1.094	—	-3.161* [9]	0.105	协整
美元-有t	0.55341 (0.00000)	0.74042 (0.00000)	-0.00009 (0.00000)	-2.521**	-2.972***	-3.309 [9]	0.071	不确定
欧元-无t	0.88182 (0.00000)	0.62115 (0.00000)	—	-3.630***	—	-3.058 [13]	0.169	不确定
欧元-有t	0.45287 (0.39608)	0.81044 (0.00055)	-0.00004 (0.33929)	-0.195	-0.321	-3.161 [13]	0.146	不确定
日元-无t	-2.02028 (0.00000)	0.25250 (0.00005)	—	-4.564***	—	-2.106 [10]	0.132	不确定
日元-有t	-1.89139 (0.00000)	0.30058 (0.04770)	0.00001 (0.76827)	-1.221	0.109	-2.226 [10]	0.133	不确定
6月期								
美元-无t	-0.03234 (0.78848)	1.01718 (0.00000)	—	0.156	—	-1.753 [6]	0.193	不确定
美元-有t	1.28160 (0.00000)	0.39379 (0.00000)	-0.00027 (0.00000)	-3.012***	-3.294***	-1.564 [6]	0.225**	伪回归
欧元-无t	2.64236 (0.00002)	-0.14109 (0.59696)	—	-1.0456	—	-2.691 [11]	0.205	不确定
欧元-有t	2.69381 (0.00010)	-0.16067 (0.59901)	-0.00001 (0.90432)	-0.588	-0.024	-2.740 [11]	0.203*	伪回归
日元-无t	-2.36865 (0.00000)	0.12378 (0.30778)	—	-2.394**	—	-1.213 [14]	0.139	不确定
日元-有t	-2.44549 (0.00000)	0.09552 (0.6273)	0.00000 (0.94782)	-0.958	0.018	-1.391 [15]	0.139	不确定
12月期								
美元-无t	-0.52375 (0.03623)	1.25519 (0.00000)	—	0.842	—	-0.669 [17]	1.722***	伪回归
美元-有t	1.71610 (0.00000)	0.17967 (0.00003)	-0.00032 (0.00000)	-2.711***	-3.956***	-0.411 [1]	3.374***	伪回归
欧元-无t	2.72298 (0.00000)	-0.17322 (0.08984)	—	-2.314**	—	-2.285 [15]	0.478**	伪回归
欧元-有t	2.33378 (0.02131)	0.00184 (0.99673)	-0.00005 (0.46437)	-0.378	-0.231	-2.397 [15]	0.384**	伪回归

续表

	α	β	γ	t(β = 1)	t(γ = 0)	ADF	KPSS	结论
12 月期								
日元-无 t	-3.26195 (0.00000)	-0.20379 (0.01904)	—	-5.692***	—	-1.691 [8]	0.203	不确定
日元-有 t	-3.19005 (0.00000)	-0.17436 (0.00408)	0.00002 (0.43893)	-3.721***	0.168	-1.722 [8]	0.200*	伪回归

注：表项中“无 t”和“有 t”分别表示回归模型中不含有趋势项和含有趋势项。表项中“结论”栏的“协整”、“不确定”以及“伪回归”分别表示对应模型的变量间存在协整关系、是否存在协整关系结论不明确以及对应回归为伪回归。ADF 检验的最优滞后阶数为表项“ADF”列括号中的数值。ADF 检验的临界值为：模型中无趋势项时，-3.96（1%），-3.37（5%），-3.07（10%）；模型中有趋势项时，-4.36（1%），-3.80（5%），-3.52（10%）。KPSS 检验的临界值为：模型中无趋势项时，0.557（1%），0.308（5%），0.228（10%）；模型中有趋势项时，0.389（1%），0.219（5%），0.164（10%）。

* 表示在 10%的水平下拒绝原假设；** 表示在 5%的水平下拒绝原假设；*** 表示在 1%的水平下拒绝原假设。

表 2-3　式（2-8）FMOLS 估计结果

	α′	β	γ′	t(β = 1)	t(γ′=0)	ADF	KPSS	结论
1 月期								
美元-无 t	-0.00947 (0.59292)	1.00624 (0.00000)	—	0.426	—	-1.411 [6]	0.105	不确定
美元-有 t	0.01303 (0.55164)	0.99597 (0.00000)	-0.000005 (0.22976)	-0.061	-0.194	-1.399 [6]	0.118	不确定
欧元-无 t	-0.11734 (0.00000)	1.05189 (0.00000)	—	41.885***	—	-4.659*** [4]	0.065	协整
欧元-有 t	-0.11923 (0.00000)	1.05284 (0.00000)	-0.000001 (0.00001)	23.019***	-5.892***	-4.722*** [4]	0.069	协整
日元-无 t	-0.02857 (0.00000)	0.98937 (0.00000)	—	-17.550***	—	-2.778 [1]	0.079	不确定
日元-有 t	-0.03427 (0.04455)	0.98727 (0.00000)	-0.00000 (0.79100)	-0.582	-0.158	-2.825 [1]	0.079	不确定
3 月期								
美元-无 t	0.09393 (0.00008)	0.95952 (0.00000)	—	-2.279**	—	-0.477 [5]	0.162	不确定
美元-有 t	0.26017 (0.00000)	0.88147 (0.00000)	-0.00002 (0.00027)	-0.997	-0.713	-0.305 [5]	0.164*	伪回归
欧元-无 t	-0.37250 (0.00000)	1.16535 (0.00000)	—	12.009***	—	-2.644 [10]	0.129	不确定
欧元-有 t	-0.22799 (0.00000)	1.10106 (0.00000)	0.000013 (0.00000)	3.175***	3.346***	-1.987 [10]	0.096	不确定

续表

	α′	β	γ′	t(β=1)	t(γ′=0)	ADF	KPSS	结论
3 月期								
日元–无 t	−0.10268 (0.10681)	0.96082 (0.00000)	—	−0.633	—	−1.470 [18]	0.209	不确定
日元–有 t	0.13184 (0.00000)	1.05119 (0.00000)	0.000028 (0.00000)	1.526	5.176***	−1.022 [18]	0.105	不确定
6 月期								
美元–无 t	0.33567 (0.00000)	0.84678 (0.00000)	—	−14.541***	—	−2.816 [9]	0.135	不确定
美元–有 t	0.59804 (0.00000)	0.72246 (0.00000)	−0.000054 (0.00000)	−2.024	−0.973	−2.241 [9]	0.191*	伪回归
欧元–无 t	−0.90072 (0.00894)	1.40047 (0.00000)	—	0.655	—	−2.531 [2]	0.198	不确定
欧元–有 t	0.38603 (0.00149)	0.82847 (0.00000)	0.000138 (0.00000)	−0.495	2.382**	−2.904 [2]	0.129	不确定
日元–无 t	−0.56810 (0.00341)	0.78694 (0.00000)	—	−0.986	—	−2.144 [2]	0.167	不确定
日元–有 t	0.30296 (0.00270)	1.11930 (0.00000)	0.000117 (0.00000)	0.651	2.435**	−2.562 [7]	0.102	不确定
12 月期								
美元–无 t	0.65366 (0.00000)	0.69873 (0.00000)	—	−5.109***	—	−2.787 [8]	0.165	不确定
美元–有 t	1.19773 (0.00000)	0.43732 (0.00000)	−0.000076 (0.00000)	−3.189***	−1.620	−3.251 [8]	0.102	不确定
欧元–无 t	−0.51927 (0.18357)	1.24272 (0.00000)	—	0.286	—	−0.012 [0]	10.27***	伪回归
欧元–有 t	0.43118 (0.00512)	0.81176 (0.00000)	0.000126 (0.00000)	−0.469	3.828***	−2.239 [1]	0.147	不确定
日元–无 t	−0.66168 (0.00000)	0.75366 (0.00000)	—	−2.476**	—	−1.601 [1]	0.154	不确定
日元–有 t	−0.10898 (0.01690)	0.96618 (0.00000)	0.000079 (0.00000)	−0.373	2.741***	−1.699 [0]	0.151	不确定

注：表项中"无 t"和"有 t"分别表示回归模型中不含有趋势项和含有趋势项。表项中"结论"栏的"协整"、"不确定"以及"伪回归"分别表示对应模型的变量间存在协整关系、是否存在协整关系结论不明确以及对应回归为伪回归。ADF 检验的最优滞后阶数为表项"ADF"列括号中的数值。ADF 检验的临界值为：模型中无趋势项时，−3.96（1%），−3.37（5%），−3.07（10%）；模型中有趋势项时，−4.36（1%），−3.80（5%），−3.52（10%）。KPSS 检验的临界值为：模型中无趋势项时，0.557（1%），0.308（5%），0.228（10%）；模型中有趋势项时，0.389（1%），0.219（5%），0.164（10%）。

* 表示在 10%的水平下拒绝原假设；** 表示在 5%的水平下拒绝原假设；*** 表示在 1%的水平下拒绝原假设。

第三节 结构突变的协整模型及突变点检验

一、结构突变的协整模型

两个非平稳序列之间存在长期协整关系，但是协整关系的参数可能在一些时间点发生改变，这种协整向量发生变化的协整模型称为结构突变的协整模型，如 Gregory 等（1994），Gregory 和 Hansen（1996）。外汇市场上日交易量巨大，即期和远期价格易受全球宏观经济信息、金融冲击、各国中央银行干预等的影响，这些都有可能导致即期汇率和远期汇率的长期协整关系发生改变，但是这并不意味着即期和远期之间没有协整关系。Gregory 和 Hansen（1996）给出了基于回归残差序列的结构突变协整模型的检验方法，本书借鉴其方法对突变时点未知的协整模型进行检验，判断整个样本期内即期和远期的协整关系是否发生结构突变。

表达式（2–8）对应的标准的协整模型（即不允许有结构突变）为（2–10）：

$$S_t = \alpha + \beta F_t + u_t \tag{2–10}$$

其中，$t = 1, \cdots, T$。

注意，表达式（2–10）中参数 α 和 β 并不代表与本书在此之前的 α 和 β 有相同的意义，仅表示模型中的参数。

在标准协整模型中，即期和远期序列为 I(1)，残差序列为 I(0)。为给出有结构突变的协整模型，定义代理变量 D 如下：

$$D_t = 0，对于 t = 1, \cdots, t^*；D_t = 1，对于 t = t^* + 1, \cdots, T \tag{2–11}$$

其中，t^* 为未知的结构突变时点，并参照 Gregory 和 Hansen（1996）假设 $t^* \in [0.15T, 0.85T]$，T 为样本量。举例来说，若结构突变点为 0.3T，则说明样本有两种结构，第一种结构的时间区间为 $t = 1$ 至 0.3T，另一种结构从 $t = 0.3T + 1$ 至 T。

Gregory 和 Hansen（1996）定义了三种结构突变的协整模型，第一种称为“水平移动”（Level Shift）模型，简记为模型 C，该种模型允许模型中的截距项发生变化，α 和 $\alpha + \delta_\alpha$ 分别表示结构突变时点 t^* 之前和之后的截距项。模型 C

可以表述为：

$$S_t = \alpha + \delta_\alpha D_t + \beta F_t + u_t \tag{2-12}$$

其中，t = 1，…，T。第二种称为“状态转移”（Regime Shift）模型，简记为模型 C/S，该模型允许截距项和斜率项都可以发生改变，α 和 $\alpha + \delta_\alpha$分别表示结构突变时点 t^* 之前和之后的截距项，β 和 $\beta + \delta_\beta$分别表示 t^* 之前和之后的斜率。模型 C/S 表述为：

$$S_t = \alpha + \delta_\alpha D_t + \beta F_t + \delta_\beta D_t F_t + u_t \tag{2-13}$$

其中，t = 1，…，T。第三种称为“状态和趋势转移”（Regime and Trend Shift）模型，简记为模型 C/S/T，该模型允许截距项、斜率项和趋势项参数都可以发生改变，α、δ_α、β 和 δ_β的含义和以前两种模型含义一样，γ 和 $\gamma + \delta_\gamma$ 分别表示趋势项结构突变之前和之后趋势项的系数。模型 C/S/T 可表述为：

$$S_t = \alpha + \delta_\alpha D_t + \beta F_t + \delta_\beta D_t F_t + \gamma t + \delta_\gamma D_t t + u_t \tag{2-14}$$

其中，t = 1，…，T。

二、突变点检测方法

下面以模型 C/S/T 为例说明突变点的检测方法。假设 T = 100，那么第一个可能的结构突变时点为 t = 15，令（2-14）中 t = 1~15 的 $D_t = 0$，t = 16~100 的 $D_t = 1$，对模型进行 OLS 估计，得到估计的残差序列。依据 Gregory 和 Hansen（1996）的方法计算 Philips-Perron 统计量 Z_t。依次计算结构突变时点为 t = 16，…，85 时的 Philips-Perron 统计量 Z_t，并令其中最小的统计量 Z_t 为 Z_t^*。Gregory 和 Hansen（1996）的研究表明，Z_t^*的分布和标准的 Z_t 检验的分布不同，Z_t^*的分布与结构突变模型形式以及模型中一阶单整的变量个数有关，Gregory 和 Hansen 给出了不同结构突变模型形式下，不同变量个数对应的 Z_t^*模拟临界值。①

如果 Z_t^*的值小于给定的临界值，说明在 Z_t^*对应的时点有结构突变。正如 Gregory 和 Hansen（1996）所述，值得注意的是，由于原假设是模型中变量间没有协整关系（或者残差序列有单位根），因此若标准的协整模型（即没有结构突变的模型）拒绝了单位根假设，则说明原模型中变量有协整关系，即使有结构突变的模型同样拒绝了单位根假设，也不必要进行结构突变的协整模型检验。

① 模型 C 和 C/S 的临界值见 Gregory 和 Hansen（1996）表 1，模型 C/S/T 的临界值见 Gregory 和 Hansen（1996）表 1。

但是，如果标准的协整模型不能拒绝单位根假设，而有结构突变的模型拒绝了单位根假设，则说明模型中有结构突变。据此，由于表 2-3 中 1 月期欧元汇率模型结论为“协整”，对应回归模型中变量间有协整关系，因此不需要进行结构突变的协整模型检验；而表 2-3 中 1 月期美元模型和日元模型结论为“不确定”，检验结果不能拒绝变量间没有协整关系的原假设，若有结构突变的模型拒绝了单位根假设，则说明原回归模型的对应变量序列的协整关系存在结构突变。因此，本书仅对表 2-3 中 1 月期结论为“不确定”的模型进行结构突变检验，即对 1 月期的美元和日元模型进行结构突变检验。

由于模型中可能存在多个结构突变点，因此书中采用循序检验方法检验，即依据 Gregory 和 Hansen（1996）的方法检测出第一个结构突变点后，在该突变时点将原序列分成两个样本，在每个样本中再依据 Gregory 和 Hansen（1996）的方法进行检验，重复该过程直到在样本中不能检测出突变点或者样本太小为止。Bai（1997）给出了存在多个结构突变点的突变点“精炼”（Refinement）过程，即如果估计突变点的序列区间中检测到超过 1 个以上的突变点，那么该突变点要重新检验。举例来说，如果检测到有两个突变时点 k_1 和 k_2，且 $k_1 < k_2$。如果 k_1 为最先在区间［1，T］中检测出的突变时点，那么 k_1 需要在序列区间［1，k_2］中重新进行检测确认，如果检测结果表明其仍然为突变点，则说明 k_1 确实为突变点，否则 k_1 不为突变点；如果 k_2 为最先在区间［1，T］中检测的突变时点，那么 k_2 需要在序列区间［k_1，T］中重新进行检测确认。

第四节 结构突变检验结果分析

一、检验结果

表 2-4 中给出 1 月期美元模型和日元模型精炼后的突变时点。[①] 需要注意，表中给出的突变时点是按照时间顺序排列，并不是按检验过程中发现突变时点的顺序排列。

① 由于模型的突变时点较多，文章省略详细精炼过程。

表 2-4　式（2-8）对应的结构突变协整模型检验结果

第一部分：1 月期美元和日元模型 C 突变点检验												
美元	2006-12-12											
	$Z_t^*=-4.83$**											
日元	2005-09-07	2005-11-01	2006-01-18	2006-05-24	2006-06-19	2006-09-12	2006-11-07	2007-11-13	2008-02-11	2008-04-09		
	$Z_t^*=-11.46$	$Z_t^*=-9.03$	$Z_t^*=-7.06$	$Z_t^*=-5.64$	$Z_t^*=-24.15$	$Z_t^*=-18.53$	$Z_t^*=-7.89$	$Z_t^*=-6.86$	$Z_t^*=-4.86$**	$Z_t^*=-5.21$		
第二部分：1 月期美元和日元模型 C/S 突变点检验												
美元	2006-03-21	2006-05-31	2006-08-22	2007-01-08	2007-03-26	2007-08-13	2008-05-12	2008-10-01				
	$Z_t^*=-6.09$	$Z_t^*=-7.74$	$Z_t^*=-26.64$	$Z_t^*=-16.13$	$Z_t^*=-34.66$	$Z_t^*=-6.94$	$Z_t^*=-20.50$	$Z_t^*=-7.79$				
日元	2005-09-07	2005-11-09	2006-01-16	2006-05-02	2006-06-28	2006-11-15	2007-03-19	2007-05-14	2007-12-19	2008-08-05	2008-10-13	
	$Z_t^*=-12.89$	$Z_t^*=-9.28$	$Z_t^*=-22.46$	$Z_t^*=-8.27$	$Z_t^*=-18.02$	$Z_t^*=-33.78$	$Z_t^*=-53.32$	$Z_t^*=-8.97$	$Z_t^*=-7.72$	$Z_t^*=-7.48$	$Z_t^*=-5.48$	
第三部分：1 月期美元和日元模型 C/S/T 突变点检验												
美元	2005-10-04	2006-02-21	2006-03-28	2006-05-01	2006-07-04	2006-09-20	2007-02-05	2007-05-08	2007-08-22	2007-11-06	2008-06-25	2008-10-08
	$Z_t^*=-23.58$	$Z_t^*=-6.30$	$Z_t^*=-18.77$	$Z_t^*=-18.46$	$Z_t^*=-30.01$	$Z_t^*=-72.62$	$Z_t^*=-52.33$	$Z_t^*=-45.37$	$Z_t^*=-9.10$	$Z_t^*=-30.92$	$Z_t^*=-75.47$	$Z_t^*=-26.04$
日元	N/S											

注：检验的原假设为模型中没有结构突变点。表中仅列出精炼后的结构突变点。“N/S”代表检验结果不显著。检验的临界值为：模型 C，−5.13（1%），−4.61（5%），−4.34（10%）；模型 C/S，−5.47（1%），−4.95（5%），−4.68（10%）；模型 C/S/T，−6.02（1%），−5.50（5%），-5.24（10%）。“**”表示在 5%的水平上拒绝原假设，未标记的 Z_t^* 值表示在 1%的水平上拒绝原假设。

表 2-4 中第一部分给出了 1 月期美元和日元模型 C 突变点检验结果：对于美元模型来说，检验到唯一的突变时点，2006 年 12 月 12 日（5%的显著水平）。对于日元模型来说，精炼后的突变点共有 10 个，按时间顺序依次为 2005 年 9 月 7 日（1%）、2005 年 11 月 1 日（1%）、2006 年 1 月 18 日（1%）、2006 年 5 月 24 日（1%）、2006 年 6 月 19 日（1%）、2006 年 9 月 12 日（1%）、2006 年 11 月 7 日（1%）、2007 年 11 月 13 日（1%）、2008 年 2 月 11 日（5%）、2008 年 4 月 9 日（1%）。

表 2-4 中第二部分给出了 1 月期美元和日元模型 C/S 突变点检验结果：对于美元模型来说，精炼后的突变时点共有 8 个，按时间顺序依次为 2006 年 3 月 21 日（1%）、2006 年 5 月 31 日（1%）、2006 年 8 月 22 日（1%）、2007 年 1 月 8 日（1%）、2007 年 3 月 26 日（1%）、2007 年 8 月 13 日（1%）、2008 年 5 月 12 日（1%）、2008 年 10 月 1 日（1%）。对于日元模型来说，精炼后的突变时点共有 11 个，按时间顺序依次为 2005 年 9 月 7 日（1%）、2005 年 11 月 9 日（1%）、2006 年 1 月 16 日（1%）、2006 年 5 月 2 日（1%）、2006 年 6 月 28 日（1%）、2006 年 11 月 15 日（1%）、2007 年 3 月 19 日（1%）、2007 年 5 月 14 日（1%）、2007 年 12 月 19 日（1%）、2008 年 8 月 5 日（1%）、2008 年 10 月 13 日（1%）。

表 2-4 中第三部分给出了 1 月期美元和日元模型 C/S/T 突变点检验结果：对于美元模型来说，精炼后的突变时点共有 12 个，按时间顺序依次为 2005 年 10 月 4 日（1%）、2006 年 2 月 21 日（1%）、2006 年 3 月 28 日（1%）、2006 年 5 月 1 日（1%）、2006 年 7 月 4 日（1%）、2006 年 9 月 20 日（1%）、2007 年 2 月 5 日（1%）、2007 年 5 月 8 日（1%）、2007 年 8 月 22 日（1%）、2007 年 11 月 6 日（1%）、2008 年 6 月 25 日（1%）、2008 年 10 月 8 日（1%）。对日元模型的检验没有发现显著的结构突变点。

二、突变时点分析

为讨论突变时点与实际经济形势的关系，下文将分别就美元和日元的突变时点予以讨论。为方便分析，将美元和日元各自不同类型的结构突变模型的突变时点一起按时间顺序进行排列，再依次讨论相关的经济事件。

美元模型的突变时点依次为：2005 年 10 月 4 日、2006 年 2 月 21 日、2006 年 3 月 21 日、2006 年 3 月 28 日、2006 年 5 月 1 日、2006 年 5 月 31 日、2006

年7月4日、2006年8月22日、2006年9月20日、2006年12月12日、2007年1月8日、2007年2月5日、2007年3月26日、2007年5月8日、2007年8月13日、2007年8月22日、2007年11月6日、2008年5月12日、2008年6月25日、2008年10月1日、2008年10月8日。表2-5列出了发生在美元模型突变时点的经济事件。

表2-5　美元模型（2-8）对应的结构突变协整模型的突变时点及对应的实际经济事件

时间	事　件
2005年10月9日	我国外汇管理局批准国际金融公司和亚洲开发银行在全国银行间债券市场分别发行人民币债券11.3亿元和10亿元，首次在我国债券市场引入外资机构发行主体
2006年2月21日	我国发布2005年《中国货币政策执行报告》
2006年3月17日	中国人民银行货币政策委员会召开了2006年第一季度例会。会议认为下一阶段我国应继续执行稳健的货币政策
2006年3月28日	美国联邦储备委员会将银行间隔夜拆借利率即联邦基金利率提高0.25个百分点，升至4.75%
2006年4月28日	我国上调金融机构贷款基准利率，1年期贷款基准利率上调了0.27个百分点，由5.58%提高到5.85%，其他各档次贷款利率也相应调整
2006年5月31日	我国发布2006年第一季度《中国货币政策执行报告》
2006年7月5日	我国上调存款类金融机构人民币存款准备金率0.5个百分点，执行8%存款准备金率
2006年8月15日	我国再次提高存款类金融机构人民币存款准备金率0.5个百分点，执行8.5%的存款准备金率。在8月14日，中国人民银行决定从9月15日起提高外汇存款准备金率1个百分点，执行4%的外汇存款准备金率。8月19日，上调金融机构人民币存贷款基准利率，金融机构1年期存款基准利率上调0.27个百分点，由2.25%提高到2.52%，1年期贷款基准利率上调0.27个百分点，由5.85%提高到6.12%
2006年12月12日	——
2007年1月5日	中国人民银行决定从1月15日起提高存款类金融机构人民币存款准备金率0.5个百分点
2007年2月5日	中国人民银行向全国人民代表大会财经委员会汇报2006年货币政策执行情况，2月9日，发布了2006年《中国货币政策执行报告》
2007年3月18日	中国人民银行决定上调金融机构人民币存贷款基准利率。金融机构1年期存款基准利率上调0.27个百分点，由2.52%提高到2.79%；1年期贷款基准利率上调0.27个百分点，由6.12%提高到6.39%；其他各档次存贷款基准利率也相应调整。3月29日，中国人民银行货币政策委员会召开2007年第一季度例会
2007年5月15日	2007年4月29日，中国人民银行决定从2007年5月15日起提高存款类金融机构人民币存款准备金率0.5个百分点，执行11%的存款准备金率。5月10日，发布2007年第一季度《中国货币政策执行报告》。中国人民银行决定从2007年8月15日起提高存款类金融机构人民币存款准备金率0.5个百分点，执行12%的存款准备金率

续表

时间	事　件
2007年8月22日	中国人民银行决定上调金融机构人民币存贷款基准利率。金融机构1年期存款基准利率上调0.27个百分点，由3.33%提高到3.60%；1年期贷款基准利率上调0.18个百分点，由6.84%提高到7.02%；其他各档次存贷款基准利率也相应调整
2007年11月1日	美联储联邦利率由4.75%降到4.5%。之后，美联储连续下调联邦利率，到2008年5月1日，联邦利率下降到2%
2008年5月12日	中国人民银行决定从2008年5月20日起提高存款类金融机构人民币存款准备金率0.5个百分点，执行16.5%的存款准备金率。之后，5月14日，发布2008年第一季度《中国货币政策执行报告》
2008年6月7日	中国人民银行决定上调存款类金融机构人民币存款准备金率1个百分点，执行17.5%的存款准备金率，于2008年6月15日和25日分别按0.5个百分点缴款
2008年9月16日	中国人民银行决定下调金融机构人民币贷款基准利率。金融机构1年期贷款基准利率下调0.27个百分点，由7.47%下调至7.20%，其他各档次贷款基准利率也相应调整。存款基准利率保持不变。9月27日，中国人民银行货币政策委员会召开2008年第三季度例会
2008年10月8日	美联储再次下调了联邦利率，由2%下调到1.5%

注：相关数据由中国外汇网公布的各期《中国货币政策执行报告》整理得到。

由表2-5可知，我国货币政策的调整以及相关政策执行报告的公布对人民币/美元汇率影响较大。货币政策的调整以及货币政策执行报告的发布影响了外汇市场参与者的预期，并进一步影响到外汇市场的短期波动，导致对应市场的即期汇率和远期汇率的关系发生结构突变。从表2-5突变时点和对应的经济事件还可以看出，人民币/美元市场上即期汇率和远期汇率关系的结构突变大多数与我国货币政策调整相关联，仅有少数的几次结构突变与美国的货币政策调整相关。对照美元模型突变时点和表2-5中列出的经济事件，我们发现在突变时点2006年12月12日左右，不论是我国还是美国，都没有发布影响到人民币/美元外汇市场的相关货币政策。从下文表2-7美元模型C的估计结果可以看出，该突变时点对应的$\delta_{x,1}$并不显著，即FMOLS估计结果表明该时点前后外汇即期和远期的关系并没有发生显著的结构变化。

日元模型的突变时点依次为：2005年9月7日、2005年11月1日、2005年11月9日、2006年1月16日、2006年1月18日、2006年5月2日、2006年5月24日、2006年6月19日、2006年6月28日、2006年9月12日、2006年11月7日、2006年11月15日、2007年3月19日、2007年5月14日、2007年11月13日、2007年12月19日、2008年2月11日、2008年4月9日、2008年8月5日、2008年10月13日。表2-6列出了发生在日元模型突变时点的经济事件。由表 2–6 中所列事件不难看出，日元/人民币即期汇率和远期汇率关系的结构变化大多数与日本政府发行政府债券相关，仅有少数几次结构突变与我国利率政策的调整相关。这表明，在日元/人民币外汇市场上，日本政府处于积极干预状态。

表 2–6　日元模型（2–8）对应的结构突变协整模型的突变时点及对应的实际经济事件

时间	事　件
2005 年 9 月 7 日	日本财政部发表声明，在 2005 年 9 月 14 日将发行 38000 亿日元短期政府债券
2005 年 11 月 1 日	日本财政部宣布在 2005 年 11 月 21 日将发行 20000 亿日元的 5 年期政府公债
2005 年 11 月 9 日	我国发布 2005 年第三季度《中国货币政策执行报告》
2006 年 1 月 18 日	日本财政部宣布在 2006 年 1 月 30 日将发行 41000 亿日元短期政府债券
2006 年 4 月 28 日	我国上调金融机构贷款基准利率，其中 1 年期贷款基准利率上调 0.27 个百分点，由 5.58%提高到 5.85%
2006 年 5 月 2 日	日本财政部宣布将在 2006 年 5 月 17 日发行 44000 亿日元的短期政府债券，在 2006 年 5 月 15 日发行 20000 亿日元的 6 月期短期国库券
2006 年 5 月 24 日	日本财政部宣布将在 6 月 5 日发行 44000 亿日元的政府短期债券
2006 年 6 月 16 日	中国人民银行宣布从 7 月 5 日起上调存款类金融机构人民币存款准备金率 0.5 个百分点，执行 8%的存款准备金率。2006 年 6 月 20 日，日本财政部宣布将在 7 月 18 日发行 17000 亿日元的 2 年期政府公债
2006 年 6 月 27 日	日本财政部宣布将在 7 月 20 日发行 19000 亿日元的 10 年期政府公债，7 月 10 日发行 20000 亿日元的 6 月期短期国库券
2006 年 6 月 28 日	日本财政部宣布将在 7 月 10 日发行 42000 亿日元的政府短期债券
2006 年 9 月 13 日	日本财政部宣布将在 9 月 25 日发行 42000 亿日元的政府短期债券。我国从 2006 年 9 月 15 日起提高外汇存款准备金率 1 个百分点，执行 4%的外汇存款准备金率
2007 年 11 月 3 日	中国人民银行决定从 11 月 15 日起提高存款类金融机构人民币存款准备金率 0.5 个百分点，执行 9%的存款准备金率
2006 年 11 月 7 日	日本财政部宣布将在 11 月 27 日发行 20000 亿日元的 5 年期政府公债，在 11 月 20 日发行 14000 亿日元的 1 年期短期国库券
2006 年 11 月 14 日	我国发布 2006 年第三季度《中国货币政策执行报告》。同日，日本财政部宣布将在 11 月 27 日发行 8000 亿日元的 20 年期政府公债，在 11 月 27 日发行 42000 亿日元的政府短期债券
2007 年 3 月 18 日	中国人民银行决定上调金融机构人民币存贷款基准利率，金融机构 1 年期存款基准利率上调 0.27 个百分点，由 2.52%提高到 2.79%，1 年期贷款基准利率上调 0.27 个百分点，由 6.12%提高到 6.39%
2007 年 3 月 19 日	日本银行发行 75000 万美元由日本政府担保的 5 年期带息债券
2007 年 5 月 15 日	我国提高外汇存款准备金率 1 个百分点，执行 5%的外汇存款准备金率，提高存款类金融机构人民币存款准备金率 0.5 个百分点，执行 11%的存款准备金率
2007 年 11 月 13 日	日本财政部宣布将在 11 月 26 日发行 42000 亿日元的政府短期债券

续表

时间	事　件
2007年12月21日	中国人民银行决定上调金融机构人民币存贷款基准利率，1年期存款利率上调0.27个百分点，由3.87%提高到4.14%，1年期贷款基准利率上调0.18个百分点，由7.29%提高到7.47%
2008年2月12日	日本财政部宣布将在2月25日发行7000亿日元的15年期浮动利率政府公债
2008年4月8日	日本财政部宣布将在4月18日发行6,000亿日元的30年期政府公债，在4月21日发行14000亿日元的1年期短期国库券。2008年4月9日，日本财政部宣布将在4月21日发行45000亿日元的政府债券
2008年8月5日	日本财政部宣布将在8月15日发行30000亿日元的政府债券
2008年10月12日	第78届世界银行/国际货币基金组织发展委员会发布公告

注：相关数据由中国外汇网公布的各期《中国货币政策执行报告》以及日本财政部网站 http://www.mof.go.jp/english/whatsn-past.htm 整理得到。

第五节　人民币远期溢价水平估计

一、允许结构突变的对数水平模型 FMOLS 估计和假设检验

上文中，Engle-Granger 协整检验与 Gregory 和 Hansen（1996）的检验方法分别给出了标准协整模型和允许结构突变的协整模型的一致检验统计量，但是这两种方法均不能给出协整向量的一致标准差。因此，不能根据上述检验对模型的估计参数进行假设检验。而 FMOLS 估计修正了模型中变量的同期相关性以及序列的自相关性，给出 HAC（Heteroskedasticity and Autocorrelation Consistent）的协方差矩阵，得到模型估计参数的一致标准差，该结果可以对参数进行假设检验。因此，下文将依据表 2-4 中给出的突变点检验结果，对对数水平协整模型进行 FMOLS 估计，并对估计参数进行假设检验。

文中用 δ_α，δ_β，δ_γ 分别表示常数项、斜率项和趋势项发生结构突变的虚拟变量系数，依据这些参数的显著性可以判断模型中是否发生对应类别的结构突变。由于存在多个结构突变点，文中用 $\delta_{\alpha,1}$，$\delta_{\alpha,2}$，……，$\delta_{\alpha,N}$ 分别表示第一个结构突变时点、第二个结构突变时点和第 N 个结构突变时点的常数项虚拟变量系数，同样，用 $\delta_{\beta,1}$，$\delta_{\beta,2}$，……，$\delta_{\beta,N}$ 和 $\delta_{\gamma,1}$，$\delta_{\gamma,2}$，……，$\delta_{\gamma,N}$ 分别表示斜率项和趋

势项在第一个结构突变点、第二个结构突变点和第 N 个结构突变点的虚拟变量系数。文中还对第一个结构突变点发生之前的远期市场长期无偏性进行检验（$\beta=1$），第一个突变点之后（$\beta+\delta_{\beta,1}=1$），第二个突变点之后（$\beta+\delta_{\beta,1}+\delta_{\beta,2}=1$），依次类推，直到最后一个突变点之后的市场长期无偏性进行检验。

表 2-7　结构突变模型 $S_t=\alpha+\beta F_t+\gamma t+\delta_\alpha D_t+\delta_\beta D_t F_t+\delta_\gamma D_t t+u_t$ 的 FMOLS 估计结果

	美元			日元	
	模型 C	模型 C/S	模型 C/S/T	模型 C	模型 C/S
第一部分：FMOLS 估计结果					
α	−0.05519 0.09417)	0.66012 (0.00000)	1.54369 (0.00000)	−0.05385 (0.00000)	−0.12287 (0.00000)
β	1.02792 (0.00000)	0.68507 (0.00000)	0.26263 (0.00000)	0.97969 (0.00000)	0.95328 (0.00000)
γ			−0.00007 (0.00000)		
$\delta_{\alpha,1}$	0.00250 (0.18821)	0.32117 (0.00000)	0.48462 (0.00000)	−0.00139 (0.00000)	0.04442 (0.00000)
$\delta_{\alpha,2}$		−0.54529 (0.00000)	−1.53998 (0.00000)	0.00120 (0.00000)	0.15376 (0.00000)
$\delta_{\alpha,3}$		−0.18814 (0.00000)	0.15370 (0.00001)	−0.00035 (0.00004)	−0.06813 (0.00000)
$\delta_{\alpha,4}$		0.04785 (0.00000)	0.18666 (0.00000)	−0.00267 (0.00000)	0.10369 (0.00000)
$\delta_{\alpha,5}$		−0.22650 (0.00000)	−0.67829 (0.00000)	0.00211 (0.00000)	−0.13005 (0.00000)
$\delta_{\alpha,6}$		0.06516 (0.00000)	0.63321 (0.00000)	−0.00103 (0.00000)	−0.01658 (0.00000)
$\delta_{\alpha,7}$		0.03143 (0.00000)	0.05881 (0.00000)	0.00071 (0.00000)	0.15039 (0.00000)
$\delta_{\alpha,8}$		0.93219 (0.00000)	−0.49613 (0.00293)	0.00332 (0.00000)	−0.01455 (0.00000)
$\delta_{\alpha,9}$			−0.04589 (0.00000)	0.00668 (0.00000)	0.16604 (0.00000)
$\delta_{\alpha,10}$			0.88045 (0.00015)	−0.01187 (0.00000)	−0.64874 (0.00000)
$\delta_{\alpha,11}$			−0.11151 (0.00000)		0.27589 (0.00000)
$\delta_{\alpha,12}$			−0.07235 (0.00000)		

续表

	美元			日元	
	模型 C	模型 C/S	模型 C/S/T	模型 C	模型 C/S
第一部分：FMOLS 估计结果					
$\delta_{\beta,1}$		-0.15548 (0.00000)	-0.23129 (0.00000)		0.01752 (0.00000)
$\delta_{\beta,2}$		0.26182 (0.00000)	0.74193 (0.00000)		0.05719 (0.00000)
$\delta_{\beta,3}$		0.09002 (0.00000)	-0.08639 (0.00000)		-0.02530 (0.00000)
$\delta_{\beta,4}$		-0.02379 (0.00000)	-0.07839 (0.00000)		0.03965 (0.00000)
$\delta_{\beta,5}$		0.11043 (0.00000)	0.32274 (0.00000)		-0.04897 (0.00000)
$\delta_{\beta,6}$		-0.03233 (0.00000)	-0.29995 (0.00000)		-0.00659 (0.00000)
$\delta_{\beta,7}$		-0.02119 (0.00000)	-0.03221 (0.00071)		0.05507 (0.00000)
$\delta_{\beta,8}$		-0.48705 (0.00000)	0.23791 (0.00000)		-0.00580 (0.00000)
$\delta_{\beta,9}$			-0.00764 (0.16484)		0.06062 (0.00000)
$\delta_{\beta,10}$			-0.33708 (0.00000)		-0.23422 (0.00000)
$\delta_{\beta,11}$			-0.01094 (0.00000)		0.09979 (0.00000)
$\delta_{\beta,12}$			0.00112 (0.73507)		
$\delta_{\gamma,1}$			-0.00002 (0.00000)		
$\delta_{\gamma,2}$			-0.00004 (0.00000)		
$\delta_{\gamma,3}$			0.00024 (0.00000)		
$\delta_{\gamma,4}$			-0.00020 (0.00000)		
$\delta_{\gamma,5}$			0.00006 (0.00000)		
$\delta_{\gamma,6}$			-0.00007 (0.00000)		

续表

	美元			日元	
	模型 C	模型 C/S	模型 C/S/T	模型 C	模型 C/S
第一部分：FMOLS 估计结果					
$\delta_{\gamma,7}$			0.00003 (0.00000)		
$\delta_{\gamma,8}$			0.00004 (0.00000)		
$\delta_{\gamma,9}$			0.00018 (0.00000)		
$\delta_{\gamma,10}$			−0.00058 (0.00000)		
$\delta_{\gamma,11}$			0.00029 (0.00000)		
$\delta_{\gamma,12}$			0.00014 (0.00000)		
第二部分：参数检验结果					
$\beta=1$（t 值）	0.0645	−24.871***	−0.147	−6.515***	−21.661***
$\beta+\sum\delta_{\beta,1}=1$		0.00000***	0.792		0.00000***
$\beta+\sum\delta_{\beta,1-2}=1$		0.08516*	0.969		0.00000***
$\beta+\sum\delta_{\beta,1-3}=1$		0.36100	0.975		0.01967**
$\beta+\sum\delta_{\beta,1-4}=1$		0.27563	0.974		0.00000***
$\beta+\sum\delta_{\beta,1-5}=1$		0.80956	0.995		0.00001***
$\beta+\sum\delta_{\beta,1-6}=1$		0.62773	0.976		0.00000***
$\beta+\sum\delta_{\beta,1-7}=1$		0.51907	0.974		0.00000***
$\beta+\sum\delta_{\beta,1-8}=1$		0.00002***	0.989		0.00000***
$\beta+\sum\delta_{\beta,1-9}=1$			0.989		0.00000***
$\beta+\sum\delta_{\beta,1-10}=1$			0.968		0.00000***
$\beta+\sum\delta_{\beta,1-11}=1$			0.967		0.00000***
$\beta+\sum\delta_{\beta,1-12}=1$			0.968		

注：括号中数值为对应的 p 值。第一个突变时点之前的无偏性检验（$\beta=1$）给出的是对应的 t 值，第一个突变点之后（$\beta+\sum\delta_{\beta,1}=1$）直到最后一个突变点之后（$\beta+\sum\delta_{\beta,1-N}=1$）的无偏性检验给出的是 Wald 检验对应的 p 值。* 表示在 10%的水平下拒绝原假设，** 表示在 5%的水平下拒绝原假设，*** 表示在 1%的水平下拒绝原假设。

从表 2–7 的结果可以看出，对于美元模型来说，模型 C 唯一的结构突变点对应的虚拟变量参数估计不显著（对应的 p 值为 0.18821），即该时点前后模型对应参数不发生显著变化。模型 C/S 对应的结构突变点虚拟变量的参数估计都显著，在第一个结构突变点（2006 年 3 月 21 日）之前和第一个突变点之后无偏性假设都不成立，第二个突变点（2006 年 5 月 31 日）之后，在 10%的显著性水平下拒绝无偏性假设，第三个突变点（2006 年 8 月 22 日）之后直到第八个突变点（2008 年 10 月 1 日）之前，都不能拒绝无偏性假设，第八个突变点之后，无偏性假设不成立。换句话说，在 2005 年 8 月 1 日至 2006 年 8 月 22 日和 2008 年 10 月 1 日至 12 月 1 日，对应远期市场的无偏性假设不成立，2006 年 8 月 23 日至 2008 年 9 月 30 日，美元/人民币远期市场无偏性假设成立。模型 C/S/T 对应的结构突变点虚拟变量的参数估计除 $\delta_{\beta,9}$ 和 $\delta_{\beta,12}$ 外均显著，在第一个结构突变点之前无偏性假设成立，在第一个突变点之后直到考察期末，都不能拒绝无偏性假设。也就是说，在 2005 年 8 月 1 日至 2008 年 12 月 1 日，无偏性假设成立。

对日元模型来说，模型 C 对应的所有参数估计均显著，整个考察期间（2005 年 8 月 1 日至 2008 年 12 月 1 日）内无偏性假设不成立。模型 C/S 对应的所有参数估计均显著，第一个结构突变点之前无偏性假设不成立，第一个突变点直到第十二个突变点，任何一个突变点之后无偏性假设均不成立。换句话说，与模型 C 一样，在整个考察期间内无偏性假设均不成立。

从表 2-7 的结果还可见，对美元模型来说，允许结构突变点水平协整模型 C/S/T 既允许了常数项参数的变化，又允许了斜率系数的变化和时间趋势项系数的变化，而且模型 C/S/T 中常数项、斜率项和趋势项系数估计结果均显著，这表明该模型能进一步解释模型 C 和模型 C/S 不能解释的部分，模型 C/S/T 优于模型 C 和模型 C/S。同样，对于日元模型来说，模型 C/S 要优于模型 C。

为了比较模型中引入结构突变之前和之后估计效果的变化，图 2-1 至图 2-5 给出了水平协整模型中允许有突变和无突变时估计的残差序列。同时，图 2-1 至图 2-4 中还给出了无偏性假设成立时水平协整模型对应的远期溢价序列。考虑式（2-14）给出的 C/S/T 模型：

$$S_t = \alpha + \delta_\alpha D_t + \beta F_t + \delta_\beta D_t F_t + \gamma t + \delta_\gamma D_t t + u_t$$

其中，$t = 1, \cdots, T$。

式中，约束 $\alpha = \gamma = \delta_\alpha = \delta_\beta = \delta_\gamma = 0$，且 $\beta = 1$ 时，即可得远期溢价序列 $(S_t - F_t)$。同样式（2-13）给出的模型 C/S 中，约束 $\alpha = \delta_\alpha = \delta_\beta = 0$，且 $\beta = 1$ 时可得远期溢价序列。

图 2-1 和图 2-2 分别给出美元模型 C/S 和模型 C/S/T 估计的残差序列、对应的无突变点模型的残差序列以及无偏性假设成立时对应的远期溢价序列。从图

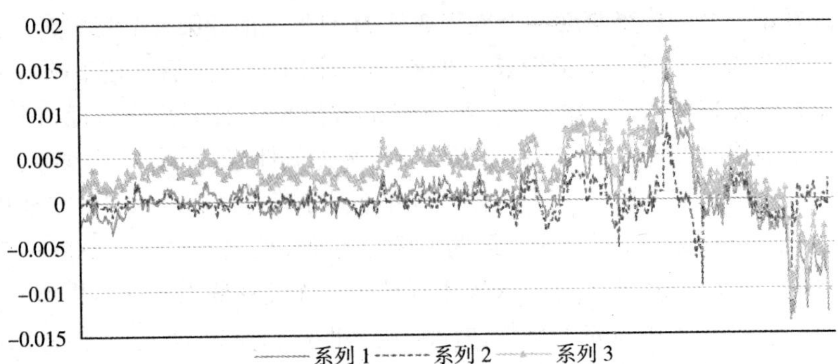

图 2-1　美元模型：最上面的数据标示实线（系列 3）表示远期溢价序列，居中的实线（系列 1）为 C/S 模型无突变点时估计的残差序列，虚线（系列 2）为 C/S 模型允许结构突变时的残差序列

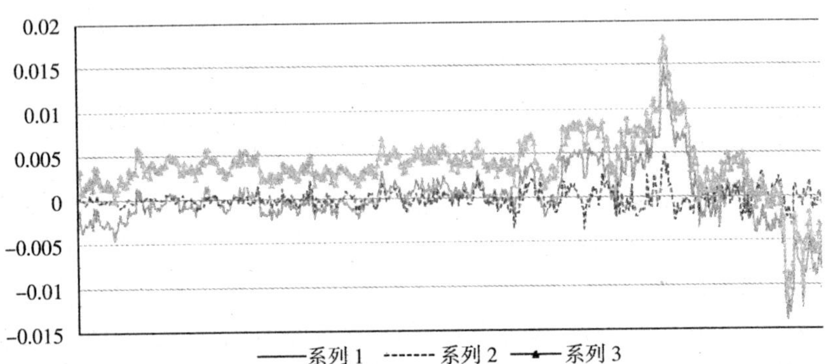

图 2-2　美元模型：最上面的数据标示实线（系列 3）为远期溢价序列，居中的实线（系列 1）为 C/S/T 模型无结构突变点时的残差序列，虚线（系列 2）为 C/S/T 模型允许结构突变时的残差序列

中可以看出，模型 C/S 和模型 C/S/T 估计的残差序列比对应的无突变点模型残差序列和远期溢价序列更不具有持续性，更经常地围绕着坐标为零的横轴上下波动，与横轴相距更近。这说明，允许有突变点的模型能更好地刻画外汇即期和远期的长期关系。图 2-3 给出了日元模型 C/S 估计的残差序列，对应无突变点模型的残差序列以及无偏性假设成立时对应的远期溢价序列。图 2-3 中无突变

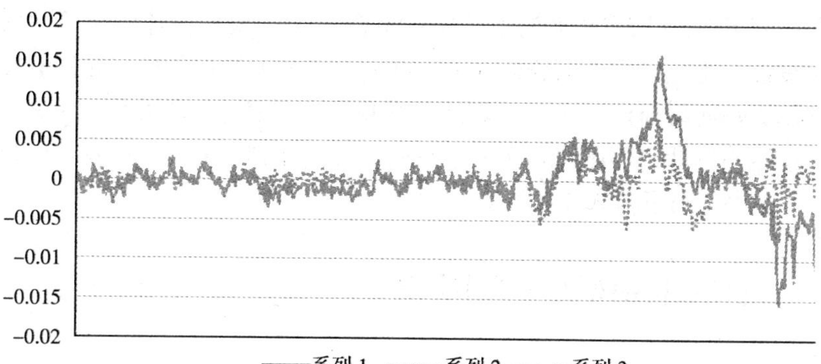

图 2–3 日元模型：实线（系列 1）为远期溢价序列，点划线（系列 3）为 C/S 模型没有突变点时的残差序列（两种几乎重合），虚线（系列 2）为 C/S 模型有突变点时的残差序列。

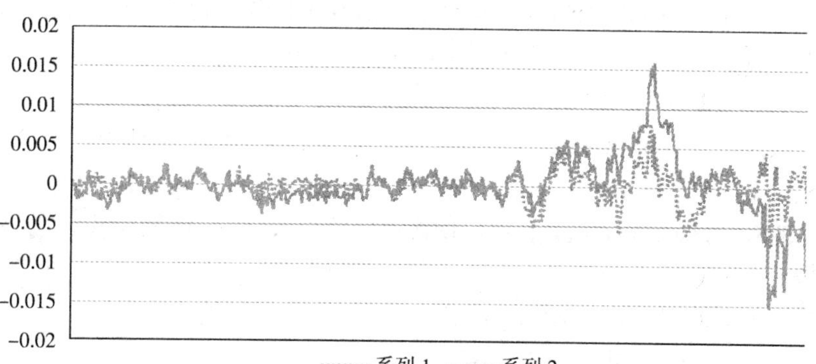

图 2–4 日元模型：实线（系列 2）为远期溢价序列，虚线（系列 1）为 C/S 模型有突变点时的残差序列

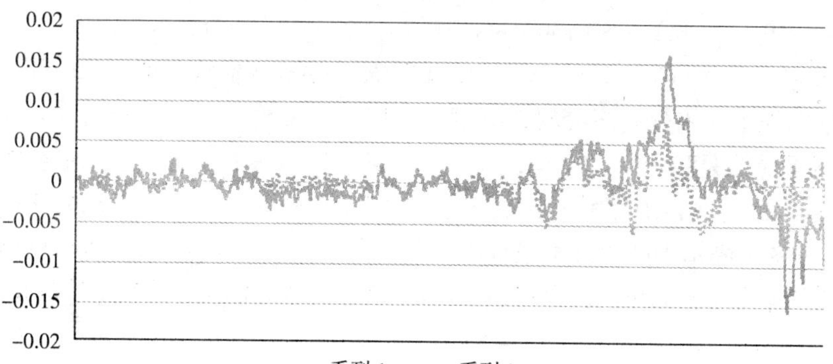

图 2–5 日元模型：实线（系列 1）为 C/S 模型无突变点时的残差序列，虚线（系列 2）为 C/S 模型有突变点时的残差序列

点模型的残差序列几乎和远期溢价序列重合①，C/S 模型估计的残差序列与横轴相距更近，也更经常地围绕横轴上下波动。与美元模型一样，允许有突变点的模型能更好地刻画日元/人民币即期汇率和远期汇率的长期关系。为进一步看出日元模型的远期溢价序列和无突变点模型残差序列与 C/S 模型残差序列之间的关系，本书给出了图 2–4 和图 2–5。

二、远期溢价模型的子样本估计

上节中允许结构突变的水平协整模型的估计结果表明：在长期内，美元/人民币和日元/人民币市场的外汇远期无偏性假设模型存在结构变化，在某些时间区间内无偏性假设成立，而在另一些时间区间内无偏性假设不成立。与此对应的一个问题是，由远期溢价模型估计的参数在不同的结构突变区间是否会发生变化呢？再次考虑由式（2–8）给出的对数水平协整模型：

$$S_t = \alpha' + \beta F_t + (\gamma' t) + u_t$$

无偏性假设成立（$\beta = 1$）时，$\Delta S_{t+1} = S_{t+1} - S_t$ 对应的误差修正模型为：

$$S_{t+1} - S_t = \theta u_t + e_{t+1} \tag{2–15}$$

由式（2–8）可得 u_t 的表达式，将长期无偏性成立（$\beta = 1$）时的 u_t 代入式（2–15）中，得：

$$\begin{aligned} S_{t+1} - S_t &= \theta[(S_t - F_t) - \alpha' - \gamma' t] + e_{t+1} \\ &= -\theta\alpha' - \theta(F_t - S_t) - \theta\gamma' t + e_{t+1} \end{aligned} \tag{2–16}$$

令上式中 $a = -\theta\alpha'$，$b = -\theta$，$g = -\theta\gamma'$，可得到远期溢价模型（2–6）扩展后的模型：

$$S_{t+1} - S_t = a + b(F_t - S_t) + gt + e_{t+1} \tag{2–17}$$

当 $\gamma' = 0$（即 $g = 0$ 时），模型（2–17）即为原远期溢价模型（2–6）。当对数水平协整模型没有结构突变时，模型（2–17）中参数 a、b 和 g 在各子样本中的估计结果应该是稳定的。但是，表 2–7 中的结果告诉我们，对数水平协整模型估计的 α' 和 γ' 在各子样本中是变化的。因此，对应的，模型（2–17）中的参数 a 和 g 在各子样本中的估计结果也是变化的。若假设 a 和 g 不变，则调整参数 θ 在各子样本中也是变化的，参数 $b(b = -\theta)$ 在子样本中的估计结果也是变化的。

① 事实上，由表 2–7 中日元模型 C/S 估计结果也可看出，估计的 α 为–0.12287，β 为 0.95328，与无偏性假设成立的要求 $\alpha = 0$，且 $\beta = 1$ 相差不是很大。

表 2-8 给出了扩展后的远期溢价模型（2-17）在各子样本中的估计结果以及在整个样本期内的估计结果。其中，美元模型和日元模型对应的子样本区间分别由表 2-4 中检测出的结构突变点决定，整个样本期的估计结果由表中最后一列给出。由整个样本期内的估计结果可知：美元模型估计的 b 显著地大于 0 小于 1，而日元模型估计的 b 显著地大于 1，说明整个样本期内的美元/人民币和日元/人民币远期外汇市场的无偏性假设不成立；美元模型含趋势项时，趋势项的估计参数显著不为 0，说明时间趋势能解释一部分美元远期溢价模型的变化。

从子样本的估计结果看，对于美元模型 C/S 对应的远期溢价模型来说，在 2005 年 8 月 1 日至 2006 年 3 月 21 日，估计的参数 $0 < b < 1$，t 检验在 1%的水平下拒绝无偏性假设（$b = 1$）；在 2006 年 3 月 21 日至 2006 年 5 月 31 日，参数 $-1 < b < 0$，t 检验在 1%的水平下拒绝无偏性假设；2006 年 5 月 31 日至 2006 年 8 月 22 日，参数 b 为 1.02845，并且 t 检验不能拒绝无偏性假设，在此期间无偏性假设成立；2006 年 8 月 22 日至 2007 年 1 月 8 日，模型估计参数 b 不显著；2007 年 1 月 8 日至 2007 年 3 月 26 日，参数 $-1 < b < 0$，无偏性假设不成立；2007 年 3 月 26 日至 2007 年 8 月 13 日，模型估计参数 b 不显著；2007 年 8 月 13 日至 2008 年 5 月 12 日，参数 $0 < b < 1$，t 检验在 1%的水平下拒绝无偏性假设；2008 年 5 月 12 日至 2008 年 10 月 1 日，参数估计 $0 < b < 1$，但是估计结果不显著；2008 年 10 月 1 日至 2008 年 12 月 1 日，参数 $-1 < b < 0$，t 检验在 1%的水平下拒绝无偏性假设。换句话说，该模型的估计结果表明，在整个 2005 年 8 月 1 日至 2008 年 12 月 1 日，仅在 2006 年 5 月 31 日至 2006 年 8 月 22 日，美元/人民币外汇市场上的远期无偏性假设才成立。

对美元模型 C/S/T 对应的扩展远期溢价模型来说，在 2005 年 8 月 1 日至 2005 年 10 月 4 日，估计参数 $-1 < b < 0$，t 检验拒绝无偏性假设；在 2005 年 10 月 4 日至 2007 年 8 月 22 日，各子样本估计的参数 b 均不显著；在 2007 年 8 月 22 日至 2007 年 11 月 6 日，估计的参数 b 为 1.3791，并且 t 检验不能拒绝无偏性假设，表明在此期间对应外汇远期市场上的无偏性假设成立；2007 年 11 月 6 日至 2008 年 6 月 25 日，估计参数 $-1 < b < 0$，t 检验拒绝无偏性假设；接着，与美元模型 C/S 对应的远期溢价模型一致，2008 年 6 月 25 日至 2008 年 10 月 8 日，参数 b 估计结果不显著，在 2008 年 10 月 8 日至 2008 年 12 月 1 日，估计参数 $-1 < b < 0$，t 检验拒绝无偏性假设。也就是说，美元模型 C/S/T 对应的扩展远期溢价模型表明，在考察的整个期间，仅在 2007 年 8 月 22 日至 2007 年 11

表 2-8　远期溢价模型（2-6）和扩展后远期溢价模型（2-17）的子样本 OLS 估计结果

第一部分：美元模型 C/S													
样本期	05:08:01– 06:03:21	06:03:21– 06:05:31	06:05:31– 06:08:22	06:08:22– 07:01:08	07:01:08– 07:03:26	07:03:26– 07:08:13	07:08:13– 08:05:12	08:05:12– 08:10:01	08:10:01– 08:12:01				05:08:01– 08:12:01
a	−0.00032 (−1.323)	−0.00328 (−2.785)	0.00038 (0.433)	−0.00500 (−7.591)	−0.00635 (−3.317)	−0.00466 (−2.425)	−0.00798 (−7.367)	−0.00379 (−4.813)	0.00299 (2.529)				−0.00225 (−8.262)
b	0.31587**c** (4.559)	−0.64172**c** (−2.295)	1.02845**c** (3.697)	−0.00004 (−0.0002)	−0.67376**a** (−1.659)	−0.00469 (−0.011)	0.22999**a** (1.666)	0.22536 (0.863)	−0.48907**b** (−2.511)				0.57936**c** (10.829)
t(b=1)	−9.875**c**	−5.872**c**	0.102	−5.482**c**	−4.123**c**	−2.369b	−5.578**c**	−2.967**c**	−7.644**c**				−7.862**c**
第二部分：美元模型 C/S/T													
样本期	05:08:01– 05:10:04	05:10:04– 06:02:21	06:02:21– 06:03:28	06:03:28– 06:05:01	06:05:01– 06:07:04	06:07:04– 06:09:20	06:09:20– 07:02:05	07:02:05– 07:05:08	07:05:08– 07:08:22	07:08:22– 07:11:06	07:11:06– 08:06:25	08:06:25– 08:10:08	08:10:08– 08:12:01	05:08:01– 08:12:01
a	−0.00232 (−6.450)	−0.00049 (−1.786)	−0.00036 (−0.095)	0.00005 (0.030)	−0.00028 (−0.152)	−0.00034 (−0.240)	−0.00448 (−6.133)	0.00160 (0.783)	−0.00498 (−2.199)	−0.00118 (−0.960)	−0.01496 (−10.763)	−0.00192 (−1.252)	0.00323 (2.143)	0.00091 (2.236)
b	−0.34965**c** (−2.950)	0.02612 (0.337)	0.51406 (0.742)	0.45255 (0.728)	−0.11900 (−0.355)	0.41199 (1.060)	−0.05203 (−0.222)	0.31267 (0.817)	0.25863 (0.537)	1.37910**c** (3.235)	−0.24438**b** (−2.009)	−0.19602 (−0.956)	−0.71354**c** (−2.848)	0.62477**c** (12.689)
g	0.00006 (4.492)	−0.00002 (−5.345)	0.000006 (0.049)	0.00019 (1.496)	−0.00012 (−2.317)	−0.00014 (−5.143)	−0.00002 (−1.258)	−0.00019 (−8.180)	0.00006 (1.268)	0.00008 (0.684)	0.00005 (3.176)	0.00006 (0.869)	0.00006 (0.796)	−0.00001 (−10.012)
t(b=1)	−11.388**c**	−12.564**c**	−0.702	−0.880	−3.342**c**	−1.513	−4.489**c**	−1.797**a**	−1.541	0.889	−10.233**c**	−5.831**c**	−6.840**c**	−7.621**c**
第三部分：日元模型 C/S													
样本期	05:08:01– 05:09:07	05:09:07– 05:11:09	05:11:09– 06:01:16	06:01:16– 06:05:02	06:05:02– 06:06:28	06:06:28– 06:11:15	06:11:15– 07:03:19	07:03:19– 07:05:14	07:05:14– 07:12:19	07:12:19– 08:08:05	08:08:05– 08:10:13	08:10:13– 08:12:01		05:08:01– 08:12:01
a	−0.00857 (−1.396)	−0.03194 (−23.346)	0.01369 (3.333)	0.00992 (2.572)	−0.02283 (−5.064)	−0.00835 (−2.139)	−0.00985 (−3.088)	−0.02121 (−10.911)	0.00600 (1.799)	−0.00673 (−1.465)	0.03694 (4.803)	0.10622 (6.934)		0.00076 (0.577)
b	−1.121 (−0.213)	0.51125 (0.609)	16.0612**c** (3.887)	8.11796**a** (1.937)	2.69944 (0.994)	2.53658 (0.967)	−5.80229**a** (−1.939)	−0.50113 (−0.237)	0.16315 (0.128)	0.07121 (0.086)	1.43188 (1.259)	−8.45317**c** (−3.802)		2.208**c** (5.894)
t(b=1)	−0.404	−0.582	3.645**c**	1.699**a**	0.625	0.586	−2.274**b**	−0.711	−0.658	−1.125	0.379	−4.251**c**		3.225**c**

注：括号中的数值为对应的参数估计的 t 值。t（b = 1）表项中给出的是无偏性检验 b = 1 的 t 检验结果。**a** 表示在 10%的水平下显著，**b** 表示在5%的水平下显著，**c** 表示在 1%的水平下显著。依文章中分析需要，仅对表项 b 和表项 t(b = 1) 中的数值进行显著性标注。样本期的表达格式为年：月：日。

月 6 日，美元/人民币外汇市场上的远期无偏性假设成立。

对日元模型 C/S 对应的远期溢价模型来说，在 2005 年 8 月 1 日至 2005 年 11 月 9 日，对应的两个子样本估计的参数 b 均不显著；而在 2005 年 11 月 9 日至 2006 年 5 月 2 日，对应的两个子样本估计的参数 b 均显著，且无偏性假设不成立；在 2006 年 5 月 2 日至 2006 年 11 月 15 日，对应的两个子样本估计参数 b 均大于 1，但估计结果不显著；在 2006 年 11 月 15 日至 2007 年 3 月 19 日，估计参数 $b<-1$，t 检验在 5%的水平上拒绝无偏性假设；2007 年 3 月 19 日至 2008 年 10 月 13 日，对应的四个子样本估计的参数 b 均不显著；在 2008 年 10 月 13 日至 2008 年 12 月 1 日，估计的参数 $b<-1$，且 t 检验在 1%的水平上拒绝了在该期间内的无偏性假设。也就是说，对日元模型来说，在考察的整个期间内，无偏性假设均不成立。

由上述分析可知，对美元/人民币市场和日元/人民币市场来说，远期溢价模型参数 b 的估计结果在不同的子样本中变化较大，在有的时间区间内估计结果显著为正，而有的显著为负。值得注意的是，在考察期末 2008 年 10 月 1 日至 2008 年 12 月 1 日，美元/人民币市场和日元/人民币市场上远期溢价模型估计的参数 b 均显著小于零，出现文献中的“远期溢价之谜”，如 Fama（1984），Bansal（1997），Baillie 和 Bollerslev（2000），Chakraborty 和 Evans（2008），Burnside 等（2009）等。依据文献中的相关研究结论，笔者认为本书中出现的“远期溢价之谜”可能与中国、美国以及日本在此期间进行货币政策的频繁调整有关（货币政策的频繁调整导致各市场参与者的预期差异以及对风险溢价的需求差异）。

第六节 本章结论

本书考察了 2005 年 8 月 1 日至 2008 年 12 月 31 日四种期限的美元/人民币、欧元/人民币、日元/人民币的即期汇率和远期汇率之间的协整关系、结构突变以及对应的远期外汇市场的无偏性。考虑到模型中回归变量间同期相关性和序列的自相关性，书中采用了 FMOLS 方法来估计模型参数，得到了比以往研究中更有效的假设检验结果。通过允许协整模型中有结构突变，书中发现了以往人民币远期无偏性研究中未曾得到的结论。主要结论如下：

（1）DF-GLS 和 KPSS 两种检验方法得到的美元/人民币、欧元/人民币、日元/人民币各自对应的远期溢价序列的单整阶数在大多数情况下不一致，序列单整阶数不能确定，这种不确定性说明序列可能为分数单整。同样，对远期超额回报序列也有类似结论。

（2）当允许协整模型中有结构突变时，Gregory 和 Hansen（1996）和 Bai（1997）检验方法得到的结果表明，1 月期美元模型和日元模型中有多个结构突变点。表 2-5 和表 2-6 中的资料显示，每个突变时点都有对应的可能引起突变的经济事件发生。通过对这些经济事件进行分析，笔者发现，引起美元模型发生结构突变的事件主要是中国和美国的利率政策调整，而引起日元模型发生结构突变的事件主要是日本政府发行大量的政府债券。

（3）在考察样本期内，允许结构突变的对数水平模型 FMOLS 估计结果表明：对美元模型 C/S 来说，远期市场无偏性在 2006 年 8 月 23 日至 2008 年 9 月 30 日成立；对于美元模型 C/S/T 来说，估计结果表明无偏性在整个样本期内均成立；对于日元模型 C 和模型 C/S 来说，在整个样本期内，对应远期市场的无偏性均不成立。这也从一侧面说明，虽然我国自 2005 年 7 月 21 日汇改后实行盯住一篮子货币的政策，但实际上我国汇率政策仍主要盯住美元货币。

（4）图 2-1 至图 2-5 的结果表明，当协整模型中允许有结构突变时，残差序列更经常、距离更近地围绕坐标等于零的横轴上下波动，对应模型能更好地刻画变量间的长期关系。

（5）远期溢价模型估计的参数在不同的结构突变区间发生变化。具体来说，美元模型 C/S 对应的远期溢价模型估计结果表明，美元/人民币远期市场无偏性仅在 2006 年 5 月 31 日至 2006 年 8 月 22 日成立；C/S/T 模型对应的远期溢价模型估计结果表明，美元/人民币远期市场无偏性假设在 2007 年 8 月 22 日至 2007 年 11 月 6 日成立；日元模型的估计结果表明，在整个样本期内，对应的远期市场无偏性假设均不成立。

（6）在样本末期 2008 年 8 月 1 日至 2008 年 12 月 1 日，美元和日元的远期溢价模型估计的参数 b 均显著小于零，出现“远期溢价之谜”。

中 篇

人民币外汇市场的动态相关性研究

中国外汇管理局于2006年7月对外汇指定银行全面实施权责发生制的外汇综合头寸管理方法，为国内银行向基于利率平价的人民币远期定价体系转变奠定了制度基础。但政策实施以来的总体效果如何，在人民币即期市场、境内远期市场和境外NDF市场之间形成了怎样的人民币价格引导体系，这些都是值得关注的热点问题。因此，本篇重点研究多个人民币外汇市场的动态相关性和价格引导关系，包括第三章至第六章的研究成果。本篇运用动态相关时间序列模型以及向量GARCH模型等方法研究人民币远期汇率对即期汇率的价格引导关系等问题，在计量手段和方法研究上有所创新和发展。

本篇首先研究多个人民币外汇市场间动态价格引导关系。第三章运用前沿的DAG理论和VEC Granger因果检验方法，量化分析了三个市场之间的同期引导、短期引导和均衡引导关系。对多种期限的远期品种分析得到了基本一致的结果：即期汇率在当天价格引导和均衡关系引导中处于中心位置，但是境外NDF市场汇率对即期市场和境内远期（DF）市场都有重要的引导作用，这意味着国际上对人民币的升值预期对该时期的人民币汇率调整有重要影响。第四章应用双变量EGARCH模型拟合境内远期外汇市场与境外NDF市场之间的波动率溢出效应。研究表明两市场间存在着双向的价格和波动率溢出效应，且NDF市场对于境内远期市场的价格引导作用更大，而境内远期市场向NDF市场输出波动率效应的现象更为普遍。第五章主要基于境内远期市场并不完善，缺乏对境外市场的影响力的现状，进而讨论境内即期市场对境内外远期市场的影响。因为即期市场是境内人民币价格的主要交易市场，因此作为主要因子讨论其对境内外远期市场的影响。具体使用 DCC-（BV）EGARCH 模型进行拟合即期外汇市场与境内外人民币远期市场的动态相关性，得出的主要结论为：①即期市场对于境内远期市场有单向价格引导效应，而境外 NDF 市场与本地的即期市场则有较弱的双向价格引导效应。②在波动率溢出效应方面，相对于境外 NDF 市场，即期外汇市场（境内远期外汇市场）更多地受本土的远期外汇市场（即期外汇市场）所影响。

接下来本篇将探讨人民币汇率形成机制的相关问题。在第六章讨论远期外汇市场对人民币汇率的价格发现功能，借助 Engle-Granger 的协整检验方法对三个人民币外汇市场两两之间的动态关系进行探讨。研究表明所有品种的境内外远期外汇市场之间、1 月期和 3 月期的远期汇率与即期汇率之间满足协整关系。从价格发现的领域来说，满足协整关系的两外汇市场间是存在一个共同变化的趋势，即共同的有效价格（Common Factor，也称共因子），它们之间有着共同的价格发现过程。通过信息份额模型及实证研究发现：①1 月期、3 月期的远期与即期市场之间，1 月期的境内外远期市场对价格发现过程的贡献比即期市场大，3 月期的结果则相反。②境内外远期市场之间，境外远期市场对它们共同的价格发现贡献较大。

综合中篇各章得出以下结论：①针对收益率溢出我们指出，1 月期、3 月期和 6 月期远期品种的境内人民币远期市场收益率与境外 NDF 市场收益率之间均有双向价格溢出效应，NDF 市场对境内远期外汇市场的价格引导作用更大，即在较短期限的远期市场中，NDF 相对于境内远期外汇市场拥有更大的远期定价权。在 12 月期的远期品种中，仅存在 NDF 市场对境内远期外汇市场的单方向价格引导作用。②针对波动性溢出我们指出，1 月期品种只存在境内远期外汇市场对于 NDF 市场的单方波动率溢出效应；3 月期及 6 月期品种存在双向波动率溢出效应，且境内远期外汇市场对于 NDF 市场的波动率溢出效应更大；12 月期品种存在双向波动率溢出效应，且 NDF 市场对于境内远期外汇市场的波动率溢出效应更大。从上面我们可以看出在波动率溢出效应方面，在短期限的远期市场中，境内远期外汇市场更多地扮演着波动率输出者的角色。

第三章 人民币外汇市场的价格引导关系研究
——基于 DAG 理论和 VEC Granger 检验

第一节 引言

自人民币汇率在 2005 年 7 月 21 日实行以市场供求为基础参考一篮子货币进行调节的有管理的浮动汇率制度之后，中国人民银行出台了一系列政策和措施，建设和完善人民币汇率定价机制。首先中国人民银行于 2005 年 8 月 15 日正式建立银行间人民币远期市场。随着人民币汇率形成机制改革的稳步推进和即期外汇市场的平稳运行，2006 年 1 月 4 日，中国人民银行在银行间外汇市场引入做市商制度，并且做市商结售汇头寸管理由收付实现制改革为权责发生制，[①]从而作为市场主体的做市商均可在即期市场平补远期头寸。2006 年 6 月 2 日，中国人民银行又进一步扩大权责发生制结售汇头寸管理的范围，对所有外汇指定银行结售汇头寸实行权责发生制管理，从而完全打通即期外汇市场和人民币远期市场，结合 2006 年 4 月 24 日推出的银行间外汇掉期交易，至此我国人民币远期市场定价机制基本形成。

人民币的境外 NDF 市场于 20 世纪 90 年代中期在中国香港和新加坡产生，属于受管制约束较少的离岸市场。在亚洲金融危机之后，人民币境外 NDF 市场

① 在权责发生制下，银行的客户结售汇业务、自身结售汇业务和银行间外汇市场交易（包括远期交易）应当在交易订立日计入结售汇综合头寸，便于银行在即期和远期市场进行头寸平补，也限制了人民币境内外远期市场间的套利活动。

的规模迅速膨胀，2008 年日均交易量激增到 40 亿美元左右，[①] 是交易最活跃的人民币远期市场。但由于人民币管制和 NDF 的纯粹市场化交易，所以境外 NDF 报价中包含较多的市场情绪等非价值因素。

国内则于 1997 年开始在中国银行开始远期结售汇试点，2005 年 8 月正式推出银行间远期外汇交易品种。但由于境内远期市场采取实需原则，本金交割，企业参与成本较高，所以市场规模相对较小，而且境内远期市场在建立初期表现出对交易活跃的境外 NDF 市场亦步亦趋，这主要归因于在汇改初期我国外汇指定银行的结售汇综合头寸管理仍沿用收付实现制。在这种制度下，银行进行的外汇交易必须在资金实际收付日才能计入外汇综合头寸，那么人民币远期合约在签订日无法计入综合头寸，难以满足在即期市场套期保值的头寸需要。银行在风险敞口下只能基于预期进行远期报价或者设法进入境外 NDF 市场进行对冲套利，从而形成了境内人民币远期汇率对境外 NDF 汇率的依赖。

人民币汇率远期和掉期市场的建立以及系列政策的实施，特别是权责发生制的外汇综合头寸管理制度扩大到所有外汇指定银行。至此，人民币的即期和远期市场被完全打通，人民币远期定价机制理性转变的制度基础得以初步建立。银行间外汇市场的交易者能够通过即期市场平补远期头寸，理论上可以完全基于利率平价关系报出远期价格，让汇率预期因素影响降低，从而摆脱对境外 NDF 市场的依赖，与即期市场形成独立的均衡关系。为了检验实际效果和进行更有效的政策跟进，有必要进一步检验和揭示系列制度改革以来境内人民币即期汇率、远期汇率和境外 NDF 汇率之间的引导关系。

第二节　文献回顾

对金融市场价格引导（信息流动）关系的已有研究中大多采用格兰杰（Granger）因果检验和广义自回归条件异方差（GARCH）模型，分别探讨是否存在线性报酬溢出效应和非线性波动溢出效应。Park（2001）较早利用这些方法对境内外汇率市场的引导关系进行研究，发现韩元汇改前即期市场对境外

① 来源于《2008 年国际金融市场报告》。同时境内银行间远期交易 2008 年日均交易量只有 1 亿美元。

NDF 市场存在单向的报酬溢出效应，汇改后则是境外 NDF 市场对即期市场产生单向报酬溢出效应，而双向的波动溢出效应在两个阶段都存在。

在我国人民币汇改后，国内学者也纷纷利用这些方法对境内外人民币外汇市场的价格引导关系开展研究，但由于样本期、远期期限品种和检验方法的不同，并没有形成一致的结论。黄学军和吴冲锋（2006）最早对汇改一年来的人民币即期市场与境外 NDF 市场的引导关系进行实证研究，对汇率的 Granger 因果检验表明，在汇改后存在 1 月期 NDF 汇率与即期汇率之间的双向引导和即期汇率对 1 年期 NDF 汇率的单向引导。而徐剑刚等（2007）对几乎相同样本期的两个市场汇率变动[①] 进行 Granger 检验，结果却显示境外 NDF 市场对即期市场具有报酬溢出效应，同时单变量 GARCH 模型分析显示两市场间不存在波动溢出效应。李晓峰和陈华（2008）在 2006 年 8 月美国芝加哥商品交易所推出人民币期货交易一年后，探讨了人民币 NDF 市场、期货市场和即期市场的关系，对两市场收益率进行 Granger 检验得出同样的报酬溢出效应方向，但是多元向量 GARCH 模型分析显示了即期市场向 NDF 市场的波动溢出效应。而在数据进一步更新后，李宪铎和黄昌利（2008）以及戎如香（2008）分别对截至 2008 年 9 月的变动和收益率数据进行 Granger 检验又发现了即期市场对 NDF 市场的报酬溢出效应。

而对于境内远期市场与境外 NDF 市场的引导关系研究，代幼渝和杨莹（2007）、崔明超和黄运成（2008）分别对汇改后一年半和 2006 年初开始的一年半的两市场汇率进行 Granger 检验，结果都表明境内远期市场处于信息中心的位置，对境外 NDF 市场产生单向引导。不过，梁云翀（2008）同时对汇改至 2007 年 7 月的三个市场汇率进行 Granger 检验却表明，境内远期市场对即期市场和境外 NDF 市场的价格引导作用有限，而后两者之间则存在双向引导作用。

由此可见，现有对人民币外汇市场的价格引导关系研究大多采用 VAR Granger 因果检验，要么不顾平稳性前提而对汇率检验，要么牺牲汇率中的截距和趋势信息而对汇率变动检验，导致截然不同的结果。Feldstein 和 Stock（1994）认为，如果非平稳变量间存在着协整关系，则应考虑使用基于 VEC 模型进行因果检验，否则得出的结论可能会出现偏差。据此，本章将采用 VEC Granger 检验。

另外，以上研究都忽略了市场间的同期价格引导关系，因为 Granger 因果检

---

① 即原汇率序列的一阶差分。另外，这里的 NDF 期限为 1 年期，本章下文没注明的也默认为 1 年期。

验在本质上只反映变量间在时间顺序上的"先后"关系，只能说明市场间滞后的短期价格引导关系。同时 Granger 因果检验的定义是基于时间次序的"先后"，并不考虑变量间的同期因果关系，最重要的是 Granger 因果检验只考虑经济变量的因果关系在统计上的显著性，而忽略了其在经济意义上的显著性（Sims，1972；Sims，1980；Abdullah 和 Rangazas，1988）。相比较而言，方差分解方法能够为我们的研究提供更多的信息（Sims，1980；Abdullah 和 Rangazas，1988），同时，借助预测方差分解方法也能对各种传导途径的有效性进行比较，但是正确设定扰动项（Innovation）之间的同期因果关系，是合理进行方差分解的关键（Cooley 和 LeRoy，1985；Bernanke，1986；Swanson 和 Granger，1997），且在实际的经验分析中，常常因变量排列次序不同而使得结论发生了变化。而 Bernanke 于 1986 年提出的 Bernanke 分解对扰动项之间的同期因果关系进行设定，避免了类似 Choleski 分解中"扰动项递归关系"的强假定，但在应用中依然需要借助先验信息或相关理论对扰动项的同期关系进行设定，这就不可避免地存在着一定程度的主观色彩（Swanson 和 Granger，1997）。Spirtes 等（2000）、Pearl（1995，2000）和 Swanson 和 Granger（1997）提出的"有向无环图"（DAG）分析方法给这个问题提供有益的补充，DAG 方法能够基于历史数据的偏相关性揭示变量之间的同期因果（引导）关系。这种数据驱动下的结论有效避免了以往研究依赖主观判断从而可能带来的偏差。因此，基于同期因果关系进行的 VAR 模型结构化，以及进一步对变量间综合引导关系进行的脉冲响应分析和预测方差分解分析都变得更加客观可靠。

近年来，国内外学者对各种涉及因果引导关系的经济金融问题研究都逐渐开始采用 DAG 方法，如 Michael 和 David（2004）对谷物的进出口地市场价格和运费之间的因果关系的研究，Jian Yang 等（2005）对 G7 集团国家之间的通胀传导关系的研究，Jian Yang 和 David（2006）对 1987 年金融危机期间七国股票市场之间风险蔓延模式的研究，杨子晖（2008）对中国财政政策和货币政策对私人投资的影响的研究。目前，我们对人民币即期汇率与远期市场的同期因果关系还缺乏清晰的认识。因此，本章尝试在现有研究的基础上，结合最新发展的"有向无环图"（DAG）技术，研究我国人民币即期汇率，境内远期市场与境外 NDF 汇率之间的同期因果关系，并在此基础上分析三种汇率之间的相互影响，并考察汇率政策传导过程中的有效性及相互间的动态关系，由此得出一些富有启示意义的结论。

第三节　VEC Granger 检验模型与方法

本章实证分析在 VEC 模型框架下进行，通过 VEC Granger 检验得出人民币即期市场、境内远期市场和境外 NDF 市场之间的短期价格引导关系，通过 DAG 方法识别 VEC 模型残差中隐含的三个市场汇率间的同期价格引导关系，最后基于 DAG 理论得出的同期关系对 VEC 模型结构化，并据此计算三个市场汇率间的脉冲响应函数和预测方差分解，从而得到三个市场间价格引导的综合效果。另外，VEC 模型所要求的前提检验包括平稳性检验和协整检验，本章相应采用 ADF 单位根检验和 Johansen 协整检验方法。

一、基于 VEC 模型的 Granger 因果检验

Granger 因果关系检验法是 Granger 于 1969 年利用滞后分布概念建立的，主要思想是，如果变量 X 是导致变量 Y 的原因，则变量 X 的变化将先于变量 Y 的变化。虽然这种因果关系的定义受到了不少质疑，但在研究受相同信息影响的市场时，这种领先和滞后的关系无疑能很好地反映信息在市场间的传导方向。Granger 因果检验有两种形式：一种是传统的基于 VAR 模型的检验；另一种则是最近发展起来的基于 VEC 模型的检验。后者适用于存在协整关系的一阶单整序列，避免了基于 VAR 模型所可能出现的伪回归或部分信息牺牲。VEC 模型实际上是引入协整项的一阶差分 VAR 模型，具体形式如下：

$$\Delta Y_t = \alpha \cdot ecm_{t-1} + \sum_{k=1}^{p} \Gamma_k \Delta Y_{t-k} + \varepsilon_t \tag{3-1}$$

其中，$ecm_{t-1} = \beta' Y_{t-1}$，p 是 VEC 模型选取的滞后阶数，可以根据 AIC 和 BC 信息准则选取。向量 α 是各变量对长期均衡偏离的调整速度，对各分量显著性的 t 检验说明了变量间的协整引导关系。Γ 是滞后差分项系数，反映各解释变量的短期波动对被解释变量的短期影响，j 变量是否为 i 变量的 Granger 原因的检验原假设是：H0：$\Gamma_{k,ij} = 0$，$k = 1, 2, \cdots, p-1$，如果联合 Wald 检验显示原假设不成立，则表明 j 变量的滞后变动对 i 变量有显著的预测效果，j 变量是 i 变量的 Granger 原因，即 j 变量对 i 变量有显著的短期引导。

二、有向无环图（DAG）分析方法

VEC Granger 因果检验仅仅揭示了三个外汇市场间的均衡关系引导和短期价格引导。相比之下，DAG 分析方法则是研究变量间同期因果关系的依赖性和指向性，具体来说，就是在分析扰动项之间的相关系数和偏相关系数的基础上，对变量之间的同期因果关系进行识别。分析得到的 DAG 由代表变量的节点以及连接这些节点的有向边构成的。具体地说，“Y → X”表示当其他变量保持不变时，Y 的变化将直接导致 X 的变化，即存在着由 Y 到 X 的单向因果关系；“Y ↔ X”则表示两者存在着双向的因果关系；“Y – X”表示两者之间存在着同期因果关系，但因果关系的指向性尚不明确；“Y ⊥ X”则表示两者为（条件）独立关系，并且在分析中规定了不存在回路的限定条件。

在实际分析中，主要运用 Spirtes 等（2000）提出的 PC 算法。这一算法从变量两两相连的“无向完全图”出发，首先分析变量间的无条件相关系数，如果为 0，则将表示因果关系的连线移去；在所有的无条件相关系数的分析完成后，接着分析 1 阶偏相关系数，同样，当变量间的偏相关系数为 0 时移去两者间的连线；类似的继续分析 2 阶偏相关系数、3 阶偏相关系数……，对于 N 个变量，这一算法将持续分析到 N–2 阶的偏相关系数，然后依据“隔离集”判断准则和 BIC 准则[①] 判定变量之间的同期因果方向。分析中为了检验偏相关系数是否为 0，我们采用了 Fisher 的 z 检验统计量，它的具体表达形式如下：

$$z[\rho(i,\ j \mid k)n] = \frac{1}{2}(n - |k| - 3)^{1/2} \times \ln\{[|1 + \rho(i,\ j \mid k)|] \times [|1 + \rho(i,\ j \mid k)|]^{-1}\} \tag{3-2}$$

其中，n 是估计相关系数的可观测值数目，ρ(i，j | k) 则表示以 k 个变量为条件变量时变量 i 和 j 的偏相关系数；k 则表示条件变量的数目。本章利用 DAG 分析的专项软件 Trtrad4 实现以上算法。更详尽的算法介绍可以参见 Michael 和 David（2004）、Yang 等（2005）以及杨子晖（2008）。

① 由于篇幅限制，这两种判断准则的详情请参考 Pearl（2000），Spirtes 等（2000）。

三、脉冲响应函数

依据 DAG 方法得出的变量同期关系，进一步估计同期关系矩阵和结构化所建立的 VEC 模型，据此计算的脉冲响应函数能更综合准确地描绘变量间的引导过程。根据具体的同期引导结果，估计方法可以选择 Bernanke（1986）提出的一般性方法——全信息最大似然估计（FIML），或者满足一定前提条件下的 Cholesky 分解法，具体可参见文献 Bernanke（1986）。假设估计得出的结构化模型可写成滞后算子形式：

$$B(L)Y_t = u_t,\ E(u_t u'_t) = I_n \tag{3-3}$$

其中，$B(L) = \Pi_0 - \Pi_1 L - \Pi_2 L^2 - \cdots - \Pi_p L^p$，$\Pi_0 \neq I_n$，$\Pi_p$ 是结构化模型的系数矩阵；u_t 是结构化模型的残差向量，也叫新息向量，反映独立影响对应变量的新生信息即新息冲击。在变量平稳性条件下，B(L) 可逆，从而模型能进一步写成无穷期 VMA 形式：

$y_t = D(L)u_t$，其中 $D(L) = B(L)^{-1}$，$D(L) = D_0 + D_1L + D_2L^2 + \cdots$，$D_0 = B_0^{-1}$

从而得到结构化模型的脉冲响应函数 D_q，数学意义可以表示为：

$$D_q = \frac{\partial Y_{t+q}}{\partial u'_t},\ t = 1,\ 2,\ \cdots,\ T \tag{3-4}$$

即 D_q 的第 i 行第 j 列元素表示了时期 t 第 j 个变量受到一单位的新息冲击，而其他时期不存在新息冲击时，时期 t+q 的第 i 个变量的变化量。

四、预测方差分解

脉冲响应函数只模拟了某一时点发生的新息冲击在系统引导下造成的各市场价格变动，但实际上每个时点每个市场都可能受到新息冲击，所有这些新息冲击的影响造成了未来汇率预测值与实际值的偏差，预测方差分解则能反映各市场新息对预测误差的解释度大小，即各市场对其他市场的综合引导程度。基于以上得到的模型无穷期 VAM 形式，模型对 s 期后的预测误差为：$D(L) = D_0u_t + D_1u_{t-1} + D_2u_{t-2} + \cdots + D_{s-1}u_{t-s+1}$，据此可得到相对方差贡献率（RVC）：

$$RVC_{j\to i}(s)=\frac{\sum_{q=0}^{s-1}(d_{ij}^{(q)})^2\sigma_{jj}}{\sum_{j=1}^{k}\left\{\sum_{q=0}^{s-1}(d_{ij}^{(q)})^2\sigma_{jj}\right\}},\ i,\ j=1,\ 2,\ \cdots,\ n \qquad (3\text{-}5)$$

$RVC_{j\to i}$（s）反映了模型对 s 期 i 变量的预测误差方差中，能被 j 变量的新息冲击所解释的比重，即 j 变量受 i 变量新息引导的程度。

第四节　人民币外汇市场实证研究结果与分析

一、数据选取

本章以汇率形成机制改革后的境外非交割人民币远期（NDF）市场、境内人民币交割远期市场和即期人民币市场之间的价格引导关系为研究对象。虽然人民币汇率形成机制自 2005 年 7 月 21 日起已经变为参考一篮子货币的有管理的浮动汇率制度，但一直到 2006 年 7 月结售汇综合头寸管理制度从收付实现制改为权责发生制以后，才完成了对境内远期外汇定价机制的制度建设。为了排除重大制度结构性变化对实证结果的影响，本节选取 2006 年 7 月 3 日至 2008 年 12 月 31 日三个市场的共同交易日数据为实证样本，远期汇率数据包括 1 月期、3 月期、6 月期和 1 年期四个主要期限品种，各变量分别有 613 个可用样本数据。以上汇率数据均来自 Bloomberg 数据库。

二、描述性统计特征与平稳性检验

表 3-1 中各变量分布的峰度和偏度显示各变量在总体上是逐渐下跌的走势。从各汇率变量的均值和中位数可见，在考察时段内远期汇率总体上体现出对人民币的升值预期，期限越长的远期品种表现出越强的升值预期，而且境外 NDF 市场的人民币升值预期总体上强于境内远期市场。各汇率变量的标准差显示除了 1 年期的远期品种以外，其他三个远期期限品种的汇率波动都小于即期汇率波动，表明这些远期品种市场在人民币稳步升值的过程中趋于理性，改善了以

往 NDF 市场非理性的过度敏感和大起大落。

表 3-1 数据统计特征描述

指标	SPOT	1 月期		3 月期		6 月期		1 年期	
		DF	NDF	DF	NDF	DF	NDF	DF	NDF
均值	7.401	7.383	7.376	7.342	7.318	7.275	7.229	7.153	7.060
中位数	7.513	7.496	7.458	7.454	7.376	7.373	7.260	7.213	7.123
最大值	8.005	7.985	7.977	7.944	7.927	7.887	7.857	7.788	7.739
最小值	6.811	6.805	6.788	6.794	6.713	6.652	6.538	6.399	6.275
标准差	0.411	0.407	0.400	0.404	0.394	0.410	0.400	0.433	0.4225
峰度	−0.172	−0.128	−0.095	−0.055	−0.017	0.002	−0.015	−0.052	−0.117
偏度	1.513	1.479	1.478	1.421	1.510	1.411	1.656	1.526	1.907

对非平稳时间序列进行回归有可能出现伪回归的现象，因此实证分析前必须对变量序列的平稳性进行检验。这里采用 ADF（Augmented Dickey–Fuller）检验方法，表 3-2 的检验结果表明原序列都不能拒绝单位根的存在，为不平稳序列，而一阶差分序列都显著拒绝单位根的存在，为平稳序列。可见，各变量都是一阶单整序列，可以通过建立向量误差修正（VEC）模型对原序列进行实证分析。

表 3-2 ADF 平稳性检验结果

变量	1 月期		3 月期		6 月期		1 年期	
	原序列	一阶差分	原序列	一阶差分	原序列	一阶差分	原序列	一阶差分
	P 值	P 值	P 值	P 值	P 值	P 值	P 值	P 值
DF	0.9248	0.0000	0.9241	0.0000	0.9764	0.0000	0.9828	0.0000
NDF	0.9101	0.0000	0.9590	0.0000	0.9609	0.0000	0.9624	0.0000
SPOT	0.8628	0.0000	—	—	—	—	—	—

注：①依据 BIC 准则选择最佳滞后阶数，最大滞后阶数为 18。
②依据数据特点，原序列检验模型为带有常数项和线性趋势，一阶差分序列检验模型为没有常数项和线性趋势。

三、Johansen 协整检验与长期均衡关系

建立 VEC 模型还需要变量间存在长期协整关系，下面采用 Johansen 协整检

验。首先，依据 AIC 准则和 SC 准则综合确定四种期限的 VAR 模型的最佳滞后阶数都为三阶，即 Johansen 检验模型和 VEC 模型的滞后阶数都为两阶。然后，由于各变量的数据样本大体呈下降趋势，并且经尝试发现在协整方程中加入常数项的 VEC 模型在 AIC 准则下更优，所以在 Johansen 协整检验中选择存在线性趋势和截距项的模型设定，秩检验和最大特征根检验的 P 值如表 3-3 所示。

表 3-3 Johansen 协整检验结果

协整向量个数	秩检验（P 值）				最大特征根检验（P 值）			
	1 月期	3 月期	6 月期	1 年期	1 月期	3 月期	6 月期	1 年期
0 个	0.0000	0.0015	0.0050	0.0060	0.0000	0.0282	0.0466	0.1032
最多 1 个	0.0073	0.0173	0.0370	0.0182	0.0054	0.0154	0.0413	0.0231
最多 2 个	0.3986*	0.3028*	0.2102*	0.1590*	0.3986*	0.3028*	0.2102*	0.1590*

注：* 标示出各项协整检验下最可能的协整关系个数。

表 3-3 的 Johansen 协整检验结果显示，对于 1 月期、3 月期和 6 月期的人民币境内远期汇率、境外 NDF 汇率和即期汇率，都在 5%的显著性水平下拒绝了不存在协整关系和最多只有 1 个协整向量的假设，而接受最多存在 2 个协整向量的假设，所以可认为这三个期限品种下的三个市场汇率之间都各自存在 2个协整向量。对于 1 年期的远期品种，虽然最大特征根检验在 10%的显著性水平下接受了不存在协整关系的假设，但考虑到该检验以更高的显著性水平接受最多 2 个协整向量的假设并以低于 5%的显著性水平拒绝最多 1 个协整向量的假设，所以可以合理地接受存在 2 个协整向量的假设。也就是说，三个外汇市场两两之间都存在协整关系。

相比之下，代幼渝（2007）、梁云翀（2008）通过对 2005 年汇改后一年半和两年内的市场情况进行检验得出三个市场间只存在 1 组协整关系的结论。这实际上是受到汇改后仍持续近一年的收付实现制的结售汇综合头寸管理制度影响。在该制度下，由于头寸限制，外汇指定银行的远期头寸难以通过即期市场平盘，因此，远期报价主要还是基于对人民币汇率未来走势的预期，很大程度上依赖于境外 NDF 市场汇率，而未能与人民币即期汇率形成独立的长期均衡关系。

而本章的研究区间始于权责发生制的头寸管理制度在所有外汇指定银行全面实施以后。这时，境内的人民币即期和远期市场被打通，基于利率平价的定价机制的制度基础初步建立。协整检验结果表明这样的制度效果的确得到了发挥，境内人民币远期外汇市场一定程度上摆脱了对境外 NDF 市场的依赖而与即期市场形成了相对独立的均衡关系。

四、VEC 模型估计与短期价格引导

在满足单整性和协整性的前提下，本节对三个外汇市场的数据样本建立滞后两阶的 VEC 模型。四个期限模型的协整项如表 3-4 所示，表 3-4 中各期限模型的两个协整方程分别刻画了考察期内两个远期汇率与即期汇率之间的两组均衡关系。其中即期汇率的系数可以认为是惯性预期的放大作用和利率平价的缩小作用的综合结果。[①] 而结果显示，除了 1 年期远期品种的协整方程以外，即期汇率的系数都小于 1，表现出与利率平价关系大致相符的均衡关系，同时也反映了总体上境内外远期市场的价格走势在我国外汇综合头寸管理制度改革后都趋于理性。

表 3-4 VECM 模型中协整项估计结果

模型期限		1 月期		3 月期		6 月期		1 年期	
协整项		(1)	(2)	(1)	(2)	(1)	(2)	(1)	(2)
协整方程系数	DF	1	—	1	—	1	—	1	—
	NDF	—	1	—	1	—	1	—	1
	SPOT	-0.9926*** (0.0089)	-0.9797*** (0.0155)	-0.9838*** (0.0283)	-0.9697*** (0.0424)	-0.9935*** (0.0503)	-0.9931*** (0.0709)	-1.0106*** (0.0915)	-0.9798*** (0.1272)
	C	-0.0369	-0.1250	-0.0612	-0.1415	0.0778	0.1213	0.3258	0.1914
调整系数	DF	-0.1495*** (0.0355)	0.1035*** (0.0120)	-0.0587*** (0.0196)	0.0462*** (0.0124)	-0.0283** (0.0135)	0.0262*** (0.0092)	-0.0390*** (0.0137)	0.0327*** (0.0097)
	NDF	0.0976*** (0.0428)	-0.0540** (0.0240)	0.0461* (0.0245)	-0.0321** (0.0155)	0.0375* (0.0193)	-0.0283** (0.0132)	0.0265 (0.0169)	-0.0212* (0.0120)
	SPOT	0.0597* (0.0336)	0.0134 (0.0189)	0.0246* (0.0134)	0.0023 (0.0085)	0.0175** (0.0082)	-0.0014 (0.0056)	0.0104** (0.0053)	-0.0014 (0.0038)

① 在利率平价下，人民币远期汇率 $F = \frac{1+r_c}{1+r_A} \times S$，由于研究时期内美元利率平均高于人民币利率，所以即期汇率 S 的系数理论上应该小于 1，体现为缩小作用。而在惯性预期下，即期汇率的变化被预期继续扩大，S 的系数则应大于 1。

表 3-4 的调整系数表示各市场汇率对前一期不均衡状况进行调整的强度，体现了协整关系对各汇率的引导作用。结果显示，协整关系主要是对两个远期汇率形成引导作用，即期汇率在协整关系中处于中心位置。另外还可发现，两种远期汇率都对另一组协整关系作出了稍弱的同向调整，间接反映了两种远期汇率之间的协整关系。

下面对模型滞后项进行 VEC Granger 因果检验，进一步揭示三个市场之间的短期[①]价格引导关系，结果如表 3-5 所示。表 3-5 中检验得出的短期因果关系图刻画了滞后三期内的各市场汇率对其他市场汇率的短期价格引导关系[②]，结果显示，境外 NDF 市场对即期市场、即期市场对境内远期市场都具有显著的短期价格引导作用；除了 1 月期品种显示出境内远期市场对境外 NDF 市场的短期价格引导外，其他品种都表现为境外 NDF 市场对境内远期市场的短期价格引导；另外，境内 3 月期远期品种对即期汇率有较弱的短期价格引导作用，即期

表 3-5　VEC Granger 因果检验结果

期限品种		DF		NDF		SPOT		短期因果关系图
		$\chi^2(2)$	P 值	$\chi^2(2)$	P 值	$\chi^2(2)$	P 值	
1 月期	DF	—	—	3.89	0.1430	41.40	0.0000	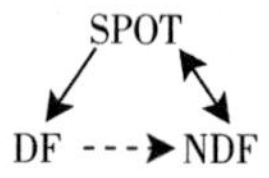 SPOT DF - - -▶ NDF
	NDF	5.62	0.0602	—	—	11.68	0.0029	
	SPOT	2.82	0.2447	30.77	0.0000	—	—	
3 月期	DF	—	—	11.91	0.0026	24.54	0.0000	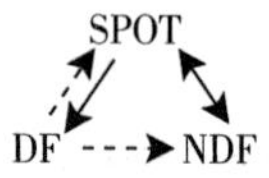 SPOT DF - - -▶ NDF
	NDF	0.72	0.6989	—	—	6.55	0.0378	
	SPOT	3.20	0.2016	24.97	0.0000	—	—	
6 月期	DF	—	—	38.98	0.0000	10.26	0.0059	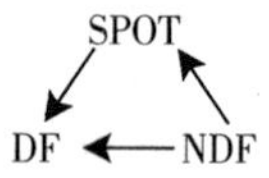 SPOT DF ◀— NDF
	NDF	3.85	0.1456	—	—	3.01	0.2220	
	SPOT	5.98	0.0502	27.47	0.0000	—	—	
1 年期	DF	—	—	36.63	0.0000	9.86	0.0000	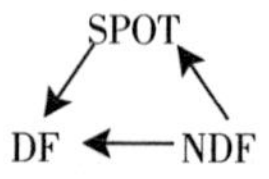 SPOT DF ◀— NDF
	NDF	1.43	0.488	—	—	3.48	0.1755	
	SPOT	2.62	0.2693	16.34	0.0003	—	—	

注：①$\chi^2(2)$ 表示自由度为 2 的卡方值，检验原假设为纵向变量不是横向变量的 Granger 原因。
②关系图中实线箭头表示 5%的显著性水平，虚线箭头表示 10%的显著性水平。

① 这里的“短期”指一定的滞后期，本章模型是汇率变动的滞后两期，或者说汇率的滞后三期，但不包括同期，同期价格引导将在下文讨论。

② 具体的引导强度可由结构化后的 VEC 模型滞后项系数的估计结果得到，结果过于烦琐，本章不作列示。

市场与境外 1 月期和 3 月期 NDF 市场存在双向的短期引导关系。实际上，这些短期引导体现了各市场对其他市场前三天报价的参考。

五、VEC 模型结构化与当天价格引导

对以上 VEC 模型残差做 LM 检验可知残差存在显著自相关[①]，由于以上模型解释变量中并未包含内生变量的同期关系，所以残差自相关很可能是由隐含在残差中的同期内生变量所导致，即市场间存在同期价格引导。因而本节通过 VEC 模型的结构化来发掘市场间的当天价格传导关系及其强度。首先，对四种期限品种的模型残差进行 DAG 分析，得到了一致的同期引导关系图，如图 3-1 所示。[②]

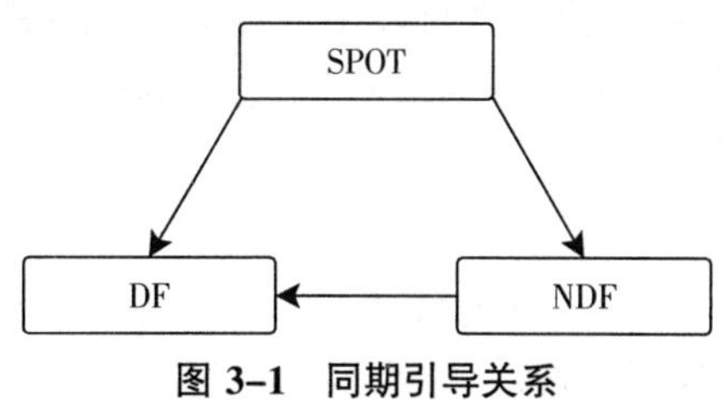

图 3-1 同期引导关系

从 DAG 分析结果可见，人民币即期汇率对当天各种期限的境内外远期人民币汇率都具有显著的价格引导作用，而境外 NDF 市场对同期限的境内远期市场具有显著价格引导作用。在我国实施资本流动管制的背景下，这种境内外市场的即期引导很大程度上是有效信息流动和间接套利活动的结果。由于 DAG 得到的同期引导关系符合 Cholesky 分解方法的假设前提，所以除了 Bernanke（1986）提出的一般性方法外，还可以按即期汇率、境外 NDF 汇率、境内远期汇率的顺序进行 Cholesky 分解来简便地得到可靠估计结果。研究基于两种方法得到如表3-6 所示的一致结果。

当天价格引导强度的估计结果显示，即期汇率对境外 NDF 市场的当天引导最强，并随期限的增长而增强；即期汇率对境内远期市场的当天引导则相对较弱；而境外 NDF 市场对境内远期市场的当天价格引导则最弱，且随期限的增长而减弱，说明境外 NDF 市场对境内市场的影响是相对滞后的。

---

① 作者还对模型做了稳定性、异方差等必要的检验，结果显示本书所建立的模型有良好的统计特性。

② 出于稳健性考虑，本书利用 Haigh（2004）研究当期信息流动时提到的调整 SL 统计量（Modified Schwarz-loss Metric）来检验比较各种可能的引导关系，结果与本章结论相符。

表 3-6　当天价格引导强度

	1月期	3月期	6月期	1年期
(1) SPOT->DF	0.4662	0.3886	0.3807	0.4087
(2) SPOT->NDF	0.6508	0.6929	0.9220	1.1004
(3) NDF->DF	0.1151	0.1012	0.0845	0.0792
(4) SPOT->DF（总）	0.5411	0.4587	0.4586	0.4959

六、脉冲响应图与综合价格引导模拟

为考察同期引导、短期引导和均衡关系引导的综合效果，通过计算脉冲响应函数来模拟各市场的独立价格新息冲击[①]分别对模型系统造成的综合价格引导，结果如图 3-2 所示。图 3-2 的各外汇市场的脉冲响应图分别刻画了一个市场汇率在第 1 期受到本市场的独立新息冲击后 50 期内三个市场相对于没受冲击情况下的汇率变化。

首先，第 1 期的初始冲击设定为各市场受到的新息[②]标准差，反映了各市场汇率受系统外信息影响的程度。结果显示，远期市场受到的新息冲击大于即期市场，境外 NDF 市场受的影响最大，并且期限越长，受的影响越大。

其次，没受到直接冲击的另外两个市场的当天汇率变动体现了市场间的当天价格引导，由于实际价格引导下的汇率变动与长期均衡关系不一致，所以在第 2 期各汇率向长期均衡关系调整，同时短期价格引导也开始发挥作用。可见，即期市场和境外 NDF 市场的新息冲击都会在前几期迅速传导到另外两个市场，并产生一定的波动，而境内远期市场的新息冲击则是缓慢地影响另外两个市场。还可以发现，即期市场和境外 NDF 市场的新息冲击带来更强的长期影响，而境内远期市场的新息冲击则会在短期内被较大程度地消化，带来的长期影响相对较弱。另外，即期市场的新息冲击对期限较长的远期市场带来较大的影响，反映了惯性预期的作用。

① 现实中的新息冲击往往是各市场独立的一个线性组合，如果针对具体事件，可以先设定冲击构成然后进行模拟。

② 即结构化 VEC 模型的各方程正交化残差，均值为 0，标准差反映了市场汇率受新息冲击的波动情况。

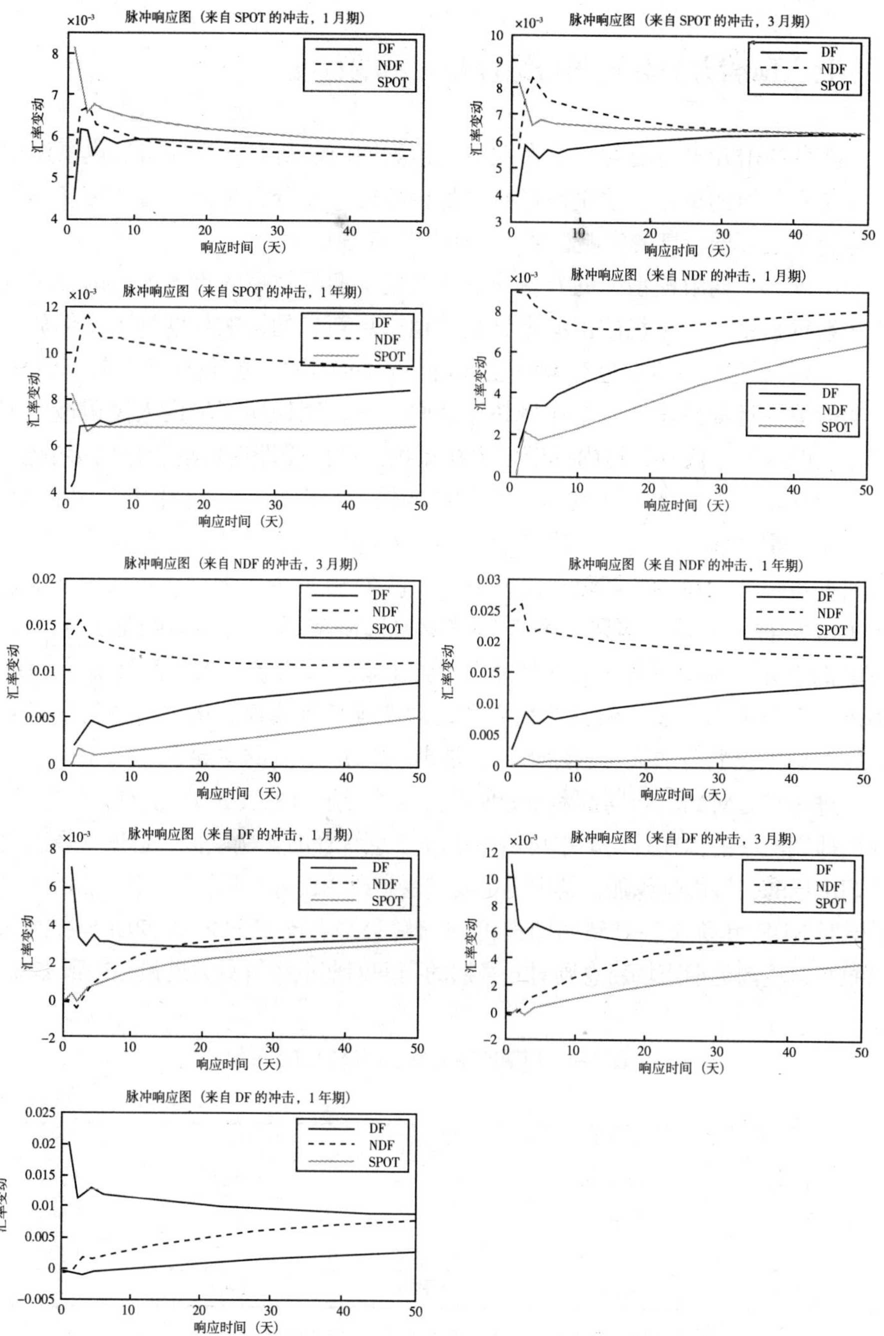

图 3-2 各人民币外汇市场的脉冲响应图

七、预测方差分解图与综合相互影响程度

新息冲击几乎每时每刻都在发生，预测期内的所有新息冲击造成了汇率预测值与实际值的偏差，这里通过对这种偏差的方差分解来揭示每个市场的汇率走势受其他市场新息的影响程度，结果如图 3–3 所示。

比较三个期限模型下的方差分解图可见，期限越短的市场模型内，市场间的联系越紧密，各市场的汇率走势受其他市场新息的影响程度越大。例如，境内 1 年期远期汇率的走势有 60%能够由另外两个市场的新息所解释，而对于 1 月期的境内远期汇率，这个比例超过 80%。这再次说明了境内人民币远期市场的独立性最弱。此外，境内远期汇率在短预测期内受即期市场新息的影响较大，在长预测期内受境外 NDF 市场新息的影响较大，而且远期期限越长，后者的影响就越早超过前者。境外 1 月期 NDF 市场对即期市场的引导作用最强，50 期内达到近 40%，而境内各期限远期市场的新息在 50 期内对即期市场的价格影响都在 10%左右。另外，即期市场新息对境内远期市场的引导影响都大于对境外 NDF 的引导，说明资本流动管制确实加强了境内外市场分割。而且境外 NDF 汇率走势在长期内显示出最强的独立性，即使延长预测期，境内市场新息对它的引导影响也没显著加强，国际预期还是影响 NDF 走势的主导力量。

进一步地对到期即期汇率预测值进行方差分解（见表 3–7）发现，期限越长，到期即期汇率的预期外变动中可由本市场新息解释的比例越低，远期市场新息对即期市场的引导影响越强，其中更主要是受境外 NDF 市场的新息引导影响。境外 1 年期 NDF 市场新息对到期即期汇率的解释力甚至超过即期市场本身而达到 45.66%，境内远期市场新息则对 6 月期的到期即期汇率解释力最强，达到 27%。

表 3–7　到期即期汇率预测值的方差分解

单位：%

	1 月期	3 月期	6 月期	1 年期
SPOT	81.0684	62.9266	43.9665	33.2015
NDF	14.0522	23.4496	29.0000	45.6640
DF	4.8794	13.6238	27.0335	21.1345
标准差	0.0341	0.0671	0.1161	0.2200

注：①由于共同交易日不包含周六和周日，计算中 1 个月近似地取为 22 个交易日。

②方差分解基于对应期限的结构化 VEC 模型。

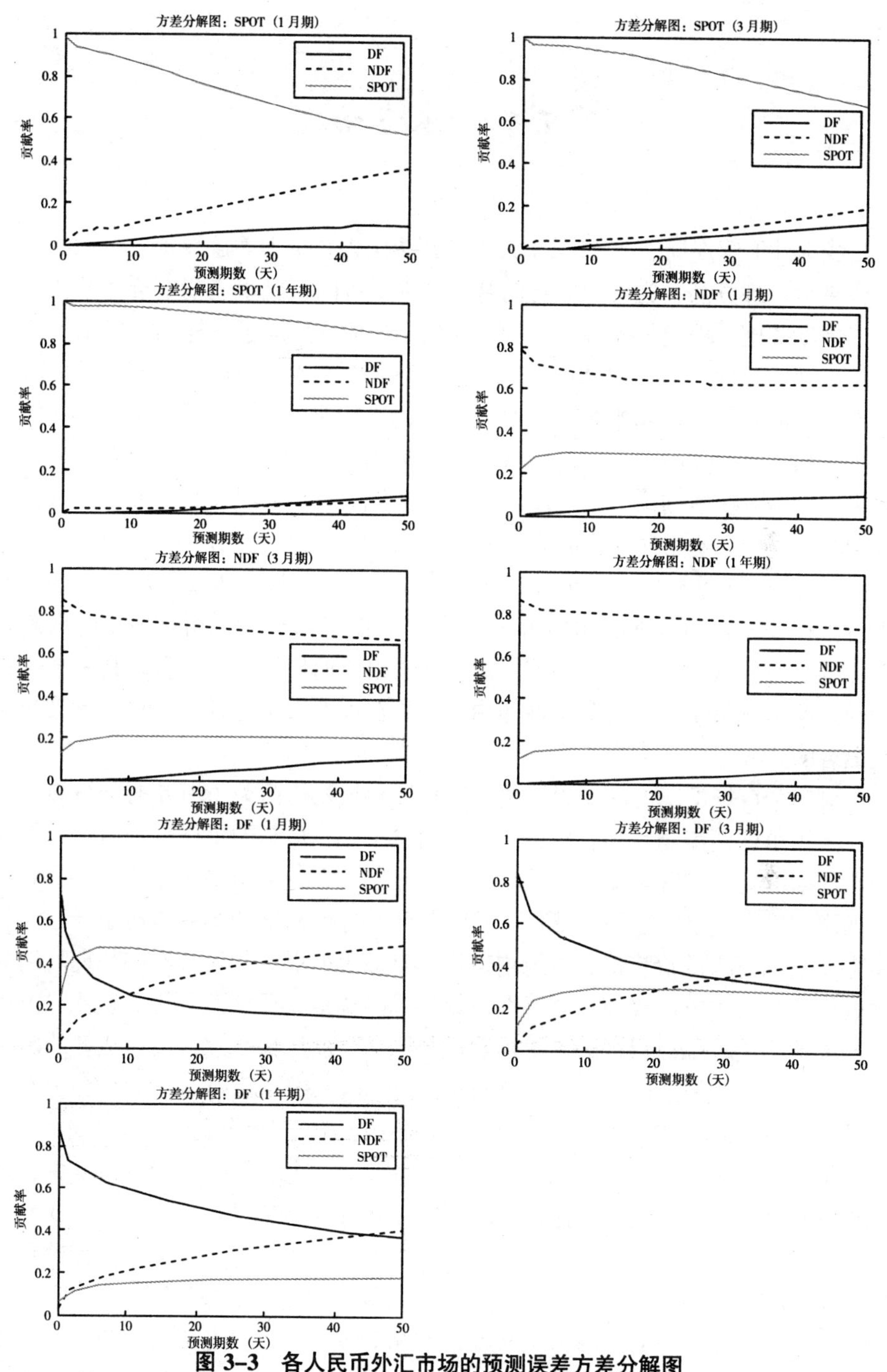

图 3-3　各人民币外汇市场的预测误差方差分解图

第五节　本章结论

我国外汇管理局于2006年7月对外汇指定银行全面实施权责发生制的外汇综合头寸管理方法，为国内银行向基于利率平价的人民币远期定价体系转变奠定了制度基础。但政策实施以来的总体效果如何，形成了怎样的人民币价格引导体系呢？对此，本章对2006年7月1日至2008年12月31日人民币境内即期市场、远期市场和境外NDF市场的日数据进行实证分析，通过Johansen协整检验、VEC Granger因果检验、DAG分析方法、脉冲响应图和预测方差分解等计量手段全方位地刻画了三个市场的价格引导体系，而且对1月期、3月期、6月期和1年期远期品种的分析结果非常一致，可见本章的结论是稳健的。

Johansen协整检验的结果表明在制度改革之后，境内人民币远期市场一定程度上摆脱了对境外NDF市场的依赖而与即期市场形成了相对独立的均衡关系。从境内外远期市场与即期市场形成的两组长期均衡关系来看，利率平价在两个远期市场报价中起着基础性作用。可见在理性市场建设上，总体政策效果是显著的。

对三个市场汇率的同期引导、短期引导和长期均衡关系引导的分析结果表明，人民币即期市场是当天价格引导的信息中心，最新的价格影响信息首先反映在即期市场，然后向境内外远期市场传导，而且境外NDF市场受即期市场当天的影响较大；但在短期（滞后）引导方面，境外NDF市场则占有主导，境外NDF市场前三天的价格信息对境内市场具有显著的引导作用；而在长期均衡关系的维持中，主要体现为两个远期市场汇率的调整，即期汇率相对独立。由此可合理地推论，境内银行的本土信息优势明显，能最快获悉人民币汇率的影响新息，但报价时仍然以前三天的境外NDF市场走势作为重要参考，国际上对人民币的升值预期在该时期的人民币汇率调整中起着指导性作用。

最后，通过脉冲响应模拟和预测方差分解对综合引导效果的分析表明，即期市场新息的引导作用最迅速，但对境外NDF市场的走势解释力并不强；境外NDF市场新息对系统带来的长期影响最大，而自身走势最为独立，国际预期还是影响NDF走势的主导力量；境内远期市场新息对系统的作用则较慢，且在短期内被较大程度地消化，带来的长期影响相对较弱，自身走势缺乏独立性，短期内受即期市场影响较大，长期内受境外 NDF 市场影响较大。

以上结果显示，虽然在综合头寸管理制度改革后国内形成了以利率平价为基础的即期远期汇率均衡关系，但境内远期市场在价格引导体系中处于从属地位，应有的价格发现功能尚未具备，管理当局仍需大力推进完善市场建设，逐步吸引境内外投资者参与，加大市场影响力，这对于未来人民币汇率定价主导权的掌握具有深远的意义。另外，本章得到的关于各期限品种的定量结果，还为市场主体进行更有效的套期、投机和套利操作提供了有益的市场信息和参考。

第四章 基于双变量 EGARCH 模型的境内外人民币远期市场信息溢出效应研究

第一节 引言

由于人民币汇率制度的不断改革和外汇管理制度的不断变化，无疑增加了汇率变动的风险程度。

为规避汇率风险，通常选择远期外汇市场。当前人民币远期外汇交易主要涉及境内外两个市场。中国境内的远期外汇市场建立于 2005 年 8 月 10 日，中国人民银行让符合条件的市场主体开展远期外汇交易，并允许具备一定资格的主体开展掉期交易。中国人民银行遵循自由化精神，将决定权下放给各商业银行，中国人民银行不提供任何汇率远期的定价公式。原四大国有商业银行则构成汇率协调和报价小组，主导境内远期汇率价格的形成。

境外市场的代表是 NDF，即非交割远期外汇汇率。在中国实施外汇管制的情况下，境外投资（投机）者不能直接参与境内的汇率交易，在境外离岸市场进行“交割”，由于他们较难获得“人民币”货币实体（中国有强制结售汇制度），于是就采用了一种“无人民币本金”的交割方式，交割的对象是约定汇率与即期汇率之差额，而差额是以美元来进行支付的。目前全球 NDF 的日均交易量已超过 30 亿美元，其市场规模和地位进步神速。NDF 交易与银行间远期交易比较如表 4-1 所示。

由于汇率管制境内外形成了不同的远期外汇市场，因此 NDF 和境内的远期汇率之间的关系就非常耐人寻味。如果境内远期汇率引导 NDF，“境内引导境外”是合理的常态，即境内相比于离岸来说，享有本土的信息优势，信息的传递方向是由境内至境外。但是，在人民币汇率上，外汇管制弱化了本土信息优势的功能，而境外的NDF则存在充当汇率波动引导者角色的可能性。在人民币外汇市场化之前，境内汇率市场的报价基本上没有包含任何价值，银行强制性结售汇制度削弱了主体的机动性，再加上银行间外汇市场是封闭的，境内的市场汇率包含的信息非常少。汇改之后人民币境内市场的本土优势能否得以体现？境内外两个远期市场之间的信息溢出效应如何？这些问题是本章尝试解决的问题。

表 4-1 NDF交易与银行间远期交易比较

	NDF交易	银行间远期交易
结算货币和方式	可兑换货币，差额结算	协议货币，全额结算
监管	离岸交易，灰色地带	有
交易需求	投机需求为主	实际需求为主
客户群体	境外有人民币需求的企业或者国际投机、投资者	主要是境内有真实外汇需求的机构、企事业单位
产品定价	市场交易者根据自己的预期及其他因素进行撮合定价，汇率波动较大	银行根据利率平价等因素定价，汇率波动较小

第二节 文献回顾

GARCH族模型采用的异方差建模方法在刻画证券波动聚类现象时引入了时变条件波动的概念。该方法显著加强了当前信息冲击的敏感性，有效克服了无条件方差遗漏重要特定时点信息的缺陷，为刻画市场波动、描述与防范风险等提供了有力的工具。自Bollerslev首次运用GARCH模型刻画条件方差的时变性后，由于其简洁、明确的经济学含义及对市场波动的准确刻画得到了广泛的应用。在过去的20年中，大量的文献使用和改进GARCH模型对资产波动进行估计，并在此基础上演绎出了一系列GARCH族模型，Nelson（1991），Ding等（1993），Granger和Engle（1993），Glosten等（1993），Jaganathan和Runkle（1993），Zakoian（1994）等引入并实证检验了正负冲击非对称机制（在经济学意义上解释为“杠杆效应”）的存在，也就是相同大小的一项负向冲击比同等规模的正向冲击要大。另一些学者为避免变量“内外生性”上判断的武断性将单变量扩展为多变量模型，主要有VECH模型、BEKK模型、CCC-GARCH模型等。

目前，国内关于外汇衍生品市场与汇率波动之间的关系的研究主要围绕人民币 NDF 与人民币即期汇率两个市场之间的关系展开。任兆璋和宁忠忠（2005）、张陶伟和杨金国（2005）的研究表明人民币 NDF 离岸市场和 NDF 报价已经显著制约了美元兑人民币远期汇率的报价。徐剑刚、李治国、张晓蓉使用 MA（1）-GARCH（1，1）模型分析人民币 NDF 市场和即期市场间均值和波动溢出效应，结果表明，两个市场间没有相互波动率溢出效应，但存在人民币 NDF 市场对于即期市场的单方向价格溢出效应。黄学军和吴冲锋（2006）研究了人民币汇率制度改革前后境外人民币 NDF 与境内即期汇率价格的互动关系。李晓峰和陈华（2008）的研究基于格兰杰因果检验方法和 MGARCH-BEKK 模型，检验人民币即期外汇市场与境外期货市场、境外 NDF 市场之间的信息流动关系。

第三节　NDF 与境内远期外汇市场的实证检验

一、样本数据的选取及处理

首先对本章实证所选取的数据作以下说明：

（1）根据我国现有的外汇衍生品的现实情况，虽然人民币远期交易、人民币与外币的掉期交易等品种发展的时日尚短，仍不能替代远期结售汇作为主要的交易工具，但考虑到这些交易品种均使用统一的外汇远期牌价，因此不影响我们选取境内银行间远期外汇市场的汇率做实证样本。

（2）在所有的人民币与各种外币交易中，人民币与美元的交易占绝对的主体地位，大约占到 75%，因此选取美元兑人民币的外汇牌价作为研究对象最具代表性，也最有意义。

（3）自从 2005 年 7 月 21 日国家对人民币汇率进行了大刀阔斧的改革，实行以市场供求为基础的、参考一篮子货币的、有管理的浮动汇率制度以后，汇价的形成更易受到市场因素的影响，其汇率比实行新政策以前更能反映市场供求状况。

（4）国际统计数据表明，外汇远期最活跃的期限为 1 个月至 12 个月，所以本章实证所选择的境内远期汇率数据和境外 NDF 市场数据均为 1 月期、3 月期、6 月期和 12 月期，同时考虑了数据在周末和法定节假日缺失的因素，进行了相应的匹配。

基于以上考虑，同时在数据可得性的限制下，本书实证样本选取了自 2005 年 11 月 21 日至 2008 年 12 月 31 日境外人民币 NDF 以及境内人民币银行间远期市场的每日美元兑人民币远期汇价，样本总数为 782。本章所使用的境外 NDF 市场数据来源于 Bloomberg（彭博）数据库，境内银行间远期汇率数据来源于国家外汇交易中心。

接下来我们通过不同期限的时序图来了解 DF 与 NDF 汇率之间的走势关系，各个远期期限的汇率走势如图 4-1 至图 4-4 所示。我们可以看到境内外远期汇率的走势基本同步，期限越长的品种具有更大的贴水幅度，且境外 NDF 市场对于人民币的汇率有着更为强烈的升值预期。

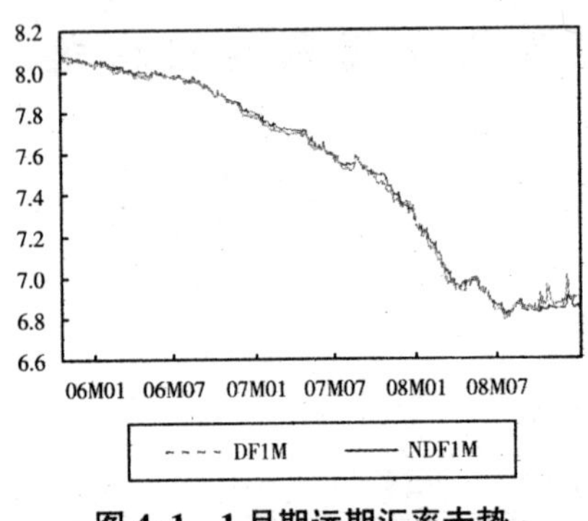

图 4-1　1 月期远期汇率走势

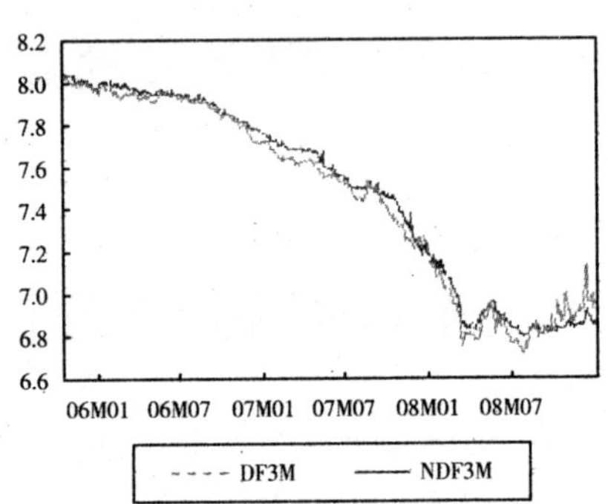

图 4-2　3 月期远期汇率走势

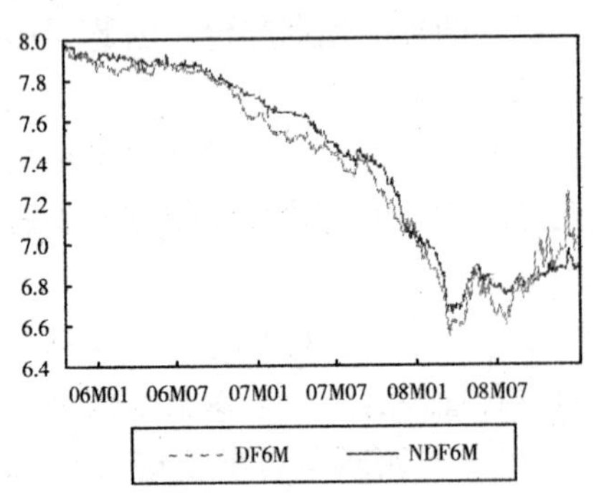

图 4-3　6 月期远期汇率走势

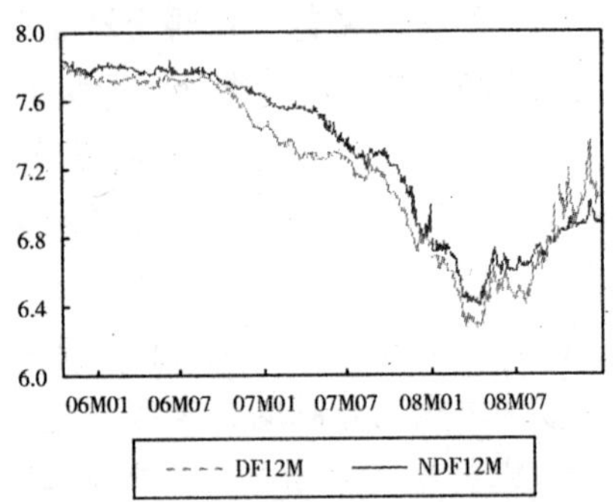

图 4-4　12 月期远期汇率走势

二、单位根检验（ADF 检验）

由于运用 GARCH 模型研究的前提是所研究的时间序列必须是平稳的时间序列，在实证前要对所选数据进行平稳性检验。最常用的平稳性检验是单位根检验（Unit Root Test），本章使用了增广 Dick-Fuller 检验（ADF），检测样本中是否存在单位根，即是否为稳定序列。

在 ADF 检验中存在一个问题，即检验回归中包括常数和线性趋势，或二者都不包括。选择标准：如果序列好像包含有趋势（确定的或随机的），序列回归中既有常数又有趋势；如果序列没有表现任何趋势且有非零均值，回归中应仅有常数；如果序列在零均值波动，检验回归中应既不含有常数又不含有趋势。表 4-2 分别列出了 DF 和 NDF 原始汇率数据和对数收益率数据的 ADF 检验值，检验中根据上述标准采用了 15 阶带截距项和趋势项的滞后。

表 4-2 ADF 检验结果

		原始汇率样本		对数收益率样本	
		t 统计量	Prob.	t 统计量	Prob.
$DF_{n,t}$	n = 1	-1.8674	0.6704	-5.7274	0.0000
	n = 3	-1.8846	0.6615	-5.2772	0.0000
	n = 6	-1.6181	0.7853	-5.1732	0.0000
	n = 12	-1.0686	0.9321	-5.5455	0.0000
$NDF_{n,t}$	n = 1	-1.9470	0.6286	-5.6588	0.0000
	n = 3	-1.7211	0.7412	-5.9452	0.0000
	n = 6	-1.4445	0.8472	-5.8544	0.0000
	n = 12	-0.9031	0.9538	-5.9998	0.0000

从表 4-2 中可以看出，当我们对原始汇率数据进行 ADF 检验时，所有的检验统计量都大于它对应的 1%、5%、10%的临界值，从而在 1%、5%、10%的水平下不能拒绝原假设（即收益率序列存在单位根假设），因此 DF 和 NDF 原始汇率时间序列都不是平稳的。而当我们对原始汇率数据进行对数收益率转换后再进行 ADF 检验时，则所有的检验统计量都小于它对应的 1%、5%、10%的临界值，故而我们在 1%、5%、10%的水平下拒绝原假设，因此 DF 和 NDF 对数收益率序列都是平稳的。

鉴于以上原因，下文的计算全部采用对数收益率，而不是原始汇率报价，

书中 $R_{DF,t}$ 和 $R_{NDF,t}$ 分别表示 DF 和 NDF 序列在 t 期的对数收益率，具体计算公式如下：

$$R_{DF,t} = 100 \times (\ln DF_t - \ln DF_{t-1}) \tag{4-1}$$

$$R_{NDF,t} = 100 \times (\ln NDF_t - \ln NDF_{t-1}) \tag{4-2}$$

式（4-2）和式（4-1）中，DF_t 和 NDF_t 分别为 t 期境内远期市场和境外 NDF 市场每日美元兑人民币报价，DF_{t-1} 和 NDF_{t-1} 分别为 t - 1 期境内远期市场和境外 NDF 市场每日美元兑人民币报价。收益率样本的基本统计信息如表 4-3 所示。

表 4-3　汇率对数收益率样本的基本统计特征

		均值	标准差	偏度	峰度	JB 统计量
SPOT		−0.0216	0.0928	−0.4570	4.8048	133.1739
1 月期	DF	−0.0213	0.1239	−0.5158	6.7963	503.6037
	NDF	−0.0207	0.1391	1.1199	16.0703	5722.449
3 月期	DF	−0.0205	0.1704	−0.9494	18.2881	7723.190
	NDF	−0.0190	0.2071	−0.0004	21.8931	11615.79
6 月期	DF	−0.0191	0.1934	−0.7152	8.4334	1027.264
	NDF	−0.0173	0.2781	0.8839	19.4797	8939.372
12 月期	DF	−0.0166	0.3164	−0.2888	14.7586	4510.241
	NDF	−0.0144	0.3866	1.5913	24.5877	15495.02

通过观察对数收益率样本的统计数据，我们可以看出随着远期品种的期限增加，DF 和 NDF 市场日收益率均值均呈递减趋势，而标准差则呈现出递增态势。从偏度指标（Skewness）我们可以看到，除了 1 月期、6 月期和 12 月期的 NDF 汇率收益率序列呈现右偏态势（即序列分布有长的右拖尾），其余远期汇率收益率序列均呈现左偏态势（即序列分布有长的左拖尾）。通过观察序列的峰度指标（Kurtosis），发现全部系数均大于 3，分布的突起程度都大于标准正态分布（即尖峰现象），另外从 Jarque-Bera 的统计量来看，其值也都大于零，相伴概率则几乎全部为零，表明各个序列均不服从正态分布假设，从而进一步证明了以上对数收益率序列均表现出在金融时间序列中常见的尖峰、厚尾现象。

三、ARCH 效应检验（异方差检验）

ARCH 模型通常用于对主题模型的随机扰动进行建模，以充分提取残差中的信息，使最终的模型残差成为白噪声。运用 GARCH 模型的一个前提条件是所分析的时间序列具有 ARCH 效应（即异方差效应），检验序列是否具有 ARCH 效应最常用的检验是拉格朗日乘数法，即 LM 检验。检验残差序列是否存在异方差效应的结果如表 4-4 所示。

表 4-4　残差的 ARCH-LM 检验（滞后阶数为 3）

		F-statistic	Probability	Obs*R-squared	Probability
1 月期	DF	16.4710	0.0000	46.6879	0.0000
	NDF	15.4558	0.0000	43.9727	0.0000
3 月期	DF	49.0671	0.0000	124.3188	0.0000
	NDF	5.8511	0.0005	17.2528	0.0006
6 月期	DF	24.0099	0.0000	66.2377	0.0000
	NDF	12.3837	0.0000	35.6329	0.0000
12 月期	DF	80.1335	0.0000	184.3764	0.0000
	NDF	7.0411	0.0001	20.6683	0.0001

表 4-4 的 ARCH-LM 检验结果中，Obs*R-squared 为 LM 统计量，在原假设即序列不存在 ARCH 效应的条件下服从卡方分布，随后一列 Probability 是检验所得的相伴概率 P 值，当 P 值大于某一显著水平则拒绝原假设，即序列存在 ARCH 效应。从检验结果来看，在滞后阶数为 3 的前提条件下，4 个期限的 DF、NDF 收益率均值模型的残差序列均在 5%的置信水平下具有高阶 ARCH 效应，所以适合用 GARCH 族模型来进行拟合。

四、人民币 NDF 市场与境内远期市场的波动与信息溢出研究

综合以上的检验结果，我们选择基于 T 分布的双变量 EGARCH 模型来刻画 DF 市场与 NDF 市场之间的信息传递关系。

文中 $R_{DF,t}$ 和 $R_{NDF,t}$ 分别代表了在 t 期 DF 市场美元兑人民币汇率日收益率以及 NDF 市场美元兑人民币汇率日收益率。I_t 表示在时间 t－1 期可得的信息集。$\sigma^2_{DF,t}$、$\sigma^2_{NDF,t}$ 以及 $\sigma_{DFNDF,t}$ 分别代表了 DF 市场的条件方差、NDF 市场的条件方差和 DF 市场与 NDF 市场的条件协方差。$\varepsilon_{DF,t}$ 和 $\varepsilon_{NDF,t}$ 分别为在 t 时刻 DF 市场与 NDF 市场创新项，而 $z_{DF,t}$ 和 $z_{NDF,t}$ 是标准化的创新项，计算公式为：$z_{DF,t} = \varepsilon_{DF,t}/\sigma_{DF,t}$ 以及 $z_{NDF,t} = \varepsilon_{NDF,t}/\sigma_{NDF,t}$。以下是双变量 EGARCH 模型方程式。模型的条件均值方程为：

$$\begin{pmatrix} R_{DF,t} \\ R_{NDF,t} \end{pmatrix} = \begin{pmatrix} \beta_{DF0} \\ \beta_{NDF0} \end{pmatrix} + \begin{pmatrix} \beta_{DF1} & \beta_{DF2} \\ \beta_{NDF1} & \beta_{NDF2} \end{pmatrix} \begin{pmatrix} R_{DF,t-1} \\ R_{NDF,t-1} \end{pmatrix} + \begin{pmatrix} \varepsilon_{DF,t} \\ \varepsilon_{NDF,t} \end{pmatrix} \tag{4-3}$$

$$\varepsilon_t \mid I_{t-1} = \begin{pmatrix} \varepsilon_{DF,t} \\ \varepsilon_{NDF,t} \end{pmatrix} \sim N(0,\ H_t) \tag{4-4}$$

$$H_t = \begin{pmatrix} \sigma^2_{DF,t} & \sigma_{DFNDF,t} \\ \sigma_{DFNDF,t} & \sigma^2_{NDF,t} \end{pmatrix} \tag{4-5}$$

模型的条件方差为：

$$\begin{cases} \ln(\sigma^2_{DF,t}) = \alpha_{DF0} + \gamma_{DF}\ln(\sigma^2_{DF,t-1}) + \alpha_{DF1} f_{DF}(z_{DF,t-1}) + \alpha_{DF2} f_{NDF}(z_{NDF,t-1}) \\ \ln(\sigma^2_{NDF,t}) = \alpha_{NDF0} + \gamma_{NDF}\ln(\sigma^2_{NDF,t-1}) + \alpha_{NDF1} f_{NDF}(z_{NDF,t-1}) + \alpha_{NDF2} f_{DF}(z_{DF,t-1}) \end{cases} \tag{4-6}$$

$$\begin{cases} f_{DF}(z_{DF,t-1}) = (|z_{DF,t-1}|) - E(|z_{DF,t-1}|) + \delta_{DF} z_{DF,t-1} \\ f_{NDF}(z_{NDF,t-1}) = (|z_{NDF,t-1}|) - E(|z_{NDF,t-1}|) + \delta_{NDF} z_{NDF,t-1} \end{cases} \tag{4-7}$$

其中，$E(|z_{DF,t}|) = E(|z_{NDF,t}|) = (2/\pi)^{1/2}$

在条件均值方程中，β_{DF1} 和 β_{NDF1} 衡量了滞后一期的 DF 市场汇率变化率和滞后一期的 NDF 市场汇率变化率分别对本市场当期的影响。在上述 DF 市场的条件方差方程中包含了一个分别以来自于 NDF 市场滞后标准残差为参数的方程以及以自身滞后标准残差为参数的方程，即 $f_{NDF}(z_{NDF,t-1})$ 和 $f_{DF}(z_{DF,t-1})$。在该条件方差方程中，参数 α_{DF1} 是波动率溢出系数，而 γ_{DF} 则衡量了波动率持续程度。

波动率过程的非对称性用式（4-7）来表示，其中的参数 δ_{DF} 衡量了创新项的非对称影响，该参数的偏导数如下所示：

$$\frac{\partial f_{DF}(z_{DF,t})}{\partial z_{DF,t}} = \begin{cases} 1 + \delta_{DF}, & \text{for } z_{DF} > 0 \\ -1 + \delta_{DF}, & \text{for } z_{DF} < 0 \end{cases} \tag{4-8}$$

$|z_{DF,t-1}| - E(|z_{DF,t-1}|)$项衡量了规模效应，$\delta_{DF}$ 度量了符号效应（Sign Effect）。若 $\delta_{DF} > 0$，反映出负冲击（坏消息）对波动的增加小于同等程度的正冲击（好消息）。若 $\delta_{DF} < 0$，反映出负冲击相比同等程度的正冲击会增加波动。

我们使用 EVIEWS 软件对该模型进行极大似然估计，估计结果如表 4-5 所示。系数 β_{DF1} 在所有远期期限品种中都是显著为负的，表明在境内远期市场中，前一日的收益增加会加剧次日该市场收益的减少。而观察系数 β_{NDF2}，我们可以看到，在 NDF 市场上，除了 12 月期品种当期远期收益率与前一日该市场收益率成显著为负的关系之外，其他期限品种收益率均未见统计显著性。

相关系数 β_{DF2} 和 β_{NDF2} 分别衡量了滞后一期 NDF 市场收益率和 DF 市场收益率对 DF 市场当期收益率和 NDF 市场当期收益率的影响。从表 4-5 中我们可以看到1月期、3月期和6月期的DF和NDF市场有正的双向价格引导作用，即在上述三个期限品种，境内人民币远期市场收益率与境外NDF市场收益率之间都互有报酬信息溢出效应，且通过观察系数绝对值大小可以发现NDF市场对DF市场的引导作用更大。而在12月期的远期品种，仅存在显著的NDF市场对DF市场的单方向价格引导作用。

表4-5　双变量EGARCH模型的估计结果

	1月期	3月期	6月期	12月期
价格溢出参数				
β_{DF2}	0.1639** (0.0239)	0.1370** (0.0214)	0.1814** (0.0215)	0.1389** (0.0201)
β_{NDF1}	0.0528* (0.0344)	0.0607* (0.0319)	0.0306* (0.0371)	0.0075 (0.0252)
方差溢出参数				
α_{DF2}	0.0044 (0.0117)	0.1067* (0.0623)	0.1176** (0.0475)	0.1646** (0.0624)
α_{NDF2}	0.1614** (0.0321)	0.1546** (0.0420)	0.1303** (0.0414)	0.1389** (0.0516)
自身效应				
β_{DF1}	−0.2090** (0.0354)	−0.1819** (0.0373)	−0.1829** (0.0361)	−0.2344** (0.0358)
β_{NDF2}	−0.0504 (0.0336)	0.0168 (0.0362)	0.0347 (0.0373)	0.0632* (0.0356)
α_{DF1}	0.3710** (0.0566)	0.4913** (0.0659)	0.3648** (0.0540)	0.5438** (0.0735)
α_{NDF1}	0.0095 (0.0175)	0.2112** (0.0459)	0.2136** (0.0429)	0.3528** (0.0570)
波动率持续性				
γ_{DF}	0.9429** (0.0168)	0.9043** (0.0226)	0.9553** (0.0143)	0.9269** (0.0162)
γ_{NDF}	0.9916** (0.0028)	0.9776** (0.0072)	0.9832** (0.0063)	0.9734** (0.0077)
非对称性				
δ_{DF}	0.1236 (0.1258)	0.0859 (0.0915)	−0.0176 (0.1106)	0.0414 (0.0949)
δ_{NDF}	4.8915 (9.2999)	0.2653* (0.1414)	0.2176* (0.1287)	0.0364 (0.1025)

注：表中括号内的数字代表该系数的标准差，数字右上角的**代表该系数在5%的水平显著，而*代表该系数在10%的水平显著。

随后我们分析二阶矩相关性，NDF（DF）市场对于 DF（NDF）市场波动率溢出效应由条件方差方程中的系数 α_{DF2}（α_{NDF2}）来衡量。通过观察系数的显著性及绝对值大小得知：3 月期、6 月期以及 12 月期的远期品种，DF 与 NDF 市场存在显著的双向波动率溢出效应；在 3 月期、6 月期的序列中，DF 市场对于 NDF 市场的波动率溢出效应更大；在 12 月期的序列中，NDF 市场对于 DF 市场的波动率溢出效应则更大；在 1 月期的远期品种中，只存在 DF 市场对于 NDF 市场的单方向波动率溢出效应。

接着从系数 α_{DF1} 和 α_{NDF1} 中可以看出：无论是在境外 NDF 市场还是境内 DF 市场，几乎所有期限的收益率序列中均呈现较为显著的 ARCH 效应，即当期市场波动率值依赖于自身过去值的现象。其中我们可以看出随着远期品种期限的增加，境外 NDF 市场收益波动率的 ARCH 效应也随之增强。

最后分析条件方差方程中的系数 γ_{DF} 和 γ_{NDF}。通过观察可以发现 DF、NDF 在全部远期期限品种中均存在显著的波动率持续性效应，其中在 1 月期的 NDF 市场中呈现出最强的波动率持续性，系数十分接近于 1，而在 3 月期的 DF 市场中呈现出最弱的波动率持续效应，并且所有的被估计系数全部都小于 1，这是非条件方差为正定的一个必要条件。

在本模型的均值和条件方差方程中，均设定了考察自身市场冲击和来自另外一个远期市场冲击是否有非对称影响的系数 δ_{DF} 和 δ_{NDF}，从经济学意义上来说，也就是考察一个市场的负向冲击是否会相对正向冲击而言，对自身以及另外一个市场的波动率过程有着更大的影响。实证结果表明，在 3 月期和 6 月期的收益率序列中，NDF 市场的波动率溢出会对境内 DF 市场存在不对称效应。

第四节　结论与启示

本章采用境内即期外汇市场、境内银行间远期外汇市场以及境外 NDF 市场 2005 年 11 月至 2008 年 12 月的美元兑人民币日收益率数据，实证借助所构建的双变量 EGARCH 模型，对人民币境内远期外汇市场和境外 NDF 市场之间的波动率溢出效应进行研究，结果显示为：

（1）汇改后境内外人民币远期汇率总体趋于升值，短期限的境内外远期汇率预期趋于一致，NDF 在期限较长的品种预期升水幅度较境内的大，且对世界经济环境的变化更加敏锐。2007 年美国次贷危机爆发后 NDF 对人民币升值预期更加强烈，从而拉大了与境内远期市场贴水点数差值，但自 2008 年 8 月份开始，次贷危机爆发之后的欧元区暴露出比美国更加严重的问题，国际避险资金纷纷开始持有美元反而推高了美元指数，同时也正是在 7~8 月，中国经济出现下滑迹象，出口、进口、工业增加值等数据接连报忧，进而造成了美元兑人民币贬值趋势逆转，美元汇率呈现一定程度的震荡升值趋势。

（2）1 月期、3 月期和 6 月期的境内人民币远期市场收益率与境外 NDF 市场收益率之间均有双向价格溢出效应，NDF 市场对 DF 市场的价格引导作用更大，也就是说，在较短期限的远期市场中，NDF 市场相对于 DF 市场拥有更大的远期定价权。在 12 月期的远期品种中，仅存在 NDF 市场对 DF 市场的单方向价格引导作用。

（3）我们发现 1 月期品种只存在 DF 市场对于 NDF 市场的单方向波动率溢出效应；3 月期及 6 月期品种存在双向波动率溢出效应，且 DF 市场对于 NDF 市场的波动率溢出效应更大；12 月期品种存在双向波动率溢出效应，且 NDF 市场对于 DF 市场的波动率溢出效应更大。从上面我们可以看出在波动率溢出效应方面，在短期限的远期市场中，境内 DF 市场更多地扮演着波动率输出者的角色。

第五章 基于DCC-(BV)EGARCH模型的人民币外汇市场动态相关性研究

第一节 引言

本章研究主要是考察即期市场、境内远期（DF）市场、境外NDF市场三者之间的波动率溢出和动态相关性。本章研究有助于了解三个市场汇率走势的相互关系，便于投资者发现套利机会；帮助套期保值者获取未来汇率走势的相关信息；对监管者了解各种汇率变化的相互关系，研究与制定相关政策提供支持。此外，研究境内外市场之间的互动关系还有利于推动我国外汇市场发展。

第二节 文献回顾

虽然Bollerslev（1990）提出的CCC-MVGARCH模型减少了估计参数并且能够保障协方差的非负性，但CCC-MVGARCH模型严格的前提假设导致该模型的实用性大大降低。Engel和Kroner（1995）的BEKK模型在不同的假设前提条件下也做到了减少估计参数以及保障协方差的非负数性，但其缺点是，随着时间数列变量的增加，推定参数呈几何增加。Alexander（2000）提出了由单变量模型构成的对角多变量模型，该模型虽然研究的是动态相关性，但存在着模型内参数的说明力不足和不适用于弱相关特点的金融资产如股票的缺陷。为了更好地研究多个时间序列的波动情况，Engle和Sheppard（2002）提出了DCC-

MVGARCH 模型，它的估计参数少，具有良好的计算优势，可以用来估计大规模的相关系数矩阵。

DCC-MVGARCH 模型的全称为动态条件相关多变量广义自回归条件异方差（Dynamic Conditional Correlation Multivariate GARCH）模型。DCC-MVGARCH 模型是从 CCC-MVGARCH 模型发展而来的，模型放松了序列间的相关性是固定不变常数的假设，认为相关系数是随着时间变动而变动的动态相关系数。

国外学者使用 DCC-MVGARCH 模型主要将研究对象集中在三个市场之间，考察的是三个市场之间的信息溢出效应和动态相关性。Bekaert 和 Harvey（1997）考察对新兴市场的冲击时构建的收益波动溢出模型把对新兴股票市场的冲击划分为“本地因素”（Local Effects）和世界资本市场对其冲击的“世界因素”（World Effects）。此后，Ng（2000）把一个股票市场受到的冲击分解为“本地因素”、“区域因素”（Regional Effects）和“世界因素”。Ng 考察对亚洲新兴股票市场的收益波动溢出时，得出美国股市作为世界性冲击的影响比日本股市作为区域性冲击的影响要大，但 Ng 采用的是同时把世界性冲击和区域性冲击作为外生变量的单变量 GARCH 模型。Miyakoshi（2003）做了进一步改进，针对与 Ng 一样的考察对象，其构建的考虑外生变量的双变量 EGARCH 模型把区域性冲击作为内生变量，而世界性冲击作为外生变量引入，同时考虑了突发性冲击（Innovation）的非对称性影响机制。Skintzi 和 Refenes（2006）又将波动率溢出的动态相关模型应用到欧洲债券市场，研究结果表明欧元区债券市场和美国债券市场对于单个欧洲债券市场有显著的波动率溢出效应，另外欧元的推出也进一步加强了该波动率的溢出效应。

国内在研究三个市场之间的动态相关性和波动率溢出效应方面近年也见一些文献发表。王凯立和吴军奉（2006）对中国台湾的即期、远期与无本金交割远期外汇市场关联性进行了研究，结果显示，虽然 SPOT、NDF 和 DF 市场彼此存在显著双向报酬传导，但即期市场对于远期外汇市场扮演着更为明显的价格领先角色。谷耀、陆丽娜（2006）将收益与波动作为刻画股市信息的代理变量，将沪市（深市）受到的收益和波动冲击分解为来自自身的“本地因素”，来自深市（沪市）的“区域因素”和来自港市的“世界因素”，对沪、深、港三地股票市场收益和波动溢出效应与动态相关性进行研究。代幼渝和杨莹（2007）检验了汇改以来境外 NDF 市场、境内远期外汇市场和即期外汇市场上人民币汇率的协整关系以及两类远期外汇市场的有效性。对各市场汇率时间序列进行的格兰杰因果检验表明境内远期外汇市场是人民币外汇市场的信息中心。陈蓉和郑振龙（2008）分析了人民币 NDF 市场的运行现状及其与人民币即期市场、人民币境内远期市场之间的关系和变迁，在借鉴各国 NDF 经验的基础上，对 NDF 运行机制进行了探讨，并提出可采取的应对策略，指出发展在岸 NDF 是我国目前可行的选择。

第三节　实证检验与结果分析

本章的研究重点是三个市场间波动的相互关系，除了考察报酬溢出和波动溢出效应，还进一步引入了较为复杂的动态相关系数多元 GARCH 模型，研究三个市场间波动的动态相关性，希望能够更好地揭示市场间信息传导模式的动态变化，所以本章借鉴 Skintzi 的方法建立一个具有动态条件相关性和外生性外部冲击的非对称双变量 EGARCH 模型［DCC-（BV）EGARCH（1，1）］。

假定$R_{SP,t}$、$R_{DF,t}$、$R_{NDF,t}$分别表示 t 期人民币即期汇率、境内人民币远期市场汇率、境外 NDF 市场的美元兑人民币收益率，I_{t-1}是指 t-1 期的所有影响系统变量的信息集，$\sigma^2_{SP,t}$、$\sigma^2_{DF,t}$以及$\sigma_{SPDF,t}$分别代表了在 t 时刻 SPOT 市场的条件方差、DF 市场的条件方差和 DF 市场与 SPOT 市场的条件协方差。$\varepsilon_{SP,t}$、$\varepsilon_{DF,t}$是分别以信息集I_{t-1}为条件的创新项（Innovation）。模型的一般形式可表示如下：

模型的均值方程为：

$$\begin{pmatrix} R_{SP,t} \\ R_{DF,t} \end{pmatrix} = \begin{pmatrix} \beta_{SP0} \\ \beta_{DF0} \end{pmatrix} + \begin{pmatrix} \beta_{SP1} & \beta_{SP2} \\ \beta_{DF1} & \beta_{DF2} \end{pmatrix} \begin{pmatrix} R_{SP,t-1} \\ R_{DF,t-1} \end{pmatrix} + \begin{pmatrix} \lambda_{SP} R_{NDF,t-1} \\ \lambda_{DF} R_{NDF,t-1} \end{pmatrix} + \begin{pmatrix} \varepsilon_{SP,t} \\ \varepsilon_{DF,t} \end{pmatrix} \tag{5-1}$$

$$\varepsilon_t \mid I_{t-1} = \begin{pmatrix} \varepsilon_{SP,t} \\ \varepsilon_{DF,t} \end{pmatrix} \sim N(0,\ H_t) \tag{5-2}$$

$$H_t = \begin{pmatrix} \sigma^2_{SP,t} & \sigma_{SPDF,t} \\ \sigma_{SPDF,t} & \sigma^2_{DF,t} \end{pmatrix} \tag{5-3}$$

模型的条件方差为：

$$\begin{cases} \ln(\sigma^2_{SP,t}) = \alpha_{SP0} + \gamma_{SP} \ln(\sigma^2_{SP,t-1}) + \alpha_{SP1} f_{SP}(z_{SP,t-1}) + \alpha_{SP2} f_{DF}(z_{DF,t-1}) + \varphi_{SP} \ln(R^2_{NDF,t-1}) \\ \ln(\sigma^2_{DF,t}) = \alpha_{DF0} + \gamma_{DF} \ln(\sigma^2_{DF,t-1}) + \alpha_{DF1} f_{DF}(z_{DF,t-1}) + \alpha_{DF2} f_{SP}(z_{SP,t-1}) + \varphi_{DF} \ln(R^2_{NDF,t-1}) \end{cases} \tag{5-4}$$

$$\begin{cases} f_{SP}(z_{SP,t-1}) = (|z_{SP,t-1}|) - E(|z_{SP,t-1}|) + \delta_{SP}z_{SP,t-1} \\ f_{DF}(z_{DF,t-1}) = (|z_{DF,t-1}|) - E(|z_{DF,t-1}|) + \delta_{DF}z_{DF,t-1} \end{cases} \tag{5-5}$$

其中，$E(|z_{SP,t}|) = E(|z_{DF,t}|) = (2/\pi)^{1/2}$

在条件均值方程中，β_{SP2}（β_{DF1}）度量的是境内 DF 市场（即期市场）日收益率对即期市场（境内 DF 市场）的冲击，而 λ_{SP}、λ_{DF} 分别度量的是境外 NDF 市场对即期市场、境内 DF 市场的日收益率冲击。

在条件方差方程中，即期市场（境内 DF 市场）的条件方差可以由两个市场滞后一期条件方差以及指数创新项函数 $f_{SP}(z_{SP,t-1})$ 与 $f_{DF}(z_{DF,t-1})$ 滞后一期表示，其中 γ_{SP}（γ_{DF}）度量即期市场（境内 DF 市场）滞后一期波动对自身当期的冲击，刻画影响即期市场（境内 DF 市场）波动的"自身因素"，α_{SP2}(α_{DF2})度量的是境内 DF 市场（即期市场）滞后一期波动对即期市场（境内 DF 市场）的冲击，刻画影响境内 DF 市场（即期市场）波动的"在岸因素"，φ_{SP}（φ_{DF}）度量的是作为外生变量的 NDF 市场滞后一期对即期市场（境内远期市场）的冲击，刻画的是影响即期市场（境内远期市场）波动的"离岸因素"。在指数创新项函数 $f_{SP}(z_{SP,t-1})$ 与 $f_{DF}(z_{DF,t-1})$ 中 δ_{SP} 和 δ_{DF} 衡量了创新项的非对称效应。

在该模型中，时变条件协方差 $\sigma_{SPDF,t}$ 被设定为一个条件相关系数和方差的函数，为了使动态条件相关系数 $\rho_{SPDF,t}$ 满足 $|\rho_{SPDF,t}| \leq 1$，从而保证正态分布协方差矩阵 H_t 满足正定性（Positive Definiteness），具体构建方法如下：

$$\sigma_{SPDF,t} = \rho_{SPDF,t}\sigma_{SP,t}\sigma_{DF,t} \tag{5-6}$$

$$\rho_{SPDF,t} = 2\left(\frac{1}{1+\exp(-\xi_{SPDF,t})}\right) - 1 \tag{5-7}$$

$$\xi_{SPDF,t} = c_{0SP} + c_{SPDF}z_{SP,t-1}z_{DF,t-1} + g_{SPDF}\xi_{SPDF,t-1} \tag{5-8}$$

式（5-8）中 $\xi_{SPDF,t} \in (-\infty, +\infty)$ 被定义为动态相关性指数，它是关于创新项滞后一期和指数本身滞后一期的函数，而式（5-7）的处理方法确保了动态相关系数 $\rho_{SPDF,t}$ 满足 $|\rho_{SPDF,t}| \leq 1$，通过式（5-6）的转化，将考虑动态条件相关性的协方差 σ_{SPDF} 纳入式（5-4）中。最后，我们采用极大似然估计法对上式进行联立同时进行参数估计，估计结果如表 5-1 所示。

本章数据和时间期限均与第四章第三节相同，在进行模型估计之前，都需要对数据进行相关检验，如单位根检验和 ARCH（异方差）检验，具体过程参见第四章第三节，然后展开讨论。

首先分析价格（均值）溢出效应，观察系数 β_{SP2} 我们可以看出所有远期期限品种的境内远期市场收益率对于即期收益率均没有显著的价格传导效应，而

表 5-1　DCC-BVEGARCH 模型估计结果

	1 月期	3 月期	6 月期	12 月期
价格溢出参数				
β_{SP2}	–0.0419 (0.0302)	–0.0174 (0.0175)	–0.0053 (0.0159)	–0.0037 (0.0097)
β_{DF1}	0.4323** (0.0491)	0.4452** (0.0504)	0.4504** (0.0559)	0.3964** (0.0816)
方差溢出参数				
α_{SP2}	0.0923** (0.0355)	0.0539 (0.0394)	0.0401 (0.0346)	0.0108 (0.0373)
α_{DF2}	0.1896* (0.0432)	0.2230** (0.0485)	0.0112 (0.0334)	0.0917** (0.0254)
自身效应				
β_{SP1}	–0.0404 (0.0379)	–0.0211 (0.0366)	–0.0489 (0.0383)	–0.0213 (0.0389)
β_{DF2}	–0.3250** (0.0392)	–0.2889** (0.0374)	–0.2733** (0.0354)	–0.3099** (0.0335)
α_{SP1}	–0.2709** (0.0356)	0.3606** (0.0413)	0.3327** (0.0419)	0.3507** (0.0454)
α_{DF1}	0.3244** (0.0418)	0.5853** (0.05349)	0.3357** (0.0387)	0.2628** (0.0252)
NDF 市场效应				
λ_{SP}	0.1132** (0.0167)	0.0681** (0.0132)	0.0557** (0.0099)	0.0282** (0.0081)
λ_{DF}	0.0943** (0.0258)	0.1141** (0.0169)	0.1586** (0.0193)	0.1773** (0.0221)
φ_{SP}	0.0093* (0.0048)	0.0119** (0.0049)	0.0057 (0.0045)	0.0029 (0.0037)
φ_{DF}	0.0271** (0.0072)	0.0215** (0.0075)	0.0301** (0.0066)	0.0098** (0.0039)
波动率持续性				
γ_{SP}	0.9637** (0.0099)	0.9646** (0.0108)	0.9722** (0.0111)	0.9618** (0.0122)
γ_{DF}	0.8853** (0.0170)	0.8687** (0.0179)	0.9231** (0.0133)	0.9672** (0.0074)
非对称性				
δ_{SP}	–0.0590 (0.0955)	0.0385 (0.0689)	0.0606 (0.0824)	–0.0242* (0.0786)
δ_{DF}	0.1289 (0.0981)	–0.0467* (0.0566)	–0.0267* (0.0840)	0.0639 (0.0897)

续表

	1月期	3月期	6月期	12月期
时变条件相关性参数				
c_{0SP}	0.0040** (0.0007)	0.0001** (0.0002)	0.0015 (0.0022)	-0.0017 (0.0071)
c_{SPDF}	-0.0041** (0.0009)	-0.0173** (0.0007)	0.0189** (0.0067)	-0.0133** (0.0076)
g_{SPDF}	0.9981** (0.0002)	1.0063** (0.0003)	0.9879** (0.0027)	1.0083** (0.0135)

注：表中括号内的数字代表该系数的标准差，数字右上角的 ** 代表该系数在 5%的置信区间内水平显著，而 * 代表该系数在 10%的置信区间内水平显著。

通过分析 β_{DF1} 系数，我们发现即期市场收益率对于全部期限品种的境内远期市场收益率有正向的价格引导效应，且从系数的绝对值比较中我们发现，即期收益率对于 6 月期的境内远期收益率的引导作用最强。接着我们分析外生变量的价格溢出效应。观察系数 λ_{SP}、λ_{DF}，我们可以发现，全部期限品种的境外 NDF 市场对于即期市场、境内远期市场均有显著的价格引导作用，并且随着远期品种期限的增加，对于即期市场的价格溢出效应依次减弱，而对于境内远期市场的价格溢出效应却依次增强。

综合观察 β_{SP2}、β_{DF1}、λ_{SP}、λ_{DF} 四个系数在各期限的显著性以及绝对值大小，我们得出如下结论：境内远期市场对于即期市场基本没有价格引导效应；境外 NDF 市场对于即期市场有较弱的双向价格引导效应；而对于境内远期市场的价格溢出效应则主要来自本土的即期市场。

接下来转向二阶矩独立性分析，从方差溢出参数 α_{SP2}、α_{DF2} 可以看出，1 月期品种的境内远期收益率与即期收益率有双向波动率溢出效应，而 3 月期和 12 月期远期期限品种只存在即期外汇市场对于境内远期市场的单向波动率溢出效应，究其原因我们可以发现：私有信息所导致的投机交易会加大即期汇率的波动；公开信息所导致的套期保值交易会减弱即期汇率的波动，正是在每个远期期限品种交易市场中两种交易者力量的不均衡而导致境内远期汇率和即期汇率波动之间的波动影响是不一致的。

下面讨论外生变量的方差溢出效应。观察系数 φ_{SP} 我们发现，在较短远期期限品种中，NDF 市场对于即期市场有显著的波动率溢出效应，且随着远期品种期限增加，溢出效应增大。从系数 φ_{DF} 的回归结果中发现，境外 NDF 市场对于境内远期市场波动率溢出效应在全部期限品种中均显著但溢出效应较弱，如

表 5–1 所示。

通过分析所有显著的波动率溢出系数，我们发现：

$$|\alpha_{SP2}| > |\varphi_{SP}|,\ |\alpha_{SP1}| > |\varphi_{SP}| \tag{5-9}$$

$$|\alpha_{DF2}| > |\varphi_{DF}|,\ |\alpha_{DF1}| > |\varphi_{DF}| \tag{5-10}$$

以上结果表明：在波动率溢出效应方面，相对于境外的 NDF 市场而言，即期外汇市场（境内远期外汇市场）更多地受本土的远期外汇市场（即期外汇市场）所影响，这也支持了本模型将境外 NDF 因素作为外生变量进行考察的假设前提。

在自身效应方面，系数 β_{SP1} 的不显著表明：即期市场投资者对于来自即期市场滞后一期收益信息有较快、较强的消化能力，基本不受前一日汇率收益变化的影响。而系数 β_{DF2} 在全部 4 个远期期限品种中皆在 5%的置信区间内显著为负，表明境内远期市场前一日的收益增加会加剧次日该市场收益的减少，相对而言远期市场吸收市场收益信息需要更长的时间。接着我们通过分析系数 α_{SP1} 和 α_{DF1} 发现，无论是即期市场还是 DF 市场，所有期限品种的远期收益率序列波动性均不独立于过去自身的波动性，而且回归系数的显著为正表明两市场前一日的波动率增加会加剧次日该市场波动率的增加，投资者对于不可预期的风险（波动）因素短期内无法“消化”，投资行为呈现一定的“羊群效应”。

条件方差方程中 γ_{SP} 和 γ_{DF} 分别表示即期市场和境内 DF 市场的波动率持续性，从回归系数的显著性和绝对值大小我们可以看出即期市场收益率与所有期限品种的 DF 市场收益率均存在强烈的波动率持续效应。另外为了使非条件方差正定，一个必要条件就是所有 γ_{SP} 和 γ_{DF} 均要小于 1，回归结果也证明了这一点。

在模型方程中设定的价格和条件方差过程考虑到了自身市场冲击以及来自境内 DF 市场冲击对于即期外汇市场和每个期限的远期外汇市场的非对称波动率过程影响。从经济学的角度上来说，来自一个市场的负向冲击（坏消息）与正向冲击（好消息）相比，对于自身市场或另外一个市场的波动率过程影响程度更大。我们在此模型中进行如此设定主要是考虑到已经有很多实证论证了在股票市场上对指数收益率序列进行 EGARCH 拟合的结果往往表明了存在较为显著的非对称波动率影响，而本书采用该模型来拟合汇率收益率序列以考察是否同样存在类似的非对称影响。从实证结果我们可以看到，在 3 月期与 6 月期中，境内 DF 市场波动率冲击对于 SPOT 市场波动率过程有着非对称影响，另外在 12 月期中，自身市场冲击也会对市场波动率过程产生非对称影响。

最后，我们对该模型的动态条件相关性进行分析，动态条件相关系数是金融资产或金融市场运动趋同程度高低的重要指标，相关系数高说明两市场走势趋同程度大、市场一体化程度高。与从条件方差过程中估计得到的参数相似，时变条件相关性方程中 ARCH 参数 c_{SPDF} 通常显著为正值，且绝对值不大。GARCH 参数 g_{SPDF} 则通常为显著接近于 1 的正值，表明了与时变相关性相应的显著的波动率持续性。4 个远期期限品种人民币即期市场以及境内银行间远期市场之间的条件动态相关性如图 5-1 至图 5-4 所示。

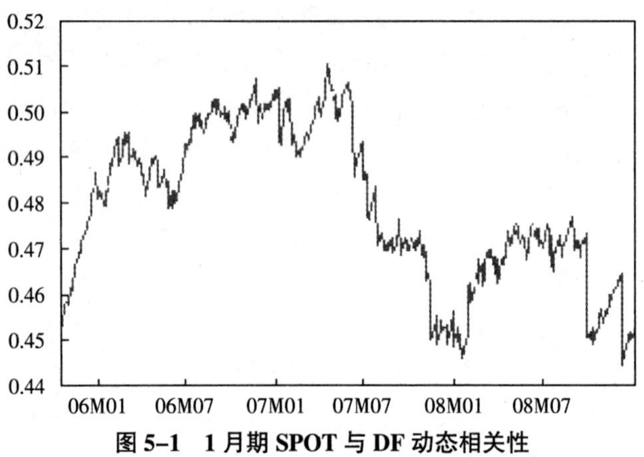

图 5-1　1 月期 SPOT 与 DF 动态相关性

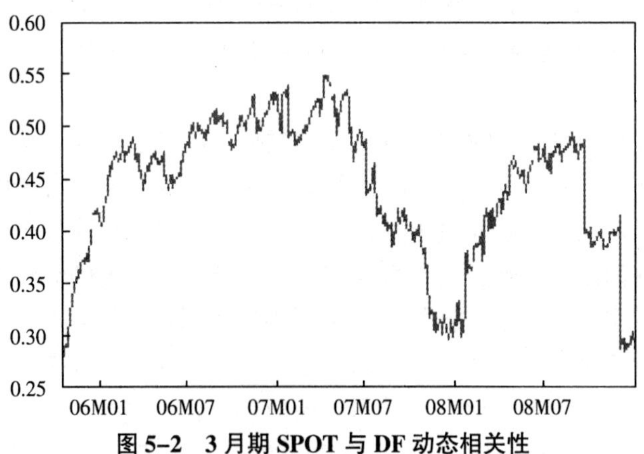

图 5-2　3 月期 SPOT 与 DF 动态相关性

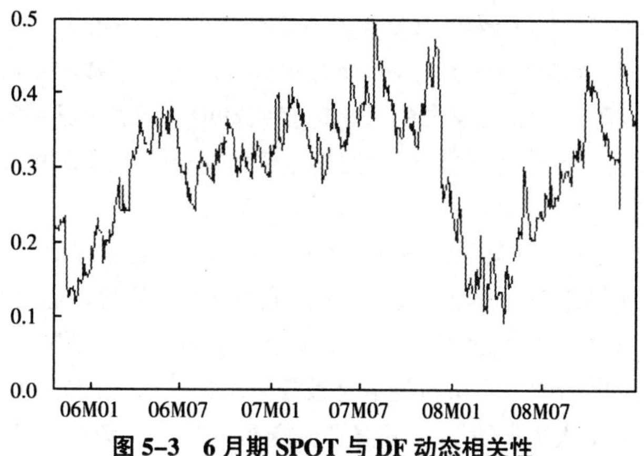

图 5-3 6 月期 SPOT 与 DF 动态相关性

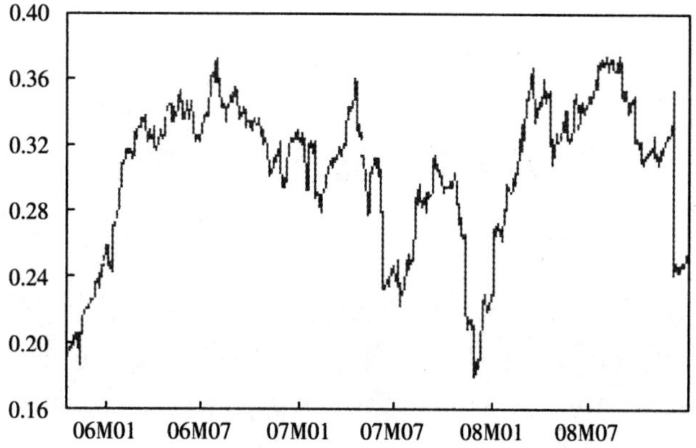

图 5-4 12 月期 SPOT 与 DF 动态相关性

从动态相关图中我们可以看到 1 月期和 3 月期的动态相关系数走势基本趋同，人民币即期汇率和境内银行间远期汇率之间的动态相关性在 2006 年 2 月之前呈一路上扬趋势，接着经过下挫和盘整之后再次拉高至样本期内的最高值。从 2007 年 6 月开始，两个期限的即期汇率与 DF 汇率动态相关性在 2007 年 11 月急速下降至样本期低点，之后经过盘整再次冲高，并且在 2008 年 9 月左右呈阶段性急速降低，在样本期末，即期汇率与两个短期期限品种的 DF 汇率动态相关性基本回落到样本初始水平。

接着我们通过分析 6 月期的动态相关图发现，从样本期开始至 2007 年 12 月，SPOT 与 DF 的动态相关性呈震荡性上升态势，但从 2007 年 12 月至 2008 年 2 月，动态相关性急速下降至样本期低点，随后震荡性上升直至样本期结束。

而12月期的SPOT与DF动态相关性整体走势震荡且不很明朗，但发现大部分时间6月期和12月期的SPOT与DF动态相关图走势还是基本一致的。

综观4个期限的动态相关图的纵坐标我们发现：随着远期品种期限的增加，动态相关性的均值变小，说明即期外汇收益率与较短期限的境内银行间远期外汇市场收益率相关性更大一些。由于动态相关系数的均值都不高，所以我们可以认为即期汇率与境内银行间远期汇率有着天然的联系，但是总体动态相关性不大。

在样本期快结束时所有相关系数均呈现急速下降趋势，通过了解我们发现主要原因是2008年10月24日中国外汇交易中心发布了《中国外汇交易中心暨全国银行间同业拆借中心本币市场信息披露管理办法》，目的是为了履行银行间市场指定信息披露人的职责，规范信息披露相关行为，确保信息披露工作有序开展，这些信息披露的要求很大程度上削弱了即期市场与DF市场间的动态相关性。

第四节　结论与启示

本章实证所用样本数据为境内即期外汇市场、境内银行间远期外汇市场以及境外NDF市场2005年11月至2008年12月的美元兑人民币日收益率数据。实证借助于DCC-（BV）EGARCH模型，对人民币即期外汇市场、人民币境外NDF市场以及境内远期外汇市场之间的波动率溢出和动态相关性进行研究，目的是为了考察在人民币汇改后，境内外三个市场间的价格和波动率溢出效应以及三个市场间的动态相关性情况。实证结果归纳如下：

（1）境内远期市场对于即期市场基本没有价格引导效应，境外NDF市场与即期市场则有较弱的双向价格引导效应，而对于境内远期市场的价格溢出效应则主要来自本土的即期市场。从以上结论我们看到，境内人民币远期市场的每日汇价受前一日人民币即期汇率影响较大，且前一日境外NDF市场报价对于当日人民币即期汇率影响较小。

（2）在波动率溢出效应方面，相对于境外的NDF市场而言，即期外汇市场（境内远期外汇市场）更多地受本土的远期外汇市场（即期外汇市场）所影响，从中我们可以看到，人民币汇改后，随着中国外汇市场建设日益完善、相关配套政策日趋成熟，人民币本地市场间的波动率溢出效应优势明显。

(3) 从即期汇率与境内 DF 动态相关图纵坐标我们发现：所有期限外汇市场之间的动态相关整体走势基本趋同，且随着远期品种期限的增加，动态相关性的均值变小。综观所有期限动态相关图得知，动态相关系数的均值不大，所以我们可以认为在样本期内即期汇率与境内银行间远期汇率有着天然的联系，但是总体动态相关性不大。

结合本章的实证以及相关学者的研究，本研究认为为了完善中国外汇市场的建设，我们必须不断完善即期外汇市场，重点发展人民币与外汇间的远期交易，适时推出人民币与外汇期货、期权交易。

首先，需要完善即期外汇市场，为外汇衍生品市场的发展奠定坚实的基础。即期外汇市场是外汇衍生品市场的基础，即期外汇市场的发展是否完善，直接会对外汇衍生品市场的运行产生深远的影响。从实证结果中我们可以了解到：随着人民币外汇市场化改革进程的逐步深入，人民币即期外汇市场已经开始对境内外的远期外汇市场产生了一定的价格和波动率溢出效应。因此为了进一步完善人民币即期外汇市场，我们建议在以下方面进行改进：①考虑逐步放宽对银行及其他金融机构即期外汇交易的头寸限额等各种限制。②建议逐步放宽对市场主体参与即期外汇交易的限制，从“真实需求”原则过渡到“自由”原则，逐步允许更多的投资者参与即期外汇交易。

其次，建议重点发展人民币远期交易市场，尤其要积极地发展掉期交易。在人民币与外汇间的远期交易中，在不断完善人民币远期结售汇交易的基础上，要特别重视银行与银行间及银行与非银行金融机构之间的远期交易，这样才能增加市场的交易规模以及市场化程度。在众多远期外汇交易方式中，掉期交易具有非常重要的地位。掉期交易可以看作一笔即期（或近期）交易与一笔远期交易的组合，其交易成本低，是银行常用的对敞口头寸进行套期保值的一种方式，并且也可使用掉期交易进行抛补套利活动，这对于促使利率与汇率保持利率平价关系具有积极作用，对远期外汇的定价也具有指导作用。

此外，建议适时推出人民币外汇期货、期权交易。从本章实证研究结果可以发现：即期汇率与境内 DF 汇率之间呈现出短期限的市场之间的动态相关性较为紧密，而期限越长，则相关性越小，这说明我国的外汇衍生品市场还不足以对宏观经济产生举足轻重的作用，外汇衍生品市场的发展不能满足汇率自由浮动之后宏观经济的需求。所以在汇率体制改革进一步深化，汇率形成机制更加趋于市场化的情况下，建议适时推出人民币外汇期货、期权，具有特殊的战略意义。

第六章 人民币远期市场价格发现功能的实证研究

第一节 引言

当前人民币外汇交易主要涉及三个市场：两个远期市场（境外 NDF 市场和境内远期市场）和一个即期市场。研究三个人民币外汇市场两两之间的价格发现有重要的意义。

具体而言，通过对境内外远期市场与即期市场间的价格发现的研究，可以比较远期市场与即期市场对价格发现的贡献的大小，从而验证远期市场的信息效率，也即吸收信息和反映信息的能力。另一方面，通过对境外 NDF 市场与境内远期市场的共同子价格发现的贡献的比较，判断出哪个远期市场的价格发现功能较强，并因此找出更有信息效率的人民币远期市场，这样投资者和企业可以在价格发现能力领先的市场中得到领先的信息指导自己的投资决策和套期保值，也只有在价格发现功能最强的市场，企业和投资者套期保值才能得到最大的效用。远期市场的价格发现研究的结论将对我国远期市场的建设有重要指导意义。

第二节 文献回顾

Engle 和 Granger（1987）、Johansen（1988）以及 Johansen 和 Juselius（1990）相继提出的协整分析为研究非平衡经济变量均衡关系提供了全新的方法，这些方法被大量运用到了价格发现的研究中。

协整分析在价格发现研究的应用中也得到了进一步扩展。其中最具影响的是关于以下两类模型的研究。首先是由 Gonzala 和 Granger（1995）提出的永久短暂（Permanent Transitory，PT）模型。它从误差修正模型出发，把价格的变化划分为永久冲击和短暂冲击，PT 模型通过永久冲击的误差修正系数来研究每个市场对共因子的贡献。Hasbrouck（1995）研究提出的信息份额（Information Share，IS）分析模型，以向量误差修正模型（Vector Error Correction Model，VECM）为基础，按照共因子的信息方差来定义信息份额。IS 模型测量了每个市场的信息对共因子方差的贡献，并把这种贡献的大小定义为价格发现的大小。IS 模型在协整关系分析的基础上，进一步将长期作用部分的总方差进行分解，计算出每个因子对总方差的贡献，由此识别期货市场和现货市场在价格发现功能中作用的大小。

PT 模型和 IS 模型近年来吸引了学术界的广泛关注。Harries 等（1995）考察了同时在 NYSE 和地区交易所进行交易的美国股票的价格发现。Booth（1999）通过采用德国的 DAX 指数的证券日内交易数据分析了股指现货、股指期货和股指期权三者之间的价格发现过程。Darrat 和 Zhong（2002）利用价格发现模型研究了纽约市场和东京市场对亚太地区 11 个新兴市场的价格发现的作用。Baillie 等（2002）、De Jong（2002）、Lehmann（2002）研究了这两种模型之间的关系，认为 IS 模型与 PT 模型提供了相似的结果，前提是有相似方差的残差是不相关的。如果这些残差中有强烈的相关，那么这两个模型得到的结果就会迥异。Harris 等（2002）和 Hasbrouck（2002）比较了两种模型的不同。还有大量的研究使用了这两种模型，如 Booth 等（2002），Tse 和 Erenburg（2002）等。

国内的共因子价格发现研究在开始阶段主要集中在农产品期货和商品期货。肖辉等（2004）利用 PT 模型研究了伦敦金属交易所与上海期货交易所铜价格发现过程。徐信忠等（2005）利用 Hasbrouck 的 IS 模型研究了上海和伦敦市场铜期货的价格发现过程。王群勇和张晓峒（2005）利用 Hasbrouck 的 IS 模型研究了世界原油期货市场对原油价格的发现功能。

近年来，共因子价格发现的研究也逐渐扩展到了债券市场、股票市场。在股票市场的研究中，王群勇和张晓峒（2005）运用 PT 模型研究了中国在纽约证券交易所上市的股票的价格发现机制，研究发现，纽约市场对公司股票的价格发现起着主导作用，并提出交易量是价格发现的主要解释因素。在债券市场的研究中，于鑫（2008）基于银行债券市场的高频数据，利用 VAR 模型和脉冲响应，对做市商市场的运行情况进行检验，发现存货效应和信息不对称对价格发现均有显著影响。

本章是在探讨人民币远期市场与即期市场之间以及不同远期市场之间互动关系的基础上进行价格发现的研究，而受汇率制度的限制，过去多年来人民币即期汇率基本保持稳定，境内远期外汇市场发展缓慢，因而国内学者对于即期汇率和远期汇率关系的研究甚少。主要研究集中于讨论远期汇率与有效实际汇率（REER）、行为均衡汇率（BEER）或基础均衡汇率（FEER），如张陶伟和杨金国（2005）研究了人民币 NDF 与行为均衡汇率的协整关系。就名义汇率而言，关于远期汇率与即期汇率的关系，汇改以来的研究成果并不多见。黄学军和吴冲锋（2006）比较了汇改前后人民币 NDF 和即期汇率的互动关系，张光平（2006）也有类似研究，Hedikiizawa（2006）检验了汇改一年以来人民币 NDF 与即期汇率的协整关系以及有效市场假说。但是，汇改时间不长、数据积累不足等因素都限制了上述文献的研究。

关于离岸市场与境内市场的相互关系的研究，以欧洲美元离岸利率交易市场与美国境内相关市场的研究最具代表性。其中 Kaen 和 Hachey（1983）与 Swanson（1988）为代表，他们普遍认为对于离岸市场来说境内市场是信息中心。Callen 等（1989）主要从外汇市场的有效性以及汇率决定论的角度来探讨即期汇率与远期汇率的因果关系。Hung GayFung 等（2004）对人民币 NDF 进行定量研究，他们采用升贴水的大小度量折价程度。任兆璋和宁忠忠（2007）利用协整、随机波动模型等方法发现人民币 NDF 汇率能较好地反映国际金融市场对人民币汇率的预期，与人民币实际有效汇率间存在长期均衡关系。张陶伟和杨金国（2005）、谢赤和杨益波（2003）利用协整方法发现汇改前，人民币 NDF 与理论远期汇率相偏离的失调关系。黄学军和吴冲锋（2006）、代幼渝和杨莹（2007）利用 Granger 因果关系检验，详细比较了汇改前后人民币 NDF 和即期汇率的互动关系。张光平（2006）利用回归分析等方法对 NDF 与人民币远期之间的关系进行了研究。徐剑刚等（2007）利用 GARCH（1，1）模型分析了 NDF 市场和即期市场间均值和波动的溢出效应，结果表明境外因素已开始影响人民币即期市场。

第三节 共因子的价格发现

最早的共因子（Common Factor）的定义是由 Stock 和 Watson's（1988）给出的。假设 Y_t 是一个价格向量，根据 Stock 和 Watson's（1988）对共因子的基本形式的定义，Y_t 可以分解为：

$$Y_t = f_t + G_t \tag{6-1}$$

其中，f_t 是共因子项（Common Factor Component）；而 G_t 是短暂项（Transitory Component），它对 Y_t 没有长期的影响。

假如两个价格在长期内维持均衡关系，那么这种关系在计量经济学上表现为协整关系。满足协整关系的这两个市场的价格间就有一个共同的变化趋势或者称为共因子，它代表了两个市场价格所隐含的共同有效价格。我们就可以把该组价格分解为式（6-1）的形式，它们之间也存在如式（6-1）中的共因子 f_t；而根据协整关系建立起来的向量误差修正模型便是式（6-1）的具体化。

信息份额模型作为比较常用的共因子模型，是根据协整约束下的向量误差修正模型对价格发现进行研究的。信息份额模型研究价格发现的原理在于：把两组价格间的共因子（也就是长期作用部分）的方差分解为两个部分，一部分是由于第一个市场的价格变动引起的，另一部分是由于第二个市场的变动引起的，并把最后分解的方差贡献值作为它们两个市场对共因子的贡献。信息份额模型测量了每个市场的信息对共因子方差的贡献，并把这种贡献的大小定义为价格发现的大小。

考虑两个满足协整关系的一阶单整价格序列 $p_t = (p_{1,t},\ p_{2,t})$，我们可以建立以下向量误差修正模型（VECM）：

$$\Delta p_t = \alpha \cdot \beta' p_{t-1} + \sum_{j=1}^{k} A_j \Delta p_{t-j} + e_t \tag{6-2}$$

其中，$p_t = (p_{1,t},\ p_{2,t})$；向量 α 是误差修正系数向量；β 系数是协整回归中的回归系数向量；e_t 是均值为 0 的序列不相关的新息向量，其协方差矩阵为 $\Pi = \begin{pmatrix} \sigma_1^2 & \rho\sigma_1\sigma_2 \\ \rho\sigma_1\sigma & \sigma_2^2 \end{pmatrix}$；$\sigma_1^2$ 和 σ_2^2 是 $e_{1,t}$ 和 $e_{2,t}$ 的方差，而 ρ 是它们的相关系数；$\alpha \cdot \beta' p_{t-1}$

表示的是两价格序列间长期均衡的关系；而$\sum_{j=1}^{k} A_j \Delta p_{t-j}$则表示由不完全市场所带来的短期冲击。

Hasbrouck（1995）提出的信息份额模型将误差修正模型表示成了无穷阶的向量移动平均（VMA）形式，将式（6-2）改写成：

$$\Delta p_t = \psi(L)e_t \tag{6-3}$$

其中，$\psi(L)$为滞后算子矩阵。

根据协整的原理，$\beta' p_t$是平稳的，那么可推出$\beta'\psi(1)=0$，其中$\psi(1)$为所有移动平均系数之和。在β确定的情况下，$\psi(1)$的所有行向量都是相同的。故$\psi(1)e_t$是每个价格的新息对每个价格的长期影响，$\psi(1)$的每个行向量都是一样的，意味着长期影响才会对所有价格都是一样的。我们用$\psi=(\psi_1, \psi_2)$表示$\psi(1)$中的共同的行向量也即共因子，将上式变成：

$$p_t = \tau\psi(\sum_{s=1}^{t} e_s) + \psi^*(L)e_t \tag{6-4}$$

其中，τ（1，1）是2×1的单位列向量；在式（6-4）中，我们把价格向量分解为永久吸收了新息的长期作用部分$\tau\psi(\sum_{s=1}^{t} e_s)$和没有长期作用的部分$\psi^*(L)e_t$。式（6-4）可以看作是式（6-1）的特例。

Hasbrouck（1995）指出：增量$\psi\varepsilon_t$是由于新信息的到来引起证券价格变动的长期作用部分，而该长期作用部分的方差为$\sigma_f^2=var(\psi\varepsilon_t)=\psi\Pi\psi'$，其中$\Pi$为残差$\varepsilon_t$的协方差。问题的关键在于将方差$\sigma_f^2$分解为两部分，一部分是由于市场1价格变动引起的，另一部分是由于市场2价格变动引起的。他将两个价格变量对共因子方差的贡献定义为它们对共因子的贡献。如果协方差矩阵Π为对角线矩阵，即价格间的扰动项不相关，那么第i个市场的信息份额为$S_i=\frac{\psi_i^2\sigma_i^2}{\psi\Pi\psi'}$。

一般来说，市场1的变动与市场2的变动不相互独立，因此，为消除两个市场价格变动的交叉影响，将矩阵Π进行Cholesky分解，即$\Pi=MM'$，其中M为下三角矩阵。通过Cholesky分解得到$M=\begin{pmatrix}\sigma_{1,\varepsilon} & 0 \\ \rho\sigma_{2,\varepsilon} & \sigma_{2,\varepsilon}(1-\rho^2)^{1/2}\end{pmatrix}$。显然M满足$MM'=\Pi$，那么第i个市场的信息份额为$S_i=\frac{([\psi M]_i)^2}{\psi\Pi\psi'}$，这里要注意的是$S_1+S_2=1$，也就是说信息份额的贡献值加起来是1（100%）。

本章将首先对境外人民币 NDF 汇率、境内人民币远期汇率与人民币即期汇率两两之间的动态关系进行如下检验：

(1) 对境外人民币 NDF 汇率、境内人民币远期汇率与人民币即期汇率这三组汇率利用单位根检验进行单整检验，以确定它们是否为同阶单整。

(2) 在同阶单整的前提下进行 Engle-Granger 的方法进行协整检验，验证它们是否两两之间存在协整关系。在动态关联性研究的基础上，本章尝试做两组的价格发现研究，即人民币远期市场与即期市场间的价格发现以及人民币境外 NDF 市场与人民币境内远期市场间的价格发现。

人民币远期市场与即期市场关系包括两组关系：①境外人民币 NDF 市场与人民币即期市场间的价格发现。②境内人民币远期市场与即期市场之间的价格发现。根据协整理论和共因子模型，境外 NDF 市场与即期市场、远期市场与即期市场之间如果存在协整关系，那么每组的两个市场之间就存在共同的有效价格。

根据共因子价格发现模型——信息份额模型得出上述境内外人民币远期与人民币即期市场间共同的价格发现过程中，境内外远期市场对价格发现的贡献。通过对比远期与即期市场的价格发现的贡献大小，可以找出到底是远期市场还是即期市场在价格发现中占据主导地位，而且也可以验证远期市场的信息效率。

对人民币远期汇率而言，境内远期市场和境外 NDF 远期市场对应的是同一种资产，其价格由其中两个远期市场中的信息决定（Determined or Discovered）。因为只是交易地点不同，套利使得境内远期价格与境外 NDF 远期价格维持基本均衡。两个价格在长期内由于套利的存在而趋同，而在短期内由于交易成本的存在又会背离。任何市场的价格偏离均衡价格的幅度不会太大，时间也不会太长。境内远期汇率和境外 NDF 远期汇率存在共因子，将此共因子称为隐含有效价格。有效价格是所有市场价格永久波动的来源。

本章根据信息份额模型对境内人民币远期与境外人民币远期间进行研究。通过比较同一合约期限的两种远期市场的价格发现的贡献大小，可以找出哪个远期市场是远期汇率定价的主导市场，哪个远期市场在远期市场的定价权更大，并且比较两个远期市场的信息效率，也即吸收信息和反映信息的能力。

第四节　价格发现应用模型与方法

一、单位根检验

传统的时间序列计量经济学通常假设其变量的时间序列为平稳时间序列(Stationary)，但实际上许多经济变量的均值和方差都不符合平稳性假设。若用传统的回归方法来估计此非平稳的时间序列，其回归方程会造成决定系数很高，变量 t 统计量异常显著，但 D-W 值很低的现象，此即为伪回归。因此在利用时间序列进行实证分析之前，先确认变量是否存在单位根的现象（即是否为平稳序列），已成为实证研究中不可或缺的步骤。

判断序列平稳特性通常是借助单位根检验方法。本书将运用 ADF 单位根检验方法对境内外人民币远期汇率的时间序列进行平稳性检验。

通常 ADF 单位根有以下三种形式：

（1）不带截距项：$\Delta p_t = \rho p_{t-1} + \sum_{i=1}^{m} \gamma_i \Delta p_{t-i} + \varepsilon_t$　　(6-5)

（2）带截距项：$\Delta p_t = \alpha + \rho p_{t-1} + \sum_{i=1}^{m} \gamma_i \Delta p_{t-i} + \varepsilon_t$　　(6-6)

（3）带线性时间趋势：$\Delta p_t = \alpha + \beta t + \rho p_{t-1} + \sum_{i=1}^{m} \gamma_i \Delta p_{t-i} + \varepsilon_t$　　(6-7)

m 为滞后项，原假设为 p_t 不存在单位根。如果参数 ρ 的 t 统计量小于临界值，则拒绝原假设，说明序列是一个平稳序列；如果 ρ 的 t 统计量大于临界值，则接受原假设，说明序列非平稳。

二、协整和误差修正模型

单整的定义为：如果序列 p_t 通过 d 次差分成为一个平稳序列，而这个序列差分 d－1 次时却不平稳，那么称序列为 d 阶单整序列，记为 $p_t \sim I(d)$。

对单个时间序列应用 ADF 单位根检验以及进行差分后的 ADF 单位根检验，

就可以找出该时间序列的单整阶数。

如果两个时间序列是同阶单整，即 $p_{1,t} \sim I(d), p_{2,t} \sim I(d)$；同时存在非零列向量 β，使得 $\beta'(p_{1,t},\ p_{1,t}) \sim I\ (d-b)$；$0 \leqslant b \leqslant d$；则 $p_{1,t}$ 和 $p_{2,t}$ 为 d，b 阶协整，记为（$p_{1,t}$，$p_{2,t}$）$\sim CI(d,\ b)$。

协整允许我们刻画两个或多个序列之间的平衡或平稳关系，协整可以看作是这种均衡关系的统计表示。如果两个价格满足协整关系，则意味着价格间不能互相独立地运动，被共同的价格发现系统联系在一起，长远而言这些变量具有均衡关系，这是建立和检验模型的基本出发点。虽然在短期内这些变量会因为随机干扰偏离均值，但这种偏离是暂时的，随着时间的推移将会回到均衡状态；如果不满足协整关系，这些变量之间不存在均衡关系，则变量的短期偏离是持久的。

从协整理论来说，自变量与因变量之间存在协整关系，也就是说，因变量能被自变量的线性组合所解释，两者之间存在稳定的均衡关系，因变量间不能被解释的部分构成一个残差序列，这个残差序列应该是平稳的。

本章采用的是 Engle 和 Granger 提出的协整检验方法，俗称两步法。这种检验方法是对回归方程的残差进行单位根检验。因此检验一组变量之间是否存在协整关系等价于检验回归方程的残差序列是否为一个平稳序列。

此检验方法分两步进行：

第一步，进行协整方程回归，得到残差：

$$p_{1,t} = \alpha + \beta p_{2,t} \tag{6-8}$$

$$\text{残差 resid} = p_{1,t} - (\hat{\alpha} - \hat{\beta} p_{2,t}) \tag{6-9}$$

第二步，使用单位根检验对协整方程中残差是否平稳进行检验；如果协整方程残差平稳，则表明存在协整关系，否则不存在协整关系。

Engle 和 Granger 将协整与误差修正模型结合起来，建立了向量误差修正模型。基本的 VAR 模型并没有考虑到协整的关系，如果系统中的变量都是 I(1) 的序列，且是非协整关系时，则可以利用差分过的变量进行 VAR 分析。但如果协整的现象存在，原始的 VAR 模型则无法捕捉长期的关系，因此我们必须将协整关系加入 VAR 模型里，并把它称为向量误差修正模型（VECM）。

在对境内外远期与即期市场三个市场中的两两汇率间进行协整关系检验后，我们建立以下的向量误差修正模型：

$$\begin{pmatrix}\Delta p_{1,t}\\ \Delta p_{2,t}\end{pmatrix}=\begin{pmatrix}c_1+\alpha_1 Q_{t-1}\\ c_2+\alpha_2 Q_{t-1}\end{pmatrix}+\begin{pmatrix}\sum\limits_{j=1}^{r}-A_{1,j}^{1}\Delta p_{1,t-j}-A_{1,j}^{2}\Delta p_{2,t-j}\\ \sum\limits_{j=1}^{r}-A_{2,j}^{1}\Delta p_{1,t-j}-A_{2,j}^{2}\Delta p_{2,t-j}\end{pmatrix}+\begin{pmatrix}\varepsilon_{1,t}\\ \varepsilon_{2,t}\end{pmatrix} \tag{6-10}$$

其中，Q_{t-1}为误差修正项，α_1和α_2为误差修正系数，反映的是变量之间的均衡关系偏离长期均衡状态时，将其调整到均衡状态的调整速度。所有解释变量的差分项的系数反映各变量的短期波动对作为被解释变量的短期变化的影响，我们可以剔除其中统计不显著的滞后差分项。

三、信息份额模型的具体计算

在上节建立了向量误差修正模型后，对式（6–6）的参数进行估计，将得到误差修正系数α_1、α_2的估计值以及$\begin{pmatrix}\varepsilon_{1,t}\\ \varepsilon_{2,t}\end{pmatrix}$的协方差矩阵$\begin{pmatrix}\sigma_{1,\varepsilon}^2 & \rho\sigma_{1,\varepsilon}\sigma_{2,\varepsilon}\\ \rho\sigma_{1,\varepsilon}\sigma_{2,\varepsilon} & \sigma_{2,\varepsilon}^2\end{pmatrix}$中的参数$\sigma_{1,\varepsilon}^2$、$\sigma_{2,\varepsilon}^2$和$\rho$的估计值，这些都是在信息份额模型中要应用到的参数。

根据 Baillie 等（2002）的推导，如果协方差矩阵Π为对角线矩阵，即价格间的扰动项不相关，这两个市场的信息份额为：

$$S_1=\frac{(\alpha_1\sigma_{1,\varepsilon})^2}{(\alpha_2\sigma_{1,\varepsilon})^2+(\alpha_1\sigma_{2,\varepsilon})^2};$$

$$S_2=\frac{(\alpha_1\sigma_{2,\varepsilon})^2}{(\alpha_2\sigma_{1,\varepsilon})^2+(\alpha_1\sigma_{2,\varepsilon})^2}$$

一般来说，市场 1 的价格变动与市场 2 的价格变动不相互独立，因此，为消除两个市场价格变动的交叉影响，将矩阵Π进行 Cholesky 分解，即$\Pi=MM'$，其中 M 为下三角矩阵。通过 Cholesky 分解得到$M=\begin{pmatrix}\sigma_{1,\varepsilon} & 0\\ \rho\sigma_{2,\varepsilon} & \sigma_{2,\varepsilon}(1-\rho^2)^{1/2}\end{pmatrix}$。显然 M 满足$MM'=\Pi$，那么 Hasbrouck 分解得到市场 1 的信息份额为：

$$S_1=\frac{(\alpha_1\rho\sigma_{2,\varepsilon}-\alpha_2\sigma_{1,\varepsilon})^2}{(\alpha_1\rho\sigma_{2,\varepsilon}-\alpha_2\sigma_{1,\varepsilon})^2+(\alpha_1(1-\rho^2)^{1/2}\sigma_{2,\varepsilon})^2}$$

市场 2 的信息份额为：

$$S_2=\frac{(\alpha_1(1-\rho^2)^{1/2}\sigma_{2,\varepsilon})^2}{(\alpha_1\rho\sigma_{2,\varepsilon}-\alpha_2\sigma_{1,\varepsilon})^2+(\alpha_1(1-\rho^2)^{1/2}\sigma_{2,\varepsilon})^2}$$

很明显，S_1和S_2之间满足$S_1+S_2=1$。

第五节　人民币远期市场价格发现的实证检验

一、数据选取与处理

本书的研究涉及三个市场：境内远期市场、境外 NDF 远期市场以及即期市场。数据选取 2005 年 10 月 24 日至 2008 年 10 月 14 日人民币境内远期汇率美元兑人民币报价、境外 NDF 美元兑人民币报价以及美元兑人民币现汇价格。

（1）2005 年 10 月 24 日至 2008 年 10 月 14 日，人民币即期汇率（Spot Rate）。数据来源于国家外汇管理局官方网站。

（2）2005 年 10 月 24 日至 2008 年 10 月 14 日，人民币无本金远期汇率（NDF），交易品种包括 1 月期、3 月期、6 月期、12 月期。数据来源于 Bloomberg。

（3）2005 年 10 月 24 日至 2008 年 10 月 14 日，人民币远期外汇汇率（Forward Rate），交易品种包括 1 月期、3 月期、6 月期、12 月期。数据来源于中国工商银行官方网站。

由于交易日并非一致，仅选取三地市场同一交易日的数据。远期汇率报价分别为期限合约为 1 个月、3 个月、6 个月以及 12 个月的数据。

本章运用上面提及的方法和选取的数据运用 EVIEWS 5.0 进行数据处理、参数估计以及信息份额的计算。在公式以及回归方程中将使用以下符号代表相关汇率数据的时间序列：即期汇率记为 S；境外远期汇率记为 NDF_n；境内远期汇率记为 FWD_n；其中下标 n 表示远期的各种期限品种，分别表示合约期限为 1 月期、3 月期、6 月期和 12 月期的远期汇率。

二、协整检验

建立向量误差修正模型以及运用信息份额模型的前提假设是两个价格之间满足长期均衡关系，即具有协整关系，因此应该首先研究境外人民币 NDF 汇率与即期汇率、境内人民币远期汇率与即期汇率以及境内人民币远期汇率与境外人民币 NDF 汇率两两之间是否具有协整关系。

根据协整的定义，当且仅当两个时间序列是同阶单整时，它们之间才存在协整关系。因此，我们首先采用 ADF 检验方法对人民币即期汇率以及合同期限为 1 个月、3 个月、6 个月和 12 个月的远期汇率（人民币 NDF 汇率和境内远期汇率）进行单位根检验，以检验这三组汇率的平稳性。

通常 ADF 单位根有以下三种形式：不带截距项、带截距项和带截距项以及线性时间趋势。由于三组汇率（境内、外远期汇率以及即期汇率）的均值都不为零，且不存在明显的时间趋势，故将选择不带有常数项和线性时间趋势项的方程形式进行 ADF 检验。

从表 6–1 和表 6–2 的单位根检验结果可以得到如下结论：所有的序列不能拒绝存在单位根的原假设，也就是说即期汇率与 1 月期、3 月期、6 月期和 12 月期的境外 NDF 汇率与境内远期汇率的时间序列都是非平稳序列。

表 6–1 人民币即期汇率的单位根检验（水平和一阶差分检验）

S_t	水平检验	t–Statistic	1.7634
		p value	0.9997
	一阶差分检验	t–Statistic	27.9856
		p value	0.0000

表 6–2 人民币远期市场的单位根检验（水平和一阶差分检验）

远期合约期限			n = 1	n = 3	n = 6	n = 12
水平检验	NDF_n	t–Statistic	1.129615	0.1187	–0.5656	–1.0793
		p value	0.9978	0.1341	0.8753	0.7256
	FWD_n	t–Statistic	–1.7991	0.9038	0.0961	–0.5044
		p value	0.3811	0.9956	0.9653	0.8876
一阶差分检验	NDF_n	t–Statistic	–26.0718	–24.9751	–24.9178	–9.5950
		p value	0.0000	0.0000	0.0000	0.0000
	FWD_n	t–Statistic	–15.2754	–23.4380	–32.7233	–24.3770
		p value	0.0000	0.0000	0.0000	0.0000

而即期汇率与 1 月期、3 月期、6 月期与 12 月期的境内外远期汇率的一阶差分单位根检验的 t 统计量均大于临界值，可以拒绝存在单位根的原假设。也就是说 FWD、NDF 和 S 的一阶差分序列均已平稳，因此可以判断所有期限合约的境内人民币远期汇率、境外 NDF 汇率以及即期汇率均服从一阶单整过程，即

S，FWD，NDF：I(1)。

在即期汇率与境内外人民币远期汇率均满足一阶单整的条件下，按照 Engle-Granger 的协整检验方法分别对各期限的境内人民币远期汇率与即期汇率、各期限的境外人民币 NDF 汇率与即期汇率作协整回归：

方程（1）$S=\alpha_1+\beta_1 FWD_n$ (6-11)

方程（2）$S=\alpha_2+\beta_2 NDF_n$ (6-12)

方程（3）$NDF_n=\alpha_3+\beta_3 FWD_n$ (6-13)

其中下标 n 表示远期的各种期限品种，分别表示合约期限为 1 个月、3 个月、6 个月和 12 个月的远期汇率；对上述 3 个方程进行回归，将得到各个方程的协整回归系数 α_1 和 β_1、α_2 和 β_2 以及 α_3 和 β_3 的参数估计，结果如表 6-3 所示。从表 6-3 中我们可以看到，所有协整回归方程的估计系数都是在 1%的置信水平下显著。在此基础上我们就可以进行协整回归后的残差平稳性检验，以验证这三个市场两两之间是否存在协整关系。

表 6-3　境内外远期市场与即期市场两两间的协整方程回归系数的估计

合约期限		n=1	n=3	n=6	n=12
方程（1）SPOT_NDF$_n$	$\hat{\alpha}_1$	0.0303***	0.0303***	0.7398***	1.5573***
	$\hat{\beta}_1$	1.0003***	1.0003***	0.9267***	0.8366***
方程（2）SPOT_FWD$_n$	$\hat{\alpha}_2$	2.4616***	2.4616***	0.5103***	1.2260***
	$\hat{\beta}_2$	0.6789***	0.6789***	0.9506***	0.8701***
方程（3）NDF$_n$_FWD$_n$	$\hat{\alpha}_3$	2.4422***	-0.0886***	-0.1694***	-0.2102***
	$\hat{\beta}_3$	0.6772***	1.0075***	1.0153***	1.0147***

注：*** 表示在 1%置信水平下显著，** 表示在 5%置信水平下显著，* 表示在 10%置信水平下显著。

$$RESID(1)=S-(\hat{\alpha}_1-\hat{\beta}_1 FWD_n) \quad (6-14)$$

$$RESID(2)=S-(\hat{\alpha}_2-\hat{\beta}_2 NDF_n) \quad (6-15)$$

$$RESID(3)=NDF_n-(\hat{\alpha}_3-\hat{\beta}_3 FWD_n) \quad (6-16)$$

接下来分别对 3 个协整方程的残差进行 ADF 单位根检验，结果如表 6-4 所示。

表 6-4 残差序列的 ADF 单位根检验结果

合约期限		n = 1	n = 3	n = 6	n = 12
RESID（1）	t-Statistic	-2.9427	-1.9684	-1.2601	1.9675
	Prob.	0.0032	0.0047	0.1914	0.9886
RESID（2）	t-Statistic	-3.9490	-2.0003	-1.0200	0.1911
	Prob.	0.0001	0.0435	0.2770	0.7415
RESID（3）	t-Statistic	-4.0325	-3.8962	-3.1684	-2.5322
	Prob.	0.0001	0.0001	0.0015	0.0111

从表 6-4 可以得出以下结果：

（1）在远期市场与即期市场间，只有 1 月期和 3 月期的人民币境内外远期汇率与即期汇率满足协整关系。6 月期与 12 月期的境内远期汇率与即期汇率以及境外 NDF 汇率与即期汇率进行协整回归后的残差序列并非平稳序列，因此 6 月期和 12 月期的人民币境内远期汇率与即期汇率之间以及人民币境外 NDF 汇率与即期汇率之间不满足协整关系。

（2）人民币境外 NDF 汇率与人民币境内远期汇率间所有合约期限的人民币境外 NDF 汇率与人民币境内远期汇率之间都满足协整关系。

三、向量误差修正模型的建立

经过协整检验，可以得知：1 月期和 3 月期的人民币境内外远期汇率与即期汇率满足协整关系；所有同一合约期限的人民币境外 NDF 汇率与人民币境内远期汇率之间都满足协整关系。下一步，我们根据协整的结果分别对上述三个人民币外汇市场两两之间建立误差修正模型（VECM）。

本章只对满足协整关系的 1 月期和 3 月期的远期汇率与即期汇率之间建立 VECM 模型并进行参数估计。根据 AIC、BIC 准则选择滞后阶数，当滞后项为 2 时，AIC、BIC 值最小，分别建立以下向量误差修正模型的方程组并且估计方程组内的系数：

（1）方程组 1：1 月期与 3 月期人民币 NDF 汇率与即期汇率（SPOT_NDF）。

$$\begin{cases}\Delta S_t = \alpha_t + \lambda_t R_{t-1} + h_{1,t}\Delta NDF_{t-1} + l_{1,t}\Delta S_{t-1} + h_{2,t}\Delta NDF_{t-2} + l_{2,t}\Delta S_{t-2} \\ \Delta NDF_t = \alpha_t + \lambda_t R_{t-1} + h_{1,t}\Delta NDF_{t-1} + l_{1,t}\Delta S_{t-1} + h_{2,t}\Delta NDF_{t-2} + l_{2,t}\Delta S_{t-2}\end{cases} \quad (6-17)$$

（2）方程组 2：1 月期与 3 月期人民币境内远期汇率与即期汇率（SPOT_FWD）。

$$\begin{cases}\Delta S_t = \alpha_t + \lambda_t R_{t-1} + l_{1,t}\Delta S_{t-1} + h_{1,t}\Delta FWD_{t-1} + l_{2,t}\Delta S_{t-2} + h_{2,t}\Delta FWD_{t-2} \\ \Delta FWD_t = \alpha_t + \lambda_t R_{t-1} + h_{1,t}\Delta NDF_{t-1} + \beta_{1,t}\Delta FWD_{t-1} + h_{2,t}\Delta NDF_{t-2} + \beta_{2,t}\Delta FWD_{t-2}\end{cases} \tag{6-18}$$

其中，λ 是误差修正系数；R 是该组关系对应的协整项；$l_{1,t}$ 和 $l_{2,t}$ 分别是 ΔS_{t-1} 和 ΔS_{t-2} 的系数；$h_{1,t}$ 和 $h_{2,t}$ 分别是 ΔNDF_{t-1} 和 ΔNDF_{t-2} 的系数；$\beta_{1,t}$ 和 $\beta_{2,t}$ 分别是 ΔFWD_{t-1} 和 ΔFWD_{t-2} 的系数。

境内外远期汇率与即期汇率间的误差修正模型系数估计结果在表 6–5 和表 6–6 中给出：

表 6–5　1 月期的人民币远期市场与即期市场的 VECM 系数估计结果

方程组	1）SPOT_NDF		2）SPOT_FWD	
自变量 \ 因变量	ΔS_t	ΔNDF_t	ΔS_t	ΔFWD_t
R_{t-1}	–0.0405***	–0.0234***	–0.0031*	0.9648***
ΔS_{t-1}	–0.2195***	0.23900***	–0.0373*	0.9800*
ΔS_{t-2}	–0.1043**	0.1224**	0.0009*	2.1931*
ΔNDF_{t-1}	0.2072***	–0.1254**		
ΔNDF_{t-2}	–0.0107*	–0.1196**		
ΔFWD_{t-1}			–0.0031*	–0.0044*
ΔFWD_{t-2}			–0.0014*	–0.0018*

注：*** 表示在 1%置信水平下显著，** 表示在 5%置信水平下显著，* 表示在 10%置信水平下显著。

表 6–6　3 月期的人民币远期市场与即期市场的 VECM 系数估计结果

方程组	1）SPOT_NDF		2）SPOT_FWD	
自变量 \ 因变量	ΔS_t	ΔNDF_t	ΔS_t	ΔFWD_t
R_{t-1}	–0.0161***	–0.0064*	–0.0231***	–0.0133***
ΔS_{t-1}	–0.1673***	0.2562***	–0.1177***	0.4879***
ΔS_{t-2}	–0.0950**	0.0971*	–0.0778**	0.1531***
ΔNDF_{t-1}	0.1080***	–0.0097		
ΔNDF_{t-2}	–0.0181*	–0.1100*		
ΔFWD_{t-1}			0.0332*	–0.4016***
ΔFWD_{t-2}			–0.0236*	–0.1999***

注：*** 表示在 1%置信水平下显著，** 表示在 5%置信水平下显著，* 表示在 10%置信水平下显著。

由于信息份额模型是通过利用误差修正项以及残差的协方差矩阵作为参数进行信息份额的计算，所以误差修正项在统计上显著是信息份额计算的前提，而从表 6–7 和表 6–8 的结果显示，所有合约期限的境外 NDF 汇率与境内远期汇率之间的误差修正系数都是显著的，这也确保了信息份额模型的有效性。

再讨论境内外远期合约 FWD 和 NDF 之间的信息份额计算，类似于式（6–17）和式（6–18），建立如下误差修正模型方程：

$$\begin{cases}\Delta NDF_t = \alpha_t + \lambda_t R_{t-1} + h_{1,t}\Delta NDF_{t-1} + \beta_{1,t}\Delta FWD_{t-1} + h_{2,t}\Delta NDF_{t-2} + \beta_{2,t}\Delta FWD_{t-2} \\ \Delta FWD_t = \alpha_t + \lambda_t R_{t-1} + h_{1,t}\Delta NDF_{t-1} + \beta_{1,t}\Delta FWD_{t-1} + h_{2,t}\Delta NDF_{t-2} + \beta_{2,t}\Delta FWD_{t-2}\end{cases} \quad (6\text{–}19)$$

其中，λ 是误差修正系数；R 是该组关系对应的协整项；$h_{1,t}$ 和 $h_{2,t}$ 分别是 ΔNDF_{t-1} 和 ΔNDF_{t-2} 的系数；$\beta_{1,t}$ 和 $\beta_{2,t}$ 分别是 ΔFWD_{t-1} 和 ΔFWD_{t-2} 的系数。

境内与境外人民币远期市场误差修正模型系数估计结果见表 6–7 和表 6–8。从表 6–7 和表 6–8 的结果显示，所有合约期限的境外 NDF 汇率与境内远期汇率之间的误差修正系数都是显著的，那么对 NDF 汇率与境内远期汇率间进行信息份额的计算也是有意义的。

表 6–7　1 月期与 3 月期的境内与境外人民币远期汇率误差修正模型系数估计结果

合约期限	1 月期		3 月期	
因变量 / 自变量	ΔNDF_t	ΔFWD_t	ΔNDF_t	ΔFWD_t
R_{t-1}	–0.0034*	0.9635***	–0.0363**	0.06040***
ΔNDF_{t-1}	0.0354*	0.1976*	0.0647*	0.1766***
ΔNDF_{t-2}	0.0067*	1.8842*	–0.0646*	0.1089***
ΔFWD_{t-1}	–0.0030*	–0.0101*	0.0606*	–0.3305***
ΔFWD_{t-2}	–0.0026**	–0.004*	0.0298*	–0.1776***

注：*** 表示在 1%置信水平下显著，** 表示在 5%置信水平下显著，* 表示在 10%置信水平下显著。

表 6–8　6 月期与 12 月期的境内与境外人民币远期汇率误差修正模型系数估计结果

合约期限	6 月期		12 月期	
因变量 / 自变量	ΔNDF_t	ΔFWD_t	ΔNDF_t	ΔFWD_t
R_{t-1}	–0.0034*	0.9635***	–0.0144*	–0.0361***
ΔNDF_{t-1}	0.0760*	–0.1657***	0.0150*	0.1668***
ΔNDF_{t-2}	–0.0317	–0.1288*	0.0289	0.1525***
ΔFWD_{t-1}	0.0729*	–0.2826***	0.0343*	–0.3637***
ΔFWD_{t-2}	0.0800*	–0.1281***	0.0473	–0.1694***

注：*** 表示在 1%置信水平下显著，** 表示在 5%置信水平下显著，* 表示在 10%置信水平下显著。

四、信息份额模型的量化分析

根据 Hasbrouck 分解，可以计算各个市场的价格发现贡献额。Cholesky 分解对向量误差修正（VECM）模型中的第一个市场的价格会有比较大的信息份额，因此通过改变 VECM 模型中的变量的顺序可以得到变量信息份额的上下限。当市场 j 处于第一个变量时，得到的信息份额为其上限；处于最后一个变量时，得到的信息份额为其下限。而且，市场之间的相关性越强，上限越大，下限越低。本章计算的信息份额是通过改变模型中的变量顺序得到上下限的平均值计算出来的。

表 6-9　1 月期与 3 月期的境内外远期市场与即期市场的信息份额的大小

	合约期限	SPOT	NDF_n	SPOT	FWD_n
信息份额（%）	n=1	38.3	61.7	43.4	56.6
	n=3	55.1	44.9	53.4	46.6

表 6-10　所有合约期限的境内外远期市场与即期市场的信息份额的大小

	合约期限	n=1	n=3	n=6	n=12
信息份额（%）	NDF_n	60.9	50.2	53.5	83.5
	FWD_n	39.1	49.8	46.5	16.5

我们可以从表 6-9 和表 6-10 中得到以下结论：

1. 关于境内外远期市场与即期市场的共因子价格发现

（1）1 月期的境内外远期汇率在共因子的价格发现中占主导地位，其贡献值分别为 61.7%和 56.6%，这说明 1 月期的境内远期市场都有着较明显的对即期汇率的价格发现功能。

（2）3 月期的境内外远期市场在共因子价格发现中占次要地位，其贡献值跟 3 月期的远期市场的贡献值相反。

2. 境内远期市场与境内 NDF 远期市场间的价格发现

合同期限为 1 个月、3 个月、6 个月和 12 个月的境外 NDF 市场对价格发现的贡献较大，信息份额分别为 60.9%、50.2%、53.5%和 83.5%。所有合约期限的境外 NDF 市场在远期市场共同的价格发现中都占有主导地位。这就意味着境外 NDF 市场对价格发现功能较强。

五、实证结果总结

(1) 1月期、3月期、6月期和12月期的境内外远期汇率以及即期汇率都服从一阶单整。

(2) 关于远期市场与即期市场间，只有1月期和3月期品种的境内外远期汇率与即期汇率之间满足协整关系，即只有1月期和3月期品种的境内外远期外汇市场具有价格发现功能；其中，1月期的境内外远期汇率在价格发现中做出主要贡献，占主导地位。而3月期的结果刚好相反。

(3) 所有品种（1月期、3月期、6月期和12月期）在境内外远期市场间都满足协整关系，而且信息份额模型的结果显示，所有品种的境外NDF市场在远期汇率的价格发现中做出主要贡献，占主导地位。

第六节 本章结论

本章研究得出以下结论：

(1) 短期品种（1月期和3月期）的人民币境内外远期市场与人民币即期市场间有着长期稳定的均衡关系，其中1月期品种的境内外远期市场比3月期品种的价格发现功能更显著，更具有信息效率。

人民币境内外远期市场与人民币即期汇率之间是金融衍生品与标的物的关系，衍生品和标的物之间有着密不可分的联系。短期品种的人民币境内外远期市场与人民币即期汇率之间有着共同的价格发现过程，它们之间的汇率满足长期均衡的关系。而在这个共同的价格发现过程中，1月期的境外NDF汇率和境内远期汇率均比即期汇率在价格发现过程中做出的贡献要大，其信息份额分别为61.7%和56.6%。这也意味着1月期的境内外远期汇率在价格发现过程中均占主导地位。

1月期的境内外远期市场由于临近交割，其成交量会比未临近交割的远期市场活跃，其成交量会扩大，所以其对信息的反应极其灵敏，所以吸收和反映信息的速度也较快。这也就意味着其需求和供给都会因临近交割而放大，使得对市场信息的反映和吸收的能力增强。这也使得1月期的境内外远期市场对即期市场的引导力增加，其在共同的价格发现过程中占据主导地位。

信息效率是吸收和反映信息的能力，只有发挥了其价格发现功能才具有较强信息效率，因此可以说，1 月期品种的境内和境外远期汇率比 3 月期品种的境内外远期汇率更具有信息效率。

（2）人民币境外 NDF 市场与人民币境内远期市场之间有着长期的均衡关系。而从对价格发现过程的信息份额贡献的角度来看，人民币境外 NDF 市场更具有信息效率，在远期汇率的价格发现过程中占据主导地位。

人民币境外 NDF 汇率和人民币境内远期汇率之间对应的其实是同一种汇率，只是交割的方式有所不同，所以它们之间会存在长期均衡的关系。它们共同决定了人民币远期汇率的走势。而在境内远期与境外 NDF 的价格发现过程中，合同期限为 1 个月、3 个月、6 个月和 12 个月的境外 NDF 市场对价格发现的贡献较大，也即境外 NDF 市场在远期汇率定价中占主要地位。

境外 NDF 市场在价格发现中占主要地位，主要是因为人民币 NDF 市场自产生以来发展较为迅速，远远超过境内远期外汇市场的发展速度。根据国际清算银行的有关统计数据和推测，2001 年 4 月人民币 NDF 日交易量约为 0.55 亿美元，只占亚洲 5 种主要货币 NDF 交易总量的 7.6%，是交易量最小的货币，而在 2007 年，人民币 NDF 日交易量已猛增至约 30 亿美元。而 2005 年 8 月启动的银行间远期外汇市场才是真正意义上的远期外汇市场，但发展时间较短，市场还不够成熟。

而从微观市场角度来看，人民币境内外市场在做市商存货管理以及标价方面存在的差异造成了信息效率的不同。

在境内人民币远期市场上，由于在客户与银行间的远期结售汇交易要求实需，因此银行间市场上也是以实需为基础，主要是结售汇市场的平补市场，这不利于做市商管理存货和合理报价。因为境内人民币远期市场实行实需原则，这就阻碍了做市商利用远期市场自身波动进行套利的活动，从而导致做市商吸收美元存货后，远期市场缺少美元的买盘，不利于其对冲外汇存货风险，并且也限制了远期价格的波动和弹性。做市商为了限制结汇量，降低外汇存货贬值风险，就会扩大买卖价差，从而造成远期价格与实际情况的偏离。而在人民币 NDF 市场上，由于没有实需原则的限制，做市商可以进行投机套利活动，于是就可以利用不同时期市场对人民币汇率预期的差异和 NDF 市场的波动进行跨期套利（或称基差套利）。根据中国香港金融管理局的报告，跨期套利是最常用的人民币无本金交割远期合约的交易策略，即同时买入和卖出不同到期时间的无本金交割远期合约的交易，这是一种利用不同期限的远期合约之间的价差（基差）进行的一种套利。因此即使是在人民币单边升值的情况下，人民币 NDF 市场的不同远期合约依然有美元买盘接手，从而维持市场的流动性和交易量，一方面有利于做市商管理对冲存货风险和合理报价，另一方面也有利于形成有弹性的不同期限结构的远期汇率。

境内远期市场做市商与境外无本金交割远期市场做市商相比，外汇投资渠道受到较大限制，这影响了境内做市商管理外汇存货的能力，从而限制了其主动报价的意愿。在人民币单边升值的情况下，境内人民币远期市场的做市商结汇量远远超过售汇量。做市商面临人民币升值的汇率风险。由于对外汇投资渠道的限制，做市商对冲风险的渠道受到较大限制，因此做市热情不高。做市银行为限制结汇量，拉大买卖价差，从而提高了企业利用远期结售汇进行套期保值的成本，不利于市场交易量的扩大。

实证结果显示境外人民币 NDF 市场在远期汇率定价中占据主导地位。我国应继续加强建设境内远期市场，只有这样才能加强我国境内人民币远期外汇市场的价格发现功能，增强对远期汇率的定价权。在人民币境内远期市场尚不发达的阶段积极发展境内远期市场，培养其作为汇率定价中心的影响力；从长期来看，即期汇率、境内远期汇率以及境外 NDF 汇率之间的一体化是不可避免的趋势，但如果境内人民币远期市场影响力足够大，就能在最大程度上减弱境外 NDF 市场的影响。

我国目前应寻求机会逐步开放 NDF 交易，打通境内远期市场和境外非本金交割远期市场，进一步争夺 NDF 市场以及推进境内外外汇市场的一体化。在目前国内对人民币资本跨境流动仍有限制的情况下，人民币 NDF 远期汇率主要反映的是境外投资者对人民币汇率的预期及供求关系，而境内远期汇率反映的是国内企业及银行对人民币汇率的未来供求关系，这两个市场存在一定差异性。我国应尽快拓宽境内企业到境外投资外汇产品以规避汇率风险，并在发展境内汇率市场的基础上，吸引境外投资者购买我国的外汇产品，从而扩大需求层面和吸收市场信息的渠道，使得境内远期市场更具有信息效率。

下篇

人民币外汇衍生品套期保值研究

前文研究已经表明，人民币远期汇率与即期汇率存在着紧密的动态相关性，并且存在着价格引导关系。随着人民币汇率风险逐步凸显，如何运用人民币远期外汇市场交易有效对冲汇率风险已成为金融风险控制领域的前沿论题。在前文关于市场特征及相关性的研究结论基础上，本研究将进一步结合运用即期与境内外远期市场，探讨套期保值模型与实施策略。本部分主要围绕人民币远期套期保值方法、套期比率优化及套期效率评价等问题展开论述，内容包括第七章到第十一章。研究从静态到动态，结合经典模型和前沿方法逐步展开。

本篇首先在传统的方差最小化套期比率的基础上加以改进。第七章运用误差修正模型对比研究境内外人民币远期市场的套期保值绩效，发现应用短期远期品种进行套期保值可达到较好的效果。第八章则将模型扩展为动态变化型展期套期保值模型，并针对该模型提出了动态跟踪调整策略。通过人民币兑美元即期、远期市场的实证研究表明：变化型展期套期保值模型的套期保值绩效大幅显著提高。变化型展期套期保值模型对远期外汇合约的种类及进入和退出的时间没有限制，能够引入更多的远期合约，构造套期保值组合分散风险；同时能够根据实际情况灵活制定展期策略，有效减少汇率波动的风险。在此基础上，我们在第九章对多个远期外汇市场的动态套期效果进行研究。首次运用 BV-GARCH 和 GARCH-ECM 动态最优套期保值模型研究了境内外人民币远期市场的套期保值绩效，发现在两个市场上应用 GARCH-ECM 模型的套期效果更好。由于境内远期市场起步较晚，交易规模、市场化程度等多方面都不及较为发达的境外 NDF 市场。因此，我们建议深化外汇管理体制改革，积极发展境内人民币远期市场。

此外，本篇研究还尝试了前沿的风险度量方法。第十章在极值理论框架下得到基于相对 VaR 的最优套期保值比率的解析表达式，通过双变量 GARCH（1，1）模型建立境内银行间人民币远期以及境外人民币远期（NDF）和即期外汇市场的实证模型，比较两市场在相对 VaR 下与最小方差套期比率下的套期保值效率，发现相对 VaR 下的套期保值效率更优。此外，风险的下偏矩（Lower Partial Moment，LPM）也是一种较好的风险测度。但是收益序列的联合分布不确定的情况给 LPM 计量套期保值的下方风险带来困难。第十一章运用 Copula-GARCH 方法对收益序列数据进行拟合，解决了 LPM 模型中因联合分布函数不确定所带来的计算和研究困难。通过绩效比较我们发现，无论在远期市场还是 NDF 市场，LPM 模型的绩效都比最小方差的绩效要好。

本部分研究的主要创新点在于研究方法方面。我们在模型研究上结合使用 VaR、LPM 等新型的风险度量方法和优化准则，采用 Copula 等方法进行数据拟合分析，并通过 BV-GARCH 等方法扩展到动态套期保值，使得套期效率较之传统方法有大幅度提升。本篇使用多种套期保值方法，在境外 NDF 市场和境内远期市场之间比较套期保值效率，由于模型方法的不同结果发现两个远期市场间各有所长，并不能完全确定某一市场的绝对优势。因此，投资者可根据套期保值目标与方法的不同来选择市场更好地完成风险对冲。此外，我们还尝试了套期保值的动态调整策略，这些都为套期保值理论更好地应用提供了基础和依据，具有理论和实践意义。

第七章 境内外人民币远期市场套期保值效率研究

第一节 引言

自2005年汇率制度改革以来，人民币汇率波动愈加剧烈，伴随人民币汇率的不断变化，企业和相关机构愈加重视外汇风险管理的重要性。规避汇率风险的重要途径是在远期市场上套期保值。目前人民币远期市场存在两个远期市场，即境内远期市场和境外无本金交割远期（Non-Deliverable Forward，NDF）市场。因此在市场选择上产生以下问题：哪一个市场套期保值绩效更优？境内人民币远期市场能否成为效率更高的套期保值市场？国家外汇管理局对境内远期市场交易活动的限制和对境外NDF市场参与的禁止，对基于风险管理需求的参与者来说是否有益？本章将回答这些问题，为企业及相关机构规避外汇风险提供建议。

2005年8月，作为人民币汇率改革的配套措施之一，中国外汇交易中心正式推出银行间远期外汇交易品种，2006年1月4日银行间外汇市场引入13家人民币做市商银行的同时，也允许这13家做市商银行利用即期交易为远期交易套期保值。境内远期市场发展迅速，截至2007年底，共有81家中外资银行及其分支机构进行银行间远期外汇交易。与此同时，境外存在着无本金交割远期市场，它产生于20世纪90年代的中国香港和新加坡，发展初期较为缓慢，交易不太活跃。进入2000年以后，人民币升值的呼声越来越高，NDF交易市场日渐活跃，参与队伍除原有的国际大银行之外，还吸引了大量的机构投资者。

因此，当前人民币外汇远期市场存在两个远期市场，即我国境内的人民币远期市场和境外NDF市场。前者的交易活动有严格的限制，必须遵循国家外汇管理局规定的“实需原则”，即如果市场参与者在结算日之前还不能提供进出口贸易或其他保值背景的证明文件，那么已经缔结的合同将是无效的，银行有权终止合同，参与者必须自己承担由此产生的后果，目的在于杜绝人民币远期市场的投机行为。所有远期外汇交易都必须对应实际的经常项目收支，针对一般以真实贸易为背景以规避汇率风险为主要目的的企业，市场的供求稳定性较高。而离岸的 NDF 市场作为亚洲最主要的 NDF 市场之一，可以满足国内外机构和国际交易者在实需原则之外对人民币汇率的投机和套利需求，交易相当活跃，交易量大，国际游资可以自由出入。所以一方面，境内市场受实需原则的约束，外国投资者无法自由出入；而另一方面，我国也不允许境内机构参与境外的 NDF 市场。2006 年 10 月，国家外汇管理局加强了境内机构进入 NDF 市场的管理，发布禁令再次强调境内机构和个人未经批准不得从事境外人民币对外汇衍生品交易，对一些私自进行 NDF 交易的境内机构进行了约束，境内外人民币远期市场的参与者一直以来都是分割的。

第二节　文献回顾

一直以来，普遍的观点都认为境外 NDF 市场对于境内人民币汇率的形成存在影响，但其传导机制和影响效果还存有争议。争论的焦点主要集中于 NDF 汇率和境内人民币汇率之间是否存在互为引导关系、哪个市场是汇率形成的主导力量等方面（黄学军等，2006；代幼渝等，2007；陈蓉等，2008）。在汇改前后这一时间段的研究中，由于当时境内人民币汇率形成机制的市场化程度不深、参与范围还不广泛，尤其是境内银行间远期外汇市场才刚刚起步，所以市场建设和定价能力还处在发展完善阶段。同时，NDF 汇率的变动主要受国内外政治、经济变量变动的影响，并通过跨市套利和投资气氛的溢出对境内的即期和远期汇率产生影响（如黄学军等，2006），研究关于人民币远期定价权问题，结果表明境内人民币远期市场尚未摆脱境外 NDF 市场的影响，NDF 市场仍是影响人民币远期定价的主要因素。

而 2006 年第二季度的央行货币政策报告认为境内人民币远期市场已掌握了人民币远期定价的主导权（陈蓉等，2008）。NDF 汇率逐渐呈现出受境内远期汇率引导的迹象，如代幼渝和杨莹（2007）对 NDF 汇率、境内即期汇率和远期汇率的关系进行了考察，三者之间的格兰杰因果检验表明境内远期和即期汇率是NDF汇率的格兰杰原因，并引导NDF汇率的走势。其中，境内远期市场更具信息优势，且对即期市场汇率也存在短暂的影响，已成为人民币外汇市场的信息中心。陈蓉等（2008）的实证研究也表明在2006年10月以后，境内人民币远期市场一改之前的被动状态，与NDF市场一起发挥了远期市场的价格发现功能，对即期汇率具有显著的引领作用；同时境内远期市场对NDF市场有显著的波动溢出效应，成为影响的输出者。

可见，境内人民币远期市场在波动信息输出和人民币远期定价权方面扮演着越来越重要的角色。套期保值作为汇率远期市场的重要功能之一，其绩效如何更是引人关注。境内人民币远期市场套期保值绩效如何？国家外汇管理局禁止境内企业及相关机构参与境外NDF市场交易，对基于风险管理需求的参与者来说是否有益？本章希望在这方面的研究有所拓展，运用误差修正模型比较分析境内外人民币远期市场的套期保值绩效。

在套期保值的理论和实务中，最优套期保值比率的确定是其核心问题。目前，对套期保值比率的研究分为两类：一类是从组合资产收益风险最小化的角度，研究最小风险套期保值比率（Risk-Minimizing Hedge Ratios）；另一类是同时考虑组合资产收益和收益方差，从效用最大化的角度研究均值—风险套期保值比率（Mean-Risk Hedge Ratios）。本章对人民币汇率远期市场的研究考察的是最小风险套期保值比率及其绩效的问题。

期货市场套期保值策略的运用问题研究经历了几个阶段：自从Johnson（1960）和Stein（1961）开始引入Markowitz（1952）的资产组合理论来解释套期保值问题后，通过最小化套期保值组合的方差，也就是风险，来得到收益方差最小的最优套期保值比率（Optimal Hedge Ratios，OHR），这使套期保值比率与绩效问题逐渐成为期货市场研究的热点。Ederington（1979）将这一理论继续发展成以OLS方法为基础来估计最小方差套期保值比率，并做了实证研究。在具体计算中他用OLS方法对期货价格的变化量和现货价格的变化量之间进行线性拟合，由于该值在整个套期保值过程中是一个常数，因此我们称之为静态最优套期保值比率。随后Witt（1987）概括了几个估计套期保值比率的常用公式，来代表传统方法进行套期保值比率的估计。

最小方差（MV）套期保值比率的优点在于其直观性和易操作性。然而随着计量经济学中时间序列分析方法的发展，该模型受到越来越多的批评。主要是因为使用OLS回归所得到的残差存在自相关问题，并不满足经典线性回归模型的基本假设。Herbst 等（1989）和 Myers 等（1989）后来提出了双变量自回归模型（B-VAR），消除残差自相关。Lien 和 Luo（1993）、Ghosh（1993）与 Chou 等（1996）均发现期货价格序列与现货价格序列之间存在协整关系。Ghosh（1993）建立了误差修正模型 ECM，同时考虑了现货和期货价格非平稳性、长期均衡关系以及短期动态关系，并通过实证发现：当不恰当地忽略协整关系时，所计算出的套期保值比率将小于最优值。Lien（1996）的研究为协整关系如何影响最优套期保值比率提供了理论支持，他指出套期保值者如果忽视协整关系，那么他将得到一个相对较低的最小风险套期保值比率，同时套期保值效果也会相应地变差。Chou Fan 和 Lee（1996）用类似的方法对日经指数的最优套期保值比率进行了比较，结果发现，误差修正模型（ECM）比 OLS 方法更能有效地对冲现货头寸的风险。

国内对于最优套期保值比率的研究主要以讨论期货市场为主要研究对象。如史晋川、陈向明及汪炜（2006）利用 Ghosh 误差修正模型 ECM 和简化的误差修正模型 S-ECM 估计我国铜期货合约的最小风险套期保值比率及其有效性，发现忽略协整关系的套期保值有效性有所降低，从而得到考虑协整关系有助于提高我国铜期货合约套期保值效果的基本结论。本章首次探讨人民币汇率远期市场套期保值研究，对比境内外远期市场的套期保值绩效。

第三节　数据描述与研究方法

一、数据来源及处理

本章比较研究境内人民币远期市场和境外 NDF 市场的套期保值问题，基于境内人民币远期市场在初期交易并不活跃，自 2005 年 7 月 21 日人民币汇率制度改革后，人民币波动幅度增加，并且随着我国对外开放程度不断提高，对外经贸关系日益紧密，大量资本跨境流动，使得境内外居民和企业面临的汇率风险不断增加，从而活跃了外汇远期市场。因此，整体上我们的数据选取了自 2005 年 7 月 22 日至 2007 年 10 月 31 日人民币 NDF 以及境内人民币银行间远期市场的每日美元兑人民币远期汇价。本章所使用的境外 NDF 市场数据来源于

Bloomberg数据库，境内银行间远期汇率数据来源于中国外汇交易中心，即期汇率数据来源于国家外汇管理中心网站。在远期合约期限的选择上，由于目前市场上主要交易的是短期品种，我们选择远期期限为1个月和3个月的远期合约为研究对象。对每个期限都进行了时间匹配，只保留了两个市场同时交易的交易日数据，删除了只有个市场交易的数据，同时与人民币即期汇率相匹配。

另外，由于境内人民币远期市场成立之初交易并不活跃，市场发展还不成熟，但经过一年的时间，市场得到了迅速的发展。同时，尽管我国一直限制境内企业涉足境外NDF市场，但还是有不少境内企业私自利用NDF市场进行风险规避、套利或投机。2006年10月国家外汇管理局发文重申禁止境内企业进入NDF市场，因此研究以2006年9月30日为分界点，以样本一表示2005年8月至2006年9月30日，样本二表示2006年9月至2007年10月，比较样本期间境内人民币远期市场的最优套期保值比率和套期保值绩效是否发生变化。其中，用S_t表示即期汇率，n表示远期外汇合约的远期期限，$FWD_{t,n}$表示t时刻远期期限为n的境内人民币远期汇率报价，$NDF_{t,n}$表示t时刻远期期限为n的人民币NDF远期汇率报价。

二、研究方法

本章运用Ghosh（1993）提出的误差修正模型估计最小方差套期保值比率，该模型在B-VAR模型的基础上引入误差修正项，考虑了前期均衡误差的影响。Granger（1987）等认为，B-VAR模型虽然解决了OLS模型中残差项自相关问题，但忽略了现货价格和期货价格之间的协整关系对套期保值比率的影响。协整关系对描述现货价格和期货价格之间的关系十分重要，Ghosh根据Granger和Engle的协整理论提出了估计套期保值比率的误差修正模型，这一模型同时考虑了现货价格和期货价格的非平稳性、长期均衡关系以及短期动态关系，建立如下VECM模型：

$$\Delta S_t = \alpha_s + \lambda_s Z_{t-1} + \sum_{i=1}^{m} \beta_{si}\Delta S_{t-i} + \sum_{j=1}^{n} \gamma_{sj}\Delta F_{t-j} + \varepsilon_{st} \tag{7-1}$$

$$\Delta F_t = \alpha_f + \lambda_f Z_{t-1} + \sum_{i=1}^{m} \beta_{fi}\Delta S_{t-i} + \sum_{j=1}^{n} \gamma_{fj}\Delta F_{t-j} + \varepsilon_{ft} \tag{7-2}$$

式（7-1）中，Z_{t-1}为误差修正项，与B-VAR模型相比，ECM模型中只是增加了一个误差修正项，它表示现货价格与期货价格之间的长期均衡关系，是现货价格和期货价格的一个平稳的线性组合。在 ECM 模型中，λ_s和 λ_f 至少有一个不等于零。Myers 和 Thompson（1989）给出了下面的回归模型：

$$\Delta S_t = \alpha + h^*\Delta F_t + \lambda Z_{t-1} + \sum_{i=1}^{m} \beta_i \Delta S_{t-i} + \sum_{j=1}^{n} \gamma_j \Delta F_{t-j} + \varepsilon_t \quad (7-3)$$

假设 $\alpha_s = \alpha_f = 0$，$m = n = 0$，令 $\varepsilon_{st} = h^*\varepsilon_{ft} + \varepsilon_t$，$\alpha = \alpha_s - h\alpha_f$，$\beta_i = \beta_{is} - h\beta_{if}$，$\gamma_j = \gamma_{sj} - h\gamma_{fj}$，$\lambda = \lambda_s - h\lambda_f$，这时得到 VECM 模型。根据式 VECM 模型投资组合的最小方差套期保值比率是 $Cov(\varepsilon_{st}, \varepsilon_{ft})/Var(\varepsilon_{ft})$，恰好是上式中的 h^*，也就是所要估计的最优套期保值比率。Chou 等（1996）用这个方法研究香港恒生指数的套期保值绩效问题，证明了该方法优于普通最小二乘法。Lien 和 Luo（1993），Ghosh（1993）以及 Wahab 和 Lashgari（1993）都证明了考虑协整关系得到的最优套期保值比率进行套期保值的绩效更佳。

Ederington（1979）给出了套期保值有效性的衡量指标，即与未参与套期保值时收益方差相比，参与套期保值后收益方差的减少程度。未参与套期保值方差 $Var(U_t)$ 和参与套期保值收益方差 $Var(H_t)$ 可以分别表示为：

$$Var(U_t) = Var(\Delta S_t) \quad (7-4)$$

$$Var(H_t) = Var(\Delta S_t) + h^2 Var(\Delta F_t) - 2hCov(\Delta S_t, \Delta F_t) \quad (7-5)$$

其中，$H_t = \Delta S_t - h_t \Delta F_t$，于是可以得到套期保值绩效指标 HE（Hedging Effects）：

$$HE = \frac{Var(U_t) - Var(H_t)}{Var(U_t)} \quad (7-6)$$

该指标反映了进行套期保值相对于不进行套期保值风险降低的程度。HE 越大，则套期保值绩效越好，避险投资组合资产报酬的方差降低的程度越高，风险降低的程度就越显著。

第四节　人民币远期套期保值的实证研究

一、单位根及协整检验

运用误差修正模型的前提是现货价格与期货价格具有协整关系，因此，我们首先分别研究境内人民币远期汇率与即期汇率，人民币 NDF 汇率与即期汇率之间是否具有协整关系。只有在两个时间序列同阶单整时，才可能存在协整关系。然后，采用 ADF 检验方法对各远期期限的 $FWD_{t,n}$、$NDF_{t,n}$ 及 S_t 时间序列进行单位根检验。依据研究的需要，分别对全体样本、样本一和样本二进行了检验，表 7–1 给出了单位根检验的结果。

表 7–1　时间序列 ADF 单位根检验结果

期限			n=1			n=3		
			全体样本	样本一	样本二	全体样本	样本一	样本二
水平检验	$FWD_{t,n}$	t–Statistic	–1.5896	–2.6628	–2.7034	–1.3653	–2.7448	–2.5251
		Prob.	0.7961	0.2531	0.2361	0.8699	0.2196	0.3158
	$NDF_{t,n}$	t–Statistic	–1.7640	–3.0004	–2.9769	–1.2678	–2.7111	–2.2727
		Prob.	0.7209	0.1341	0.1408	0.8942	0.2331	0.4469
	S_t	t–Statistic	–1.6543	0.3079	–0.1569	–1.7405	–2.2429	–0.1569
		Prob.	0.7699	0.9986	0.9405	0.7318	0.4632	0.9405
一阶差分检验	$FWD_{t,n}$	t–Statistic	–18.1606	–13.2533	–2.7684	–23.0263	–19.3372	0.0643
		Prob.	0.0000	0.0000	0.0000	0.0000	0.0000	0.0000
	$NDF_{t,n}$	t–Statistic	–18.0531	–11.6384	–16.5408	–23.8393	–18.8684	–15.1691
		Prob.	0.0000	0.0000	0.0000	0.0000	0.0000	0.0000
	S_t	t–Statistic	–9.7303	–3.5096	–15.8578	–23.6934	–16.6157	–16.8034
		Prob.	0.0000	0.0405	0.0000	0.0000	0.0000	0.0000

从结果中我们看到所有的序列的水平不能拒绝存在单位根的原假设，即所有$FWD_{t,n}$、$NDF_{t,n}$ 和S_t 时间序列都是非平稳序列。而它们的一阶差分单位根检验的 t- 统计量均大于临界值，可以拒绝存在单位根的原假设。$FWD_{t,n}$、$NDF_{t,n}$ 和S_t 的一阶差分序列均已平稳，因此可以判断境内人民币远期市场以及 NDF 市场远期期限为 1 个月和 3 个月的时间序列$FWD_{t,n}$ 和$NDF_{t,n}$，还有人民币即期汇率序列均服从一阶单整过程，满足协整检验前提。

下面按照 EG 两步法分别对各期限的境内人民币远期汇率与即期汇率，人民币 NDF 汇率与即期汇率作协整回归：$S_t = \alpha_n^{FWD} + \beta_n^{FWD} * FWD_{t,n}$ 和 $S_t = \alpha_n^{NDF} + \beta_n^{NDF} * NDF_{t,n}$，系数估计结果如表 7–2 和表 7–3 所示。

结果表明远期期限为 1 个月和 3 个月的协整向量系数 β_n^{FWD} 和 β_n^{NDF} 十分接近 1。这不仅反映了它们之间存在同向变动的协整关系，而且可以看出即期汇率和远期汇率间的差距很小，相关性很强。同时可以得到的残差序列 $Z_{t,n}^{FWD}$ 和 $Z_{t,n}^{NDF}$：

表 7-2 境内人民币远期汇率与即期汇率协整回归系数估计结果

	全体样本		样本一		样本二	
	$\hat{\alpha}_n^{FWD}$	$\hat{\beta}_n^{FWD}$	$\hat{\alpha}_n^{FWD}$	$\hat{\beta}_n^{FWD}$	$\hat{\alpha}_n^{FWD}$	$\hat{\beta}_n^{FWD}$
n=1	0.235489***	0.973860***	0.444472***	0.947857***	0.305620***	0.964624***
	0.016578	0.002114	0.078216	0.009761	0.040518	0.005287
n=3	0.612283***	0.932866***	0.636760***	0.929975***	0.819058***	0.905453***
	0.032054	0.004124	0.189906	0.023890	0.068409	0.009005

注：*** 表示在 1%置信水平下显著。

表 7-3 境外 NDF 汇率与即期汇率协整回归系数估计结果

	全体样本		样本一		样本二	
	$\hat{\alpha}_n^{FWD}$	$\hat{\beta}_n^{FWD}$	$\hat{\alpha}_n^{FWD}$	$\hat{\beta}_n^{FWD}$	$\hat{\alpha}_n^{FWD}$	$\hat{\beta}_n^{FWD}$
n=1	0.219666***	0.975913***	0.491297***	0.942098***	0.291664***	0.966424***
	0.018162	0.002316	0.092808	0.011583	0.041878	0.005465
n=3	0.583489***	0.936636***	0.839270***	0.904693***	0.821484***	0.905061***
	0.033442	0.004303	0.194295	0.024447	0.070081	0.009224

注：*** 表示在 1%置信水平下显著。

$$Z_{t,n}^{FWD} = S_t - (\hat{\alpha}_n^{FWD} - \hat{\beta}_n^{FWD} * FWD_{t,n}) \tag{7-7}$$

$$Z_{t,n}^{NDF} = S_t - (\hat{\alpha}_n^{NDF} - \hat{\beta}_n^{NDF} * NDF_{t,n}) \tag{7-8}$$

对残差序列 $Z_{t,n}^{FWD}$ 和 $Z_{t,n}^{NDF}$ 做单位根检验，ADF 检验结果如表 7-4 所示。三个样本所有残差序列的单位根检验 P 值都在 5%的置信水平上显著，可以拒绝存在单位根的原假设。残差序列 $Z_{t,n}^{FWD}$ 和 $Z_{t,n}^{NDF}$ 都是平稳的，表明 $FWD_{t,n}$ 与 S_t、$NDF_{t,n}$ 与 S_t 之间存在协整关系，境内人民币远期汇率与即期汇率、境外 NDF 远期汇率与即期汇率之间都有着长期均衡关系。

表 7-4 残差序列的 ADF 单位根检验结果

		全体样本		样本一		样本二	
		t-Statistic	Prob.	t-Statistic	Prob.	t-Statistic	Prob.
$Z_{t,n}^{FWD}$	n=1	-3.9271	0.0020	-3.9266	0.0001	-2.8241	0.0048
	n=3	-3.1207	0.0257	-2.0733	0.0368	-2.8538	0.0044
$Z_{t,n}^{NDF}$	n=1	-4.4073	0.0003	-3.1411	0.0018	-3.0469	0.0024
	n=3	-3.6192	0.0057	-2.2957	0.0212	-2.2957	0.0212

二、套期保值模型估计结果

运用 ECM 模型用协整回归式的残差 $Z_{t,n}^{FWD}$ 和 $Z_{t,n}^{NDF}$ 作为误差修正项，根据 AIC、BIC 准则选择滞后阶数，当 m = n = 1 时 AIC、BIC 值最小，分别估计以下方程：

$$\Delta S_t = \alpha_{t,n}^{FWD} + \lambda_{t,n}^{FWD} Z_{t-1}^{FWD} + h_{t,n}^{FWD} \Delta FWD_{t,n} + \beta_i^{FWD} \Delta S_{t-1} + \gamma_j^{FWD} \Delta FWD_{t-1,n} \quad (7-9)$$

$$\Delta S_t = \alpha_{t,n}^{NDF} + \lambda_{t,n}^{NDF} Z_{t-1}^{NDF} + h_{t,n}^{NDF} \Delta NDF_{t,n} + \beta_i^{NDF} \Delta S_{t-1} + \gamma_j^{NDF} \Delta NDF_{t-1,n} \quad (7-10)$$

三个样本的误差修正模型系数估计结果如表 7-5（A）和表 7-5（B）所示，同时可以计算得出套期保值绩效和效率指数。

表 7-5（A） 境内人民币远期市场误差修正模型系数估计结果

期限	n=1			n=3		
	全体样本	样本一	样本二	全体样本	样本一	样本二
C	−0.000611*** (0.000202)	−0.000481** (0.000218)	−0.000785** (0.000343)	−0.000865*** (0.000237)	−0.000628** (0.000258)	−0.001091*** (0.000398)
$\Delta FWD_{t,n}$	0.498639*** (0.031863)	0.367107*** (0.040533)	0.575909*** (0.047581)	0.273516*** (0.028380)	0.188219*** (0.031948)	0.350673*** (0.047067)
ΔS_{t-1}	−0.301203*** (0.039943)	−0.343516*** (0.054039)	−0.275409*** (0.058515)	−0.175825*** (0.043135)	−0.184332*** (0.061671)	−0.179516*** (0.061239)
$FWD_{t-1,n}$	0.253356*** (0.036448)	0.301247*** (0.042750)	0.195028*** (0.057339)	0.133530*** (0.030129)	0.127752*** (0.032848)	0.107643** (0.051399)
Z_{t-1}^{FWD}	0.185732*** (0.020213)	0.164590*** (0.026376)	0.191448*** (0.030126)	0.071034*** (0.012207)	0.050622*** (0.014493)	0.083557*** (0.019339)
R-squared	0.396488	0.364367	0.429896	0.202562	0.169891	0.231860
Adjusted R^2	0.391846	0.354625	0.420882	0.196233	0.156338	0.219716
Log likelihood	2103.111	1132.951	994.8273	1963.300	1028.806	956.3657

注：*** 表示在 1%置信水平下显著，** 表示在 5%置信水平下显著。

表 7-5（B） 境外人民币 NDF 市场误差修正模型系数估计结果

期限	n=1			n=3		
	全体样本	样本一	样本二	全体样本	样本一	样本二
C	−0.000742*** (0.000213)	−0.000618*** (0.000234)	−0.000803** (0.000352)	−0.000896*** (0.000241)	−0.000671** (0.000264)	−0.001070*** (0.000401)
$NDF_{t,n}$	0.395197*** (0.030175)	0.227252*** (0.035533)	0.534343*** (0.046998)	0.234575*** (0.028213)	0.127446*** (0.032335)	0.322831*** (0.045340)

续表

期限	n=1			n=3		
	全体样本	样本一	样本二	全体样本	样本一	样本二
ΔS_{t-1}	-0.287936*** (0.040027)	-0.289690*** (0.056390)	-0.299927*** (0.057719)	-0.180910*** (0.042933)	-0.180604*** (0.062063)	-0.190404*** (0.060742)
$NDF_{t-1,n}$	0.243846*** (0.031705)	0.207530*** (0.034324)	0.253085*** (0.053733)	0.155178*** (0.029070)	0.128461*** (0.031914)	0.156110*** (0.048738)
Z_{t-1}^{NDF}	0.185482*** (0.019678)	0.158663*** (0.024489)	0.193094*** (0.029790)	0.069155*** (0.011920)	0.050888*** (0.014202)	0.081482*** (0.018950)
R-squared	0.326035	0.260899	0.400752	0.178897	0.129697	0.223229
Adjusted R^2	0.320850	0.249571	0.391278	0.172380	0.115488	0.210948
Log likelihood	2074.127	1112.893	988.3959	1955.857	1022.895	954.9243

注：*** 表示在 1%置信水平下显著，** 表示在 5%置信水平下显著。

通过表 7-5（A）和表 7-5（B）发现，境内外远期市场和即期市场受到长期均衡关系的显著影响。从表 7-6 给出的结果可以清楚地看到：用误差修正模型估计的所有样本的最优套期保值比率，境内人民币远期市场的比境外 NDF 市场的大。同时发现两个市场上均存在正向的套期保值绩效，但绩效大小不同，需要注意的是这与本章的模型选择有关，并不能说明任何情况下境内人民币远期市场一定优于 NDF 市场。在境内人民币远期市场上，样本二的套期效率优于样本一，说明 2006 年 10 月国家外汇管理局发文重申禁止境内企业进入境外 NDF 市场后，境内人民币远期市场的套期保值绩效进一步提高。

表 7-6　ECM 模型的最优套期保值比率和效率

期限		n=1			n=3		
		全体样本	样本一	样本二	全体样本	样本一	样本二
境内远期	Hedge Ratio	0.4986	0.3671	0.5759	0.2735	0.1882	0.3507
	Hedging Effect	0.2396	0.1253	0.3067	0.1160	0.0667	0.1577
境外 NDF 市场	Hedge Ratio	0.3952	0.2273	0.5343	0.2346	0.1274	0.3228
	Hedging Effect	0.1208	0.0037	0.2402	0.0729	0.0091	0.1336

三、稳健性检验

为检验统计结果的稳健性，我们再用三个不同的方法求解最优套期保值比率和套期保值绩效。一是 Ederington（1979）发展的传统的 OLS 方法；二是

Herbst 等（1989）和 Myers 等（1989）考虑到序列相关性，增加模型的信息量发展的双变量向量自回归（B-VAR）方法；三是 Lien（1996）在 Engle、Granger（1987）和 Ghosh（1993）研究的基础上，提出的一个简化的误差修正模型（S-ECM）。以上模型得到的最优套期保值比率与套期保值绩效结果见表 7-7。稳健性检验得到的结果与 ECM 方法得到的结论相同：比较所有样本的最优套期保值比率，同样是境内人民币远期市场的最优套期保值比率比境外 NDF 市场的最优套期保值比率更大。

表 7-7　稳健性检验最优套期保值比率与套期保值绩效

		境内人民币远期市场						境外 NDF 市场	
		n=1			n=3			n=1	n=3
		全体样本	样本一	样本二	全体样本	样本一	样本二	全体样本	
OLS	Hedge Ratio	0.4543	0.2934	0.5505	0.2421	0.1435	0.3365	0.2965	0.1899
	Hedging Effect	0.2419	0.1337	0.3074	0.1180	0.0739	0.1580	0.1359	0.0772
B-VAR	Hedge Ratio	0.4690	0.3203	0.5651	0.2566	0.1709	0.3416	0.3420	0.2145
	Hedging Effect	0.2417	0.1326	0.3072	0.1176	0.0712	0.1580	0.1327	0.0759
ECM	Hedge Ratio	0.4986	0.3671	0.5759	0.2735	0.1882	0.3507	0.3952	0.2346
	Hedging Effect	0.2396	0.1253	0.3067	0.1160	0.0667	0.1577	0.1208	0.0729
S-ECM	Hedge Ratio	0.4830	0.3332	0.5862	0.2507	0.1529	0.3447	0.3332	0.1995
	Hedging Effect	0.2410	0.1313	0.3061	0.1179	0.0736	0.1579	0.1338	0.0770

第五节　实证结果分析及结论

以上研究给出了清晰的结果：比较 1 月期远期和 3 月期远期的套期保值效果，1 月期远期品种普遍优于 3 月期远期品种。全体样本的 1 月期远期与 3 月期远期套期保值绩效比较，在境内远期市场上前者高出约 12%，在 NDF 市场上前者高出约 4%。在境内人民币远期市场上，国家外汇管理局发布禁令前 1 月期远期比 3 月期远期的套期保值绩效高出约 6%，国家外汇管理局发布禁令后 1 月期远期比 3 月期远期的套期保值绩效高出约 15%。国家外汇管理局发布禁令后 1 月期远期品种比 3 月期远期品种的优势更加明显了，参与套期保值的企业及相关机构可以通过期限较短的远期品种达到更好的避险效果。

由于2006年10月国家外汇管理局发文重申禁止境内企业参与NDF市场，我们以2006年9月30日为分界点比较境内人民币远期市场的套期保值绩效变化。可以看到1月期远期品种在此前后套期保值的绩效从12.53%上升至30.67%，增幅超过了17%；3月期远期品种在此前后套期保值的绩效从6.67%上升至15.77%，增幅超过了9%。比较国家外汇管理局发布禁令前后的套期保值绩效，在一个侧面反映了国家外汇管理局禁止境内企业及相关机构参与境外NDF市场交易活动的有效性。对于基于风险管理需求的市场参与者来说，境内的远期市场比境外NDF市场更加有效，套期保值绩效更佳，禁止它们参与境外NDF市场的交易活动是有益的。

值得注意的是，与境内人民币远期汇率相比，境外NDF报价的波动性较大，对人民币升贬值预期反应强烈。比较全体样本在两个市场上的标准差，以1月期远期品种为例，其在NDF市场上的波动比境内远期市场高出14.84%。[①] NDF市场的波动性大可能是由于在人民币升值呼声高涨之后，人民币汇率波动预期增加，投机需求增加，境外NDF市场高度市场化、无监管和无本金远期交割等特点为汇率投机提供了极好的工具。国际游资纷纷涌入，豪赌人民币升值，市场交易量迅速放大。而在投机力量如此强大的市场背景下，定价有时会偏离实际需求和供给的相互作用，对基于风险管理需求的市场参与者来说是不利的。

综合上述，我们看到境内人民币远期市场的套期保值绩效明显优于境外NDF市场，特别是在2006年10月国家外汇管理局发文重申禁止境内机构参与NDF市场交易活动之后，境内远期市场的绩效进一步提高，更加彰显了在套期保值风险规避方面的优势。在汇率波动预期强烈，国际游资投机炒作盛行的今天，境外NDF市场波动性大，可能会降低套期保值的绩效，不利于基于风险管理需求的市场主体。同时建议继续发展外汇衍生品市场，争取远期市场定价权，提高央行货币政策和监管政策的有效性。

---

① 全体样本在两个市场上的标准差差异的计算，以1个月远期品种为例：NDF市场汇率日差价标准差为0.007051，境内远期市场汇率日差价标准差为0.006140，差异为（0.007051–0.006140）/0.006140=14.8371%。

第八章 人民币外汇市场多期套期保值研究

第一节 引言

20 世纪六七十年代先后三次爆发美元危机，布雷顿森林体系最终走向崩溃。主要发达国家先后纷纷实行浮动汇率制度，汇率风险日益突出。汇率风险管理也因此为经济学家所重视。跨国企业、商业银行也将汇率风险管理纳入自身发展的重要因素。

目前国外已经形成比较完善的外汇风险管理体系。随着金融衍生品及其市场的发展和完善，利用金融衍生工具进行风险对冲，逐渐成为最主要的风险管理手段。远期、期货、期权、互换等金融衍生工具被广泛应用，套期保值理论应运而生。传统的套期保值理论认为期货价格与现货价格趋势一致，1 单位的现货通过 1 单位期货的反向交易，就可以达到规避风险的目的。实际情况中，期货价格与现货价格的走势往往不一致。随着现代资产组合理论应用于套期保值，对最优套期保值比例的研究大致分为两类：一类是从组合收益风险最小化入手，确定最小风险套期保值比例（Risk-minimizing Hedge Ratios）；另一类是通过最大化效用函数，获得均值风险套期保值比例（Mean-risk Hedge Ratios）。

相对于国外，国内的汇率风险管理研究起步较晚。这与中国的汇率制度也有一定的关系。2005 年以前，我国实行的基本上是盯住美元的固定汇率制度。各类金融机构和非金融性企业对汇率风险管理的认识还不成熟，加上金融衍生品及其市场发展缓慢，导致国内管理汇率风险的手段非常落后。

2005 年 7 月 21 日，新的人民币汇率制度的诞生，使得人民币有了更大的波动空间。根据中国人民银行公布的数据，从 2005 年 7 月 21 日到 2010 年 4 月

7 日，人民币对美元汇率累计升值达 21.25%，期间振幅达 21.71%；对欧元汇率升值 8.92%，期间振幅达 28.05%；对日元汇率贬值 6.29%，期间振幅为 28.69%。2008 年全球金融危机爆发，各种贸易争端也接踵而至。以美国为代表的一些国家不断炒作人民币汇率问题，也使得人民币汇率的走向更加扑朔迷离。

在各种风险规避方法中，利用外汇衍生品进行套期保值是最常用也是最重要的手段。目前，国内可供企业选择用于汇率风险规避的外汇衍生产品有：远期结售汇业务、远期交易和掉期交易、无本金交割远期汇率交易品（NDF）以及国际外汇市场的美元与非美元间的各种外汇衍生工具。利用货币现货和期货或远期构造投资组合进行套期保值，是企业和金融机构使用较多的一种方法。

目前对套期保值的研究主要集中在单期的情形，即整个套期保值区间只有一个衍生品合约。但是，在很多情况下，套期保值者所要求的保值期限都比最长期限的合约还要长很多，简单的一个期货或远期合约显然难以满足套期保值的需要。

第二节　文献回顾

J.M.Keynes（1930）和 J.R.Hicks（1932）最早从经济学的角度提出了传统的套期保值理论。认为套期保值者参与期货交易的目的不在于从期货交易中获取高额利润，而是要用期货交易中的获利来补偿在现货市场上可能发生的损失。

传统的套期保值理论需要满足两个假定条件：①期货价格与现货价格走势基本一致。②期货合约到期日价格等同于现货价格。在这两个假定条件下，套期保值者可以在期货市场进行反向交易，买入等量的期货，以达到规避风险的目的。即最优套期保值比率为 1。

Johnson 和 Stein（1960）将 Markowitz 的投资组合理论应用于套期保值研究。认为交易者进行套期保值实际上是对现货市场和期货市场的资产进行组合投资，套期保值者根据套期保值组合的预期收益和风险，在套期保值组合收益风险最小化或者效用最大化的条件下，确定套期保值比率。该理论认为，最优套期保值比率取决于套期保值的交易目的以及现货市场和期货市场价格的相关程度，而并非恒等于 1。

当套期保值时间超过最长的期货合约，或者出于流动性的考虑使用期限较短的合约时，就需要在一个合约到期时，再持有另一个更晚到期的合约对现货进行套期保值，这就是展期套期保值策略 RH（Rolling Hedge）。

展期套期保值策略主要有两种类型：①成堆套期保值 SRH（Stack and Roll Hedge），目前的研究主要集中在这种类型。②系列展期套期保值 SH（Strip and Roll Hedge）。Culp 和 Miller（1994）对德国冶金工业股份公司（MG）的成堆套期保值策略进行了详细的阐述，虽然 MG 公司因为套期保值失败而破产，但是他们认为这种套期保值策略从理论上来讲是非常合理的。Hilliard（1999）采用动态的倒推算法计算出了 SRH 模型的最优套期保值比率。Lien 和 Shaffer（2001）在价格未知、总量给定但每期数量不定的情况下，建立起一般的 SRH 模型，并推导出了最小方差的套期保值比率。最早的对 SH 模型的研究见于 Neuberger（1999），Neuberger 给出了一个多期套期保值的最优比模型，并用石油期货价格数据进行了实证检验。Kolb（2000）用一个借贷浮动利率的公司的多期例子，比较了 SRH 模型和 SH 模型的有效性。结论表明 SH 模型至少不会比 SRH 模型差，且在一些情况下比 SRH 模型更加有效。

Lien 和 Shaffer（2002）在总结前人研究的基础上，使用取暖油、无铅汽油以及原油的数据，对 SRH 模型和 SH 模型进行了对比。研究结果表明：当现货价格受多种不确定因素影响时，SH 模型比 SRH 模型的套期保值效果更好，并且这种有效性会随着价格的不确定因素的增多而加大。但是相对于 SRH 模型，SH 模型的交易成本更高。如果只有一种因素影响现货价格波动，出于成本的考虑，SRH 模型要比使用 SH 模型的套期保值效果更好。

国内对展期套期保值的研究起步较晚。伍海军和马永开（2004）计算了展期套期保值模型的基差，建立了展期套期保值模型，并在最小方差的条件下给出了最优套期保值比率的解析解。在此基础之上，还提出了一种动态跟踪调整策略，套期保值者根据自身的风险偏好确定调整比率。按照 Lien 和 Shaffer（2002）的结论，现货价格只受一种因素影响时，可选择 SRH 模型进行套期保值，但是由于套期保值者进入市场的时机不能够完全自由选择，这一假设在现实中往往不成立。在 SH 模型中，合约种类数在展期过程中逐期减少，隐含假定影响价格波动的多种因素主要集中在前期发挥作用，从而在前期要使用多个合约进行保值，而在后期则不断减少。SH 模型还对套期保值的最长期限做出了规定——不能超出期货市场上能够找到的最长期限的合约，而很多情况下，套期保值者所要求的保值期限都比最长期限的合约还要长。

为克服 SRH 与 SH 的局限性，伍海军和马永开（2007）提出了一种新的展期套期保值模型，保值者可以在展期过程中不断建立新的头寸，保持展期过程中合约种类数不变，也可以在一些阶段保持合约种类数不变，而在某些阶段减少合约种类数，具体可以根据影响价格的因素、掌握的信息以及可供选择的合约等决定，称这种模型为多期展期套期保值 MSRH（Multi-period Strip and Roll Hedge）。如果每次展期时不再增加新的合约，平仓到期合约后仅仅对剩余合约重新调整，则为 Lien 和 Shaffer 所研究的 SH 模型；如果令 m = 1，表示每期只使用一种合约进行保值，则为常见的 SRH。

伍海军和马永开设计的这种多期展期套期保值模型仍然具有一定的局限性。具体有以下两点：①只能采用同类合约，区别只在于各个合约的到期期限不同。②对期货合约的种类、进入时间和结束时间有一定的要求。

针对以上缺陷，迟国泰、杨中原（2009）提出了基于方差的变化型系列展期套期保值模型。这种模型对期货合约的种类、进入时间和结束时间都没有要求，完全可以按照套期保值者自己的需要进行个性化定制，实现期货合约的灵活组合。新的模型是对伍海军和马永开的 MSRH 模型的推广。迟国泰和杨中原研究的不足之处在于，并没有给出这个模型的解析解。只是根据套期保值组合收益率的方差定义，证明数值解的存在。具体的计算过程十分复杂，不利于该模型的扩展应用。在证明的过程中，暗含套期保值组合收益率服从正态分布。由于不同阶段使用的期货合约的种类和数量差别较大，这一假定与现实不符。

采用各种理论和方差求解，得出最优套期保值比率后，就需要分析期货套期保值策略的有效性，也就是衡量套期策略的绩效（Hedge Performance）。Working（1962）认为，套期保值者在套期保值过程中，追求的就是套期保值组合收益率最大化，因此他将组合收益率作为衡量套期绩效的评估标准，收益率越大表示套期效果越好。Ederington（1979）认为，套期保值者追求的是风险最小化，并采用最小二乘法求解最优套期保值比率。他使用套期保值有效回避的风险的百分比来衡量套期的有效性，这就是被广泛使用的避险绩效指标：

$$HE = 1 - \frac{Var(R_h)}{Var(R_u)} \tag{8-1}$$

其中，R_u 为未进行套期保值所产生的收益率，R_h 为套期保值的组合收益率。如果套期保值组合收益率的方差为 0，表明套期保值组合可以完全规避损失风险，在此情况下 HE 绩效指标值为 1；如果套期保值组合收益率的方差为 1，表明套期保值组合不能规避任何损失风险，此时 HE 值为 0。一般而言，HE 值介于 0~1。HE 值越大，表明套期保值组合的避险绩效越好。

避险绩效指标 HE 仅仅考虑套期保值组合的风险，没有考虑收益。从效用最大化的角度出发，综合考虑套期保值组合的收益与方差，更加符合实际情况。Howard 和 D'Antonio（1984）借鉴 Sharpe 证券市场线的做法，使用 Sharp 指标作为目标函数，在最大化的条件下求出了最优套期比率（简称 Sharp 套期比）。

第三节 多期套期保值研究模型与方法

一、SRH 模型

考虑一个展期套期保值者，在时间区间 $t_0 \sim t_n$ 运用空头套期保值对冲现货的价格波动风险。具体的展期套期保值策略如图 8-1 所示：

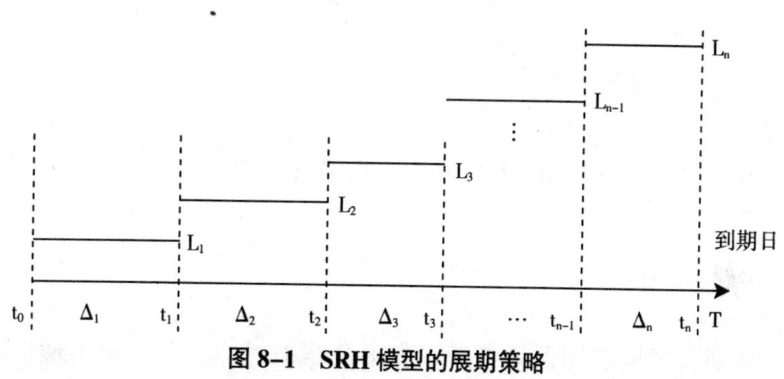

图 8-1 SRH 模型的展期策略

在t_0时刻，以价格 f_0^1 卖空占现货比率为 h_1 的期货合约 1。

在t_1时刻，以价格 f_1^1 对期货合约 1 进行平仓，并以 f_0^2 的价格卖空比率为 h_2 的期货合约 2。

在t_{n-1}时刻，以价格 f_1^{n-1} 对期货合约 n－1 进行平仓，并以 f_0^n 的价格卖空比率为 h_n 的期货合约 n。

在t_n时刻，以价格 f_1^n 对期货合约 n 进行平仓。

考虑任意一个时间区间 $[t_{i-1}, t_i]$。记 R_i 为此区间上的组合收益率，R_i 等于区间上现货的收益率减去对应头寸的期货收益率。可以得到：

$$R_i = R_{s_i} - h_i R_{f_i} \tag{8-2}$$

其中，$R_{s_i} = \ln(s_i) - \ln(s_{i-1})$，$s_i$ 为 t_i 时刻的现货价格，s_{i-1} 为 t_{i-1} 时刻的现货价格；$R_{f_i} = \ln(f_i) - \ln(f_{i-1})$，$f_i$ 为 t_i 时刻的期货价格，f_{i-1} 为 t_{i-1} 时刻的期货价格。

记在整个展期套期保值区间 $[t_0, t_n]$ 上组合收益率为 R_h，R_h 为各个子区间收益率的和：

$$R_h = \sum_{i=1}^{n} R_i = \sum_{i=1}^{n} R_{s_i} - \sum_{i=1}^{n} h_i R_{f_i} \tag{8-3}$$

为了表达的方便，记 $s = (R_{s_1}, R_{s_2}, \cdots, R_{s_n})^T$、$f = (R_{f_1}, R_{f_2}, \cdots, R_{f_n})^T$、$h = (h_1, h_2, \cdots, h_n)^T$、$e = (1, 1, \cdots, 1)^T$，S 为 s 的协方差矩阵，F 为 f 的协方差矩阵，C 为s 和 f 的协方差矩阵。引入矩阵向量之后，式（8-3）可以改写为：

$$R_h = e^T s - h^T f \tag{8-4}$$

整个展期过程中的套期保值组合收益率风险为：

$$Var(R_h) = e^T Se + h^T Fh - 2e^T Ch \tag{8-5}$$

最小化 $Var(R_h)$ 就可以得到最优套期保值比率向量 h，由一阶条件可得：

$$Fh = C^T e \tag{8-6}$$

若 F 可逆，可求得：

$$h^* = F^{-1} C^T e \tag{8-7}$$

若 F 不可逆则可以用 M－P 广义逆来求最佳逼近解。

二、SH 模型

在 t_0 时刻，展期套期保值者运用如下策略来对冲 t_n 时刻卖出现货资产的价格波动风险：

t_0 时刻，卖空 n 个期货合约，到期时间分别为 t_1，t_2，…，t_n，卖空价格为$f_{0,1}$，$f_{0,2}$，…，$f_{0,n}$，记 n 个期货合约在 $[t_0, t_1]$ 上的套期比率为 $h_{1,1}$，$h_{1,2}$，…，$h_{1,n}$。

t_1 时刻，以价格 $f_{1,1}$ 平仓期货合约 L_1，同时对其余 n－1 个期货合约的套期保值比率调整为 $h_{2,2}$，$h_{2,3}$，…，$h_{2,n}$。

t_{n-1} 时刻，以价格$f_{n-1,n-1}$ 平仓期货合约 L_{n-1}，同时将第 n 个期货合约的套期保值比率调整为 $h_{n,n}$。

t_n 时刻，以价格 $f_{n,n}$ 平仓期货合约 L_n。

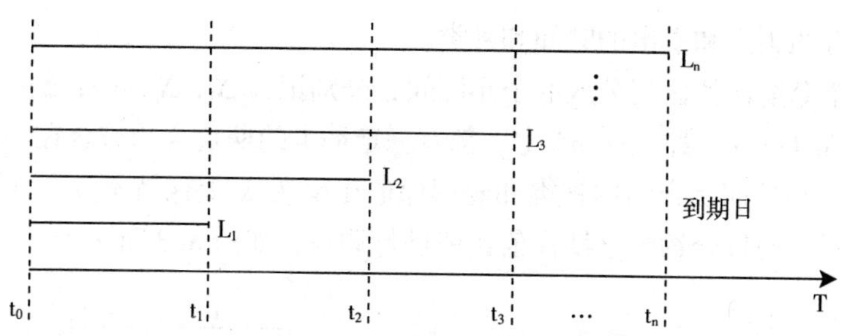

图 8–2　SH 模型的展期策略

在 $[t_0，t_1]$ 上，记 $R_s^{(1)}=\ln(s_1)-\ln(s_0)$，$R_{f_i}^{(1)}=\ln(f_{1,i})-\ln(f_{0,i})$。根据组合收益的定义可以得到：$R_1=R_s^{(1)}-\sum_{i=1}^{n}h_{1,i}R_{f_i}^{(1)}$。

同理可得：$R_2=R_s^{(2)}-\sum_{i=2}^{n}h_{2,i}R_{f_i}^{(1)}$，…，$R_n=R_s^{(n)}-h_{n,n}R_{f_n}^{(n)}$。

整个展期套期保值的收益率等于各子区间的基差之和：

$$R_h=\sum_{i=1}^{n}R_i \tag{8-8}$$

记 $s=(R_s^{(1)}，R_s^{(2)}，\cdots，R_s^{(n)})^T$，$f=(R_{f_1}^{(1)}，\cdots，R_{f_n}^{(1)}，R_{f_2}^{(2)}\cdots，R_{f_n}^{(2)}，\cdots，R_{f_n}^{(n)})^T$，$h=(h_{1,1}，\cdots，h_{1,n}，h_{2,2}，\cdots，h_{2,n}，\cdots，h_{n,n})^T$，$e=(1，1，\cdots，1)^T$，S 为 s 的协方差矩阵，F 为 f 的协方差矩阵，C 为 s 和 f 的协方差矩阵。引入矩阵表达之后，式（8–8）可以改写为：

$$R_h=e^Ts-h^Tf \tag{8-9}$$

整个展期过程中的套期保值组合收益率风险为：

$$Var(R_h)=e^TSe+h^TFh-2e^TCh \tag{8-10}$$

在最小方差的条件下，由一阶条件 $Fh=C^Te$ 可求得最优套期保值比率 h^*。若 F 可逆，可求得

$$h^*=F^{-1}C^Te \tag{8-11}$$

若 F 不可逆则可以用 M – P 广义逆来求最佳逼近解。

三、变化型展期套期保值模型

假定在足够长的一段套期保值区间上，不断地买入卖出期货合约，并且不

限制期货合约买入和卖出的时间和种类。

将整个套期保值区间分成 n 个小区间，分别记为 Δ_1，Δ_2，…，Δ_n。在任意一个小区间 Δ_i（i = 1，2，…，n）上，都有一定种类的期货合约交叠在一起，构成一个组合。并且期货合约的种类和套期保值比率在 Δ_i 上保持不变。在不同区间上，可对同一期货合约的套期保值比率进行调整，如图 8-3 所示。

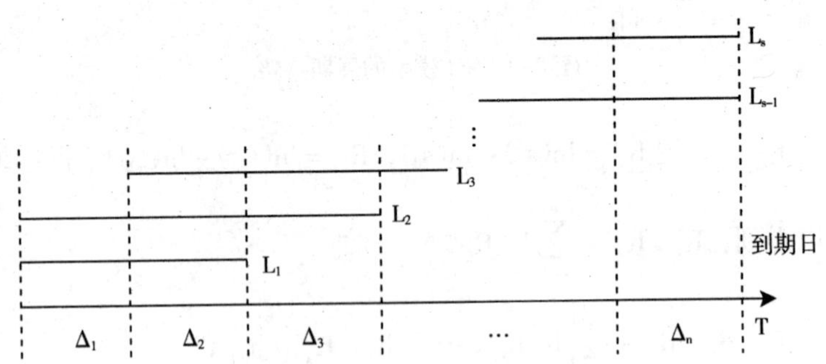

图 8-3　一般的变化型展期套期保值模型展期策略

考虑任意区间 Δ_i(i = 1，2，…，n)，区间上共有 T_i 个交易日。设 Δ_i 上有 m_i 种期货合约，各自的套期保值比率分别为 $h_j^{(i)}$，j = 1，2，…，m_i。

Δ_i 上第 t 个交易日的套期保值收益率的计算公式为：

$$R_{h,t}^{(i)} = R_{s,t}^{(i)} - \sum_{j=1}^{m_i} (h_j^{(i)} R_{f_j,t}^{(i)}) \tag{8-12}$$

区间 Δ_i 上的套期保值收益率等于该区间上每个交易日的套期保值收益的和：

$$R_h^{(i)} = \sum_{t=1}^{T_i} R_{h,t}^{(i)} = \sum_{t=1}^{T_i} \left[R_{s,t}^{(i)} - \sum_{j=1}^{m_i} (h_j^{(i)} R_{f_j,t}^{(i)}) \right] \tag{8-13}$$

记 $R_s^{(i)} = \sum_{t=1}^{T_i} R_{s,t}^{(i)}$，$R_{f_j}^{(i)} = \sum_{t=1}^{T_i} R_{f_j,t}^{(i)}$，整个 Δ_i 区间上的套期保值收益率可表示为：

$$R_h^{(i)} = R_s^{(i)} - \sum_{j=1}^{m_i} (h_j^{(i)} R_{f_j}^{(i)}) \tag{8-14}$$

整个套期保值区间的收益率等于各个小区间的套期保值收益率的和：

$$R_h = \sum_{i=1}^{n} R_h^{(i)} = \sum_{i=1}^{n} R_s^{(i)} - \sum_{i=1}^{n} \sum_{j=1}^{m_i} h_j^{(i)} R_{f_j}^{(i)} \tag{8-15}$$

式（8-15）第二个等号右端第一项是现货市场的收益率，第二项是期货市场的收益率。整个展期套期保值系列的收益率 R_h 就是现货头寸收益率与期货组合收益率之差。

为了表达的方便，记：

$s=(R_s^{(1)}, R_s^{(2)}, \cdots, R_s^{(n)})^T$，括号外的T表示转置。

$h=(h_1^{(1)}, \cdots, h_{m_1}^{(1)}, h_1^{(2)}, \cdots, h_{m_2}^{(1)}, \cdots, h_1^{(n)}, \cdots, h_{m_n}^{(n)})^T$

$f=(R_{f_1}^{(1)}, \cdots, R_{fm_1}^{(1)}, R_{f_1}^{(2)}, \cdots, R_{fm_2}^{(2)}, \cdots, R_{f_1}^{(n)}, \cdots, R_{fm_n}^{(n)})^T$

$e=(1, 1, \cdots, 1)^T$

利用矩阵知识，式（8-15）可以改写成：

$$R_h=e^Ts-h^Tf \tag{8-16}$$

记S为 $s=(R_s^{(1)}, R_s^{(2)}, \cdots, R_s^{(n)})^T$ 的协方差矩阵，F为f的协方差矩阵，C为s和f的协方差矩阵。可求得套期保值收益率的方差为：

$$Var(R_h)=\sigma^2=e^TSe+h^TFh-2e^TCh \tag{8-17}$$

为了在方差最小的情况下求解最优的套期保值比率，建立以下模型：

$$\min \sigma^2=e^TSe+h^TFh-2e^TCh \tag{8-18}$$

由 $\nabla\sigma^2=0$ 可以推导出：$Fh=C^Te$。

在组合投资理论中，一般假定资产协方差阵非奇异，同时，由于总是假定总体方差为正数，因此F为正定矩阵。下面不妨假定F可逆，如果F不可逆，则可以用M－P广义逆来求最佳逼近解。求解模型可得到最优套期保值比率和对应的方差波动风险分别为：

$$h^*=F^{-1}C^Te \tag{8-19}$$

$$\sigma_{h^*}^2=e^TSe-e^TCF^{-1}C^Te=e^T(S-CF^{-1}C^T)e \tag{8-20}$$

如果现货资产与期货资产相关性越大，C中各元素的值就越大，如果现货价格增量的自相关性越小，S中各元素的值就越小，风险也越小。其经济意义为，当期货与现货资产相关性越大，现货资产价格波动越小，套期保值者越有可能获得好的保值效果，其面临的风险自然就越小。

最小方差套期保值比率对所有套期保值者都采用方差最小化作为目标函数，忽略了不同交易者不同的风险溢价要求。在现实中，由于套期保值者的风险偏好和风险承受能力是不同的，他们的行为并不完全一致。套期保值者可以按照个人风险偏好调整得到适合自己的套期保值比率。

在运用展期套期保值策略时，由于合约不断展期，在每个展期区间都会形成一个真实损益，这一信息对于展期套期保值者十分有用，展期套期保值者可以用来对后续合约的最优套期保值比率进行调整，随着合约到期日的临近，许多新信息也必然要反映到展期套期保值策略中。

伍海军和马永开（2004）在 SRH 模型中对展期套期保值的动态跟踪调整策略进行了初步探讨。本书将这种动态跟踪调整策略推广到变化型的展期套期保值模型。

以 Δ_1 区间为例，每种期货合约都会产生一个真实的收益率，记为 $R_{f_j}^{(1)}$，$j=1,\cdots,m_i$。而在 Δ_1 区间期初，对于每个期货组合收益率只有一个预期值，记为 $E(R_{f_j}^{(1)})$，$j=1,\cdots,m_i$。$R_{f_j}^{(i)}$ 和 $E(R_{f_j}^{(1)})$ 之间会产生一定的偏差。对于空头的情形，当 $R_{f_j}^{(1)}-E(R_{f_j}^{(1)})<0$ 时，这是我们乐意看到的情形，意味着在 Δ_1 区间上期货合约 j 承担的风险小于预期；当 $R_{f_j}^{(1)}-E(R_{f_j}^{(1)})>0$ 时，意味着在 Δ_1 区间上期货合约 j 承担的风险大于预期，当大到一定程度时，我们就需要对套期保值比率进行调整。在这里，假定各种期货合约的收益率都服从正态分布，即 $R_{f_j}^{(1)}\sim(E(R_{f_j}^{(1)}),\ \sigma_{1,f_j}^2)$。不同的套期保值者，有不同的风险偏好，可设定参数 α（$\alpha>0$）。α 根据套期保值者的风险偏好而定，取值一般为0~3。当 $R_{f_j}^{(1)}-E(R_{f_j}^{(1)})>\alpha_1\sigma_{1,f_j}$ 时，就意味着在 Δ_1 区间上套期保值者承担了过度的风险，为了确保实现展期套期保值的目标，套保者需要调高后续各合约的展期套期保值比率，从而在后续各期货合约中对已经形成的超额损失部分进行分摊。当 $R_{f_j}^{(1)}-E(R_{f_j}^{(1)})<-\alpha_1\sigma_{1,f_j}$ 时，说明形成了超额收益，可以对同期其他期货合约的超额损失部分进行弥补。

对于任意一个套期保值 Δ_i 区间，记该区间上期货合约 j 的超额损失或者超额收益为 $\theta_{i,j}$，$j=1,\cdots,m_i$。当 $R_{f_j}^{(i)}-E(R_{f_j}^{(i)})>0$ 时，$\theta_{i,j}=\max\{R_{f_j}^{(i)}-E(R_{f_j}^{(i)})-\alpha_i\sigma_{i,f_j},\ 0\}$，此时 $\theta_{i,j}$ 为正值，表示超额损失；当 $R_{f_j}^{(i)}-E(R_{f_j}^{(i)})<0$ 时，$\theta_{i,j}=\min\{E(R_{f_j}^{(i)})-R_{f_j}^{(i)}-\alpha_i\sigma_{i,f_j},\ 0\}$，此时 $\theta_{i,j}$ 为负值，表示超额收益。

记 $\theta_i=[\theta_{i,1},\ \theta_{i,2},\ \cdots,\ \theta_{i,m_i}]^T$，$h_i=(h_1^{(i)},\ h_2^{(i)},\ \cdots,\ h_{m_i}^{(i)})^T$。若 $h_i^T\theta_i>0$，则 $h_i^T\theta_i$ 就是后续各个期货合约需要分摊的超额损失总量；若 $h_i^T\theta_i<0$，则不需要对后续的期货合约进行套期保值比率的调整。

对于后续的期货合约，套期保值者可以根据自身掌握的信息和对未来的预测来决定对哪些期货合约进行较多的调整，对哪些期货合约进行较少的调整或者不调整。将后续第 i 个区间上的第 j 个期货合约的调整比重记为 $w_{i,j}(0\leqslant w_{i,j}\leqslant 1)$，且 $\sum\limits_{i=i+1}^{n}\sum\limits_{j=1}^{m_i}w_{i,j}\leqslant 1$。

假定对后续各期货合约的调整比率为 λ_i，则 $\sum_{i=i+1}^{n}\sum_{j=1}^{m_i}\lambda_i w_{i,j} h_j^{(i)} E(R_{f_j}^{(i)})$ 为后续各期货合约调整的总量。其中 $E(R_{f_j}^{(i)})$ 表示第 i 个区间上第 j 个期货合约的期望收益率。可以得到：

$$h_i^T\theta_i = \sum_{i=i+1}^{n}\sum_{j=1}^{m_i}\lambda_i w_{i,j} h_j^{(i)} E(R_{f_j}^{(i)}) \tag{8-21}$$

求出 λ_i 后，就可以使用 $h_j^{(i)}(1+\lambda_i w_{i,j})$ 代替原来的最优套期保值比 $h_j^{(i)}$。在每个区间上都进行这种调整直至套期保值终止。

第四节 人民币远期多期套期保值实证分析

一、数据来源与处理

本章实证分析采用的境内人民币汇率即期、远期的数据来源于中国外汇交易中心。远期合约有 1 月期、3 月期、6 月期和 12 月期的形式，由于人民币汇率这两年总的趋势是上升的，而且汇率的日变动幅度较大，为了把这些变化有效地考虑进去，给涉外企业与银行构造更灵活的套期保值头寸，本书以1 月期的合约数据作为主要的分析对象。

进入 2009 年之后，人民币对美元汇率就基本维持在 6.8~6.9，如图 8-4 所示。本章选定样本数据的历史持有期间为 2 年，从 2006 年 4 月 1 日至 2008 年 3 月 31 日，共 526 个观测数据。选定的模拟区间为 6 个月，从 2008 年 4 月 1 日至 2008 年 9 月 30 日，共 131 个数据。由于数据数值过小，为了避免精度的损失，本书使用放大 100 倍的连续复利收益率：$r_t = 100(\ln P_t - \ln P_{t-1})$。

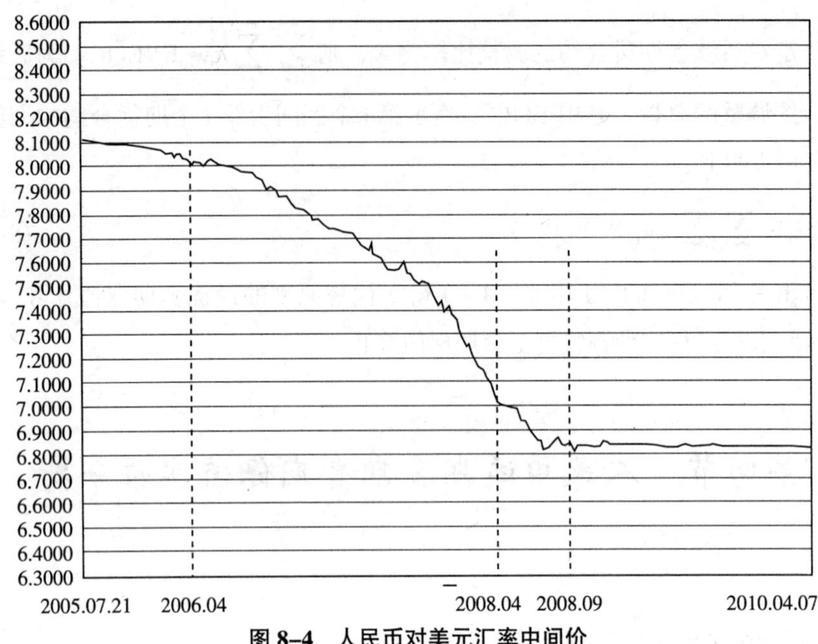

图 8-4　人民币对美元汇率中间价

二、SRH 模型的实证分析

考虑空头的情形，假定在 2008 年 4 月初买入一定量的 1 月期的远期合约，4 月底到期平仓。5 月初又买入一定量的 1 月期的远期合约，月底到期平仓。下个区间继续如此操作，直至套期保值终止。具体操作策略设计如图 8-5 所示，图中“1M”表示 1 月期的外汇远期合约。

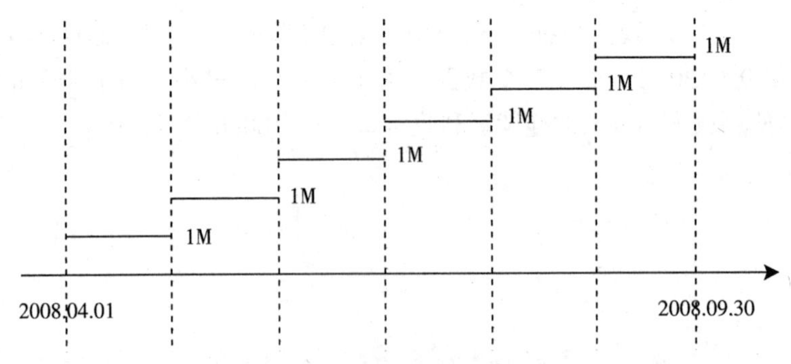

图 8-5　SRH 模型展期策略设计

对人民币对美元的即期和远期数据取自然对数，然后扩大 100 倍。相邻两个交易日的数据就可以计算出日收益率。每个区间的收益率等于此区间上所有交易日的收益率之和。按月计算的样本区间收益率结果如表 8-1 所示。

表 8-1 即期和远期收益率的计算结果

时间区间	1M	3M	6M	12M	SPOT
2008 年 4 月	0.6241	1.3050	2.1900	2.1033	−0.3500
2008 年 5 月	−0.8004	−0.5256	−0.4966	0.1034	−0.6490
2008 年 6 月	−0.9745	−0.7475	−0.2699	0.4004	−1.2757
2008 年 7 月	−0.4930	−0.5147	−0.2233	0.7991	−0.3361
2008 年 8 月	0.1173	0.1513	0.1908	0.5362	0.0936
2008 年 9 月	−0.0440	0.1687	0.6611	1.3590	0.1578

表 8-1 中“1M”、“3M”、“6M”、“12M”分别表示 1 月期、3 月期、6 月期和 12 月期的远期合约；SPOT 表示即期汇率。以下各节当中沿用这种表达方法。

根据表 8-1 的计算结果，可以写出 SRH 模型的即期收益率向量和远期收益率向量：

$$s=[-0.3500, -0.6490, -1.2757, -0.3361, 0.0936, 0.1578]^T$$

$$f=[0.6242, -0.8004, -0.9745, -0.4930, 0.1173, -0.0440]^T$$

根据本章第三节 SRH 模型的计算过程，计算远期收益率向量的协方差矩阵：

$$F=\begin{bmatrix} 0.0129 & 0.0029 & -0.0040 & -0.0037 & 0.0026 & 0.0034 \\ 0.0029 & 0.0330 & -0.0037 & -0.0002 & 0.0128 & -0.0030 \\ -0.0040 & -0.0037 & 0.0144 & 0.0073 & -0.0041 & 0.0017 \\ 0.0037 & -0.0002 & 0.0073 & 0.0186 & -0.0056 & -0.0004 \\ 0.0026 & 0.0128 & -0.0041 & -0.0056 & 0.0259 & 0.0013 \\ 0.0034 & -0.0030 & 0.0017 & -0.0004 & 0.0013 & 0.0157 \end{bmatrix}$$

即期收益率向量的协方差矩阵：

$$S=\begin{bmatrix} 0.0194 & 0.0005 & -0.0026 & -0.0062 & 0.0055 & -0.0029 \\ 0.0005 & 0.0187 & 0.0012 & -0.0042 & 0.0017 & 0.0005 \\ -0.0026 & 0.0012 & 0.0112 & -0.0034 & -0.0048 & 0.0016 \\ -0.0062 & -0.0042 & -0.0034 & 0.0278 & -0.0025 & 0.0016 \\ 0.0055 & 0.0017 & -0.0048 & -0.0025 & 0.0180 & -0.0038 \\ -0.0029 & 0.0005 & 0.0016 & 0.0016 & -0.0038 & 0.0208 \end{bmatrix}$$

即期收益率向量与远期收益率向量的协方差矩阵：

$$C=\begin{bmatrix} 0.0066 & -0.0010 & -0.0027 & -0.0017 & 0.0046 & -0.0029 \\ 0.0023 & -0.0067 & 0.0000 & -0.0029 & 0.0025 & 0.0056 \\ -0.0046 & -0.0066 & 0.0041 & -0.0000 & -0.0013 & -0.0023 \\ 0.0034 & 0.0049 & 0.0023 & 0.0126 & -0.0021 & 0.0112 \\ -0.0014 & 0.0081 & -0.0022 & 0.0020 & 0.0135 & -0.0019 \\ -0.0006 & 0.0014 & -0.0070 & -0.0024 & -0.0066 & 0.0052 \end{bmatrix}$$

经检验协方差矩阵 F 非奇异，且存在逆矩阵。由式（8–7）可以算出最优套期保值比率：$h^* = [0.1421 \quad -0.2175 \quad -0.8238 \quad 0.9291 \quad 0.5270 \quad 0.9306]^T$

表 8–2 SRH 模型最优套期保值比率及相关数据

远期合约	分阶段的最优套期保值比率						$Var(R_h^*)$	R_h^*
	4 月	5 月	6 月	7 月	8 月	9 月		
1M	0.1421	–0.2175	–0.8238	0.9291	0.5270	–0.9306	0.04888	–2.9358

将 h^* 代入式（8–5）可计算出套期保值组合方差：$Var(R_{h^*}) = 0.04888$。将 h^*、s、f 代入式（8–4）可求出套期保值组合收益率：$R_{h^*} = -2.9358$。

三、SH 模型的实证分析

考虑空头的情形，总共分为三个阶段：第一阶段，假定套期保值者在 2008 年 4 月初分别买入一定量的 1 月期、3 月期和 6 月期人民币对美元的外汇远期合约；第二阶段，4 月底 1 月期的远期合约到期平仓，并对 3 月期和 6 月期的远期合约进行调仓，且不再买入新的 1 月期远期合约；第三阶段，6 月底 3 月期的远期合约到期平仓，并对 6 月期的远期合约进行调仓，且不再买入新的 3 月期远期合约，直至终止。具体过程见图 8–6。

根据表 8–1 的计算结果，可以写出 SH 模型的即期收益率向量和远期收益率向量：

$s = (-0.3500,\ -1.9247,\ -0.0847)^T$

$f = (0.6242,\ 1.3053,\ 2.1900,\ -1.2731,\ -0.7665,\ 0.6287)^T$

根据 SH 模型推导过程，分别计算即期收益率向量的协方差矩阵：

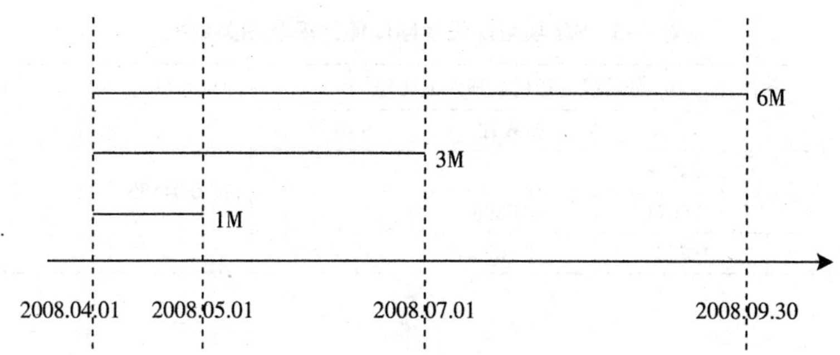

图 8-6 SH 模型展期策略设计

$$S=\begin{bmatrix} 0.0185 & 0.0055 & -0.0011 \\ 0.0055 & 0.0182 & -0.0039 \\ -0.0011 & -0.0039 & 0.0265 \end{bmatrix}$$

远期收益率向量的协方差矩阵：

$$F=\begin{bmatrix} 0.0163 & 0.0187 & 0.0175 & -0.0123 & -0.0220 & 0.0040 \\ 0.0178 & 0.0362 & 0.0254 & -0.0179 & -0.0316 & 0.0083 \\ 0.0175 & 0.0254 & 0.0424 & -0.0277 & -0.0434 & 0.0050 \\ -0.0123 & -0.0179 & -0.0277 & 0.0446 & 0.0652 & 0.0005 \\ -0.0220 & -0.0316 & -0.0434 & 0.0652 & 0.1261 & 0.0024 \\ 0.0040 & 0.0083 & 0.0050 & 0.0005 & 0.0024 & 0.0285 \end{bmatrix}$$

即期收益率向量与远期收益率向量的协方差矩阵：

$$C=\begin{bmatrix} 0.0073 & 0.0133 & 0.0069 & -0.0047 & -0.0152 & -0.0018 \\ 0.0043 & 0.0032 & 0.0003 & -0.0056 & -0.0063 & -0.0025 \\ -0.0021 & 0.0005 & -0.0066 & 0.0006 & -0.0005 & 0.0082 \end{bmatrix}$$

经检验协方差矩阵 F 非奇异，且存在逆矩阵。由式（8-11）算得最优套期保值比率：

$$h^{*}=[0.4676 \quad 0.5691 \quad -0.7484 \quad -0.0896 \quad -0.1625 \quad 0.0478]^{T}$$

将 h^{*} 代入式（8-10）中，可计算出套期保值组合收益率的方差：

$$Var(R_{h^{*}})=0.04595$$

由式（8-9）可算出套期保值组合收益率：$R_{h^{*}}=-2.0236$。

表 8-3 SH 模型最优套期保值比率及相关数据

远期合约	分阶段的最优套期保值比率			$Var(R_{h^*})$	R_{h^*}
	4 月	5~6 月	7~9 月		
1M	0.4676	—	—	0.04595	-2.0236
3M	0.5691	-0.0896	—		
6M	-0.7484	-0.1625	0.0478		

四、变化型展期套期保值模型的实证分析

SRH 和 SH 模型在展期策略的构造以及应用的范围上都有一定的局限性。变化型展期套期保值展期策略十分灵活。出于方便进行对比的目的，本节将 SRH 模型和 SH 模型组合到一起，形成一种新的变化型展期套期保值模型。当然不止这一种方法构造变化型展期套期保值模型。

将 2008 年 4~9 月，按月分成六个区间。考虑空头的情形，具体展期策略设计如下：

Δ_1 区间：假定在 2008 年 4 月初买入一定比例的 1 月期、3 月期以及 6 月期人民币对美元的远期汇率合约；4 月底 1 月期的远期合约到期平仓，又买入新的 1月期远期合约，并对 3 月期和 6 月期的远期合约进行调整。Δ_2 区间：从 5 月初到5 月底，重复第一阶段的操作。Δ_3 区间：6 月底 1 月期和 3 月期的远期合约到期平仓；买入一定比例的 1 月期远期合约，并对 6 月期的远期合约进行调整，不再买入 3 月期的远期合约。Δ_4 区间：7 月 1 月期的远期合约到期平仓，买入一定比例新的 1 月期远期合约，并对 6 月期的远期合约进行调整。Δ_5 和Δ_6 区间：重复Δ_4 区间的操作，直至套期保值终止。出于流动性的考虑未使用 12 月期的远期合约。具体操作如图 8-7 所示。

根据展期策略的设定，按照区间的先后以及到期时间的长短对远期合约进行排序。由表 8-1 的数据可以写出即期收益率向量和远期收益率向量：

$s = [-0.3500,\ -0.6490,\ -1.2757,\ -0.3361,\ 0.0936,\ 0.1578]^T$

$f = [0.6241,\ 1.3050,\ 2.1900,\ -0.8004,\ 0.5256,\ -0.4966,\ -0.9745,\ -0.7475,\ -0.2699,\ -0.4930,\ -0.2233,\ 0.1173,\ 0.1908,\ -0.0440,\ 0.6611]^T$

用 2008 年 4~9 月的人民币对美元的即期和远期数据，分别计算远期收益率向量的协方差矩阵 F、即期收益率向量的协方差矩阵 S，以及远期收益率向量和即期收益率向量的协方差矩阵 C。计算结果如下：

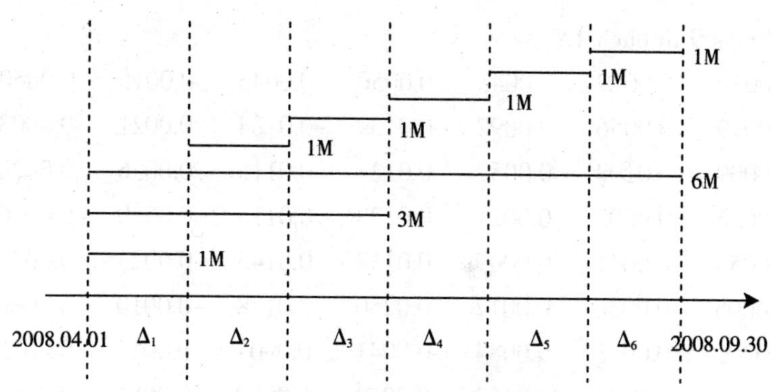

图 8-7　变化型展期套期保值模型展期策略设计

F =

Columns 1 through 8

0.0178	0.0198	0.0192	−0.0105	−0.0139	−0.0259	0.0033	0.0015
0.0198	0.0402	0.0282	−0.0168	−0.0199	−0.0356	0.0024	−0.0011
0.0192	0.0282	0.0469	−0.0255	−0.0311	−0.0490	0.0092	0.0024
−0.0105	−0.0168	−0.0255	0.0330	0.0387	0.0582	−0.0037	0.0048
−0.0139	−0.0199	−0.0311	0.0387	0.0491	0.0726	−0.0038	0.0049
−0.0259	−0.0356	−0.0490	0.0582	0.0726	0.1280	−0.0104	0.0039
0.0033	0.0024	0.0092	−0.0037	−0.0038	−0.0104	0.0144	0.0137
0.0015	−0.0011	0.0024	0.0048	0.0049	0.0039	0.0137	0.0238
0.0032	−0.0039	0.0009	0.0056	0.0053	−0.0005	0.0201	0.0236
0.0029	0.0056	0.0108	−0.0002	−0.0041	−0.0030	0.0073	0.0126
0.0045	0.0092	0.0057	0.0021	0.0009	0.0017	0.0084	0.0172
−0.0050	−0.0139	−0.0127	0.0128	0.0157	0.0250	−0.0041	−0.0063
−0.0043	−0.0184	−0.0115	0.0116	0.0143	0.0178	−0.0007	−0.0039
0.0015	−0.0021	−0.0056	−0.0030	−0.0023	−0.0010	0.0017	0.0054
0.0050	−0.0003	−0.0028	−0.0030	−0.0036	0.0000	0.0035	0.0088

Columns 9 through 15

0.0032	0.0029	0.0045	-0.0050	-0.0043	0.0015	0.0050
-0.0039	0.0056	0.0092	-0.0139	-0.0184	-0.0021	-0.0003
0.0009	0.0108	0.0057	-0.0127	-0.0115	-0.0056	-0.0028
0.0056	-0.0002	0.0021	0.0128	0.0116	-0.0030	-0.0030
0.0053	-0.0041	0.0009	0.0157	0.0143	-0.0023	-0.0036
-0.0005	-0.0030	0.0017	0.0250	0.0178	-0.0010	0.0000
0.0201	0.0073	0.0084	-0.0041	-0.0007	0.0017	0.0035
0.0236	0.0126	0.0172	-0.0063	-0.0039	0.0054	0.0088
0.0492	0.0149	0.0218	0.0012	0.0087	0.0089	0.0131
0.0149	0.0186	0.0188	-0.0056	-0.0052	-0.0004	0.0027
0.0218	0.0182	0.0315	-0.0032	-0.0023	0.0075	0.0097
0.0012	-0.0056	-0.0032	0.0259	0.0276	0.0013	-0.0000
0.0087	-0.0052	-0.0023	0.0276	0.0350	0.0020	-0.0000
0.0089	-0.0004	0.0075	0.0013	0.0020	0.0157	0.0168
0.0131	0.0027	0.0097	-0.0000	-0.0000	0.0168	0.0223

S =

0.0203	0.0008	-0.0026	-0.0061	0.0054	-0.0031
0.0008	0.0194	0.0011	-0.0049	0.0023	0.0005
-0.0026	0.0011	0.0116	-0.0040	-0.0047	0.0016
-0.0061	-0.0049	-0.0040	0.0280	-0.0015	0.0017
0.0054	0.0023	-0.0047	-0.0015	0.0179	-0.0039
-0.0031	0.0005	0.0016	0.0017	-0.0039	0.0219

C =

Columns 1 through 8

0.0032	-0.0033	0.0004	-0.0011	-0.0042	-0.0044	-0.0028	-0.0051
0.0041	0.0030	0.0003	-0.0065	-0.0056	-0.0078	0.0001	-0.0043
-0.0020	0.0013	0.0057	-0.0065	-0.0062	-0.0087	0.0042	-0.0012
-0.0020	0.0005	-0.0063	0.0052	0.0031	0.0035	0.0025	0.0105
0.0024	-0.0022	-0.0015	0.0078	0.0077	0.0129	-0.0024	0.0002
-0.0013	0.0028	-0.0061	0.0014	0.0016	0.0038	-0.0070	-0.0023

$$\begin{bmatrix} \text{Columns 9 through 15} \\ -0.0035 & -0.0017 & -0.0042 & 0.0046 & 0.0074 & 0.0010 & 0.0018 \\ -0.0002 & -0.0029 & -0.0002 & 0.0025 & 0.0055 & 0.0054 & 0.0042 \\ -0.0024 & -0.0000 & -0.0049 & -0.0013 & -0.0013 & -0.0035 & -0.0036 \\ 0.0159 & 0.0126 & 0.0174 & -0.0021 & -0.0042 & 0.0048 & 0.0051 \\ 0.0007 & 0.0020 & 0.0048 & 0.0135 & 0.0148 & 0.0021 & 0.0038 \\ -0.0123 & -0.0024 & -0.0026 & -0.0066 & -0.0098 & -0.0009 & 0.0002 \end{bmatrix}$$

经检验可知，协方差矩阵 F 非奇异且可逆，由式（8–19）计算可得到最优套期保值比率：

$h^* = [0.4074,\ 0.6052,\ -1.2488,\ -0.9925,\ 1.0560,\ -0.3135,\ 0.6359,\ -0.5538,\ -1.0525,\ 2.5603,\ -0.5126,\ -0.7601,\ 1.5311,\ -0.1798,\ 1.1094]^T$

表 8–4 变化型展期套期保值模型的最优套期保值比率

远期合约	分阶段的最优套期保值比率						$Var(R_{h^*})$	R_{h^*}
	4 月	5 月	6 月	7 月	8 月	9 月		
1M	0.4074	–0.9925	0.6359	2.5603	–0.7601	–0.1798	0.04007	–1.1033
3M	0.6052	1.0560	–0.5538	—	—	—		
6M	–1.2488	–0.3135	–1.0525	–0.5126	1.5311	1.1094		

将最优套期保值比率代入式（8–17）可求出套期保值的组合方差：$Var(R_{h^*}) = 0.04007$，由式（8–16）可求出套期保值组合收益率：$R_{h^*} = -1.1033$。

五、三种展期套期保值模型的绩效对比分析

为了方便比较变化型展期套期保值模型、SRH 模型和 SH 模型的套期保值绩效，本节分别计算这三种模型的收益率指标、风险指标、避险绩效指标 HE 以及综合考虑风险和收益的 Sharp 套期比指标 H_s。计算结果见表 8–5。

在计算 Sharp 套期比指标 H_s 的过程中，使用 2007~2008 年中国资本的平均贷出利率作为无风险利率，即 $r_f = 4.14\%$。由于本书使用放大 100 倍的收益率，并且时间区间为半年，所以计算时使用 $50r_f = 2.07$。

通过表 8–5 绩效指标的计算结果，可以发现变化型展期套期保值模型的四项指标在三个模型当中都是最好的，并且提升的幅度十分明显。

表 8-5 套期保值模型绩效指标的对比

模型/绩效指标	R_{h^*}	$Var(R_{h^*})$	HE	H_s
变化型	-1.1033	0.04007	52.49%	-15.85
SRH 模型	-2.9358	0.04888	42.02%	-22.64
SH 模型	-2.0236	0.04595	45.49%	-19.10

这个结果并不意外。首先，变化型展期套期保值模型不受合约数量、合约进入时间和合约退出时间的限制，可以对远期合约进行任意的组合。从组合投资的角度来看，越多的远期合约进入，就能分散越多的系统性风险。套期保值者也可以根据自身的约束条件，设计符合自身需求的展期策略。其次，由于与远期合约种类以及进入和退出的时间不受限制，变化型套期保值模型可以有更灵活的结构。如果预期价格将大幅波动，可以采用期限较短的远期合约，并提高展期的次数来规避价格波动的风险。如果预期价格将较为平稳的运行，则可以使用期限较长的远期合约，并减少展期次数来降低交易费用。

本书选取的数据区间是 2008 年 4~9 月。在此区间，人民币对美元汇率呈上升趋势，并且波动很大。变化型展期套期保值模型可以利用自身的优势，使用较多的远期合约分散系统性风险，使用较多比例的 1 月期远期合约并适当增加套期保值的展期次数减少价格大幅波动的风险。

SRH 模型由于使用了较多的展期次数，在人民币对美元汇率大幅波动的情况下，套期保值绩效要比使用展期次数较少的 SH 模型稍好。但是 SRH 受远期合约时间长度的限制，最短的展期区间为市场上最短远期合约的时间跨度。相比之下，变化型展期套期保值模型可以打破这个限制，可以无限次增加展期次数。但是如何实现展期次数与交易成本之间的平衡有待进一步研究。

六、动态调整策略的算例

动态调整按展期策略分为六个区间，从 2008 年 4 月 1 日到 2008 年 9 月 30 日，每个月末调整一次，总共有五次调整。

本章选取 2006 年 4 月 1 日至 2008 年 3 月 31 日的数据来计算 Δ_1 区间上的期望收益率和标准差。使用 2006 年 5 月 1 日至 2008 年 4 月 30 日的数据来计算 Δ_2 区间上的期望收益率和标准差，以此类推。本章主要目的是给出具体的演算过程，相关的参数由笔者自行设定，仅供参考。

在 Δ_1 区间上，期望收益率和标准差 1 可以由历史数据得出，实际收益率和最优套期保值比率已经在实证中算出（$h_1 = [0.4074，0.6052，-1.2488]^T$）。假定在 Δ_1 区间上套期保值者对各期货合约的风险偏好向量为：$\alpha_1 = [1，1.6，2.6]^T$。根据超额损失的定义及对计算过程的描述，可算得超额损失向量 $\theta_1 = [0.3357，0.4534，0.2901]^T$。整个 Δ_1 区间上的超额损失为：$h_1^T\theta_1 = 0.0549$，如表 8-6 所示。

表 8-6 Δ_1 区间动态调整的相关参数

Δ_1 区间	$E(R_{f_j}^{(1)})$	σ_{1,f_j}	$R_{f_j}^{(1)}$	$\alpha_{1,j}$	$h_j^{(1)}$	$\theta_{1,j}$
1M	−0.6154	0.5784	0.2987	1	0.4074	0.3357
3M	−0.6514	0.8374	1.1518	1.6	0.6052	0.4634
6M	−0.7167	0.8844	1.8729	2.6	−1.2488	0.2901

后续共有 5 个区间，12 个期货合约需要调整。期货合约按照区间的先后以及合约期限的长短进行排序。根据历史数据计算后续各区间期货合约的期望收益，设定各个期货合约进行等比重的调整，即调整比重都为 0.083。可得出表 8-7 中的数据。

表 8-7 后续区间动态调整的相关参数

后续区间参数		$w_{i,j}$	$E(R_{f_j}^{(i)})$	$h_j^{(i)}$
Δ_2	1M	0.083	−0.586	−0.992
	3M	0.083	−0.620	1.056
	6M	0.083	−0.683	−0.313
Δ_3	1M	0.083	−0.586	0.636
	3M	0.083	−0.620	−0.554
	6M	0.083	−0.683	−1.053
Δ_4	1M	0.083	−0.674	2.560
	6M	0.083	−0.785	−0.513
Δ_5	1M	0.083	−0.615	−0.760
	6M	0.083	−0.717	1.531
Δ_6	1M	0.083	−0.557	−0.180
	6M	0.083	−0.648	1.109

由式（8-15）计算可得：$k_1 = -0.3785$。使用 $h_j^{(i)}(1 + \lambda_i w_{i,j})$ 代替原来的最优套期保值比 $h_j^{(i)}$，可算得调整后的套期保值比率，如表 8-8 所示。

表 8-8　Δ_1 区间动态调整后的最优套期保值比率

$h_j^{(i)}$	Δ_2	Δ_3	Δ_4	Δ_5	Δ_6
1M	−0.961	0.616	2.479	−0.736	−0.174
3M	1.023	−0.537	—	—	—
6M	−0.303	−1.020	−0.497	1.483	1.074

在 Δ_2 区间上按照调整后的套期保值比率进行套期保值，并在期末进行调整。计算相关参数可得表 8-9。

表 8-9　Δ_2 区间动态调整的相关参数

Δ_2 区间	$E(R_{f_j}^{(2)})$	σ_{2,f_j}	$R_{f_j}^{(2)}$	$\alpha_{2,j}$	$h_j^{(2)}$	$\theta_{2,j}$
1M	−0.5560	0.5753	−0.8004	0.8	−0.9612	0
3M	−0.5625	0.8364	−0.5256	0.8	1.0227	0
6M	−0.5886	0.8868	−0.4966	0.8	−0.3036	0

由表 8-9 可知，Δ_2 区间上并没有超额损失，所以不需要进行调整。继续按第一次调整后的套期保值比率进行交易。分别计算 Δ_3、Δ_4、Δ_5 区间上的相关参数得到表 8-10、表 8-11、表 8-12。

表 8-10　Δ_3 区间动态调整的相关数据

Δ_3 区间	$E(R_{f_j}^{(3)})$	σ_{3,f_j}	$R_{f_j}^{(3)}$	$\alpha_{3,j}$	$h_j^{(3)}$	$\theta_{3,j}$
1M	−0.5904	0.5940	−0.9745	0.8	0.6158	−0.0910
3M	−0.5829	0.8566	−0.7475	0.8	−0.5363	0
6M	−0.6119	0.9386	−0.2699	0.8	−1.0193	0

表 8-11　Δ_4 区间动态调整的相关数据

Δ_4	$E(R_{f_j}^{(4)})$	σ_{4,f_j}	$R_{f_j}^{(4)}$	$\alpha_{4,j}$	$h_j^{(4)}$	$\theta_{4,j}$
1M	−0.7171	0.6439	−0.4930	0.8	2.4796	0
6M	−0.7096	1.0195	−0.2233	0.8	−0.4964	0

表 8-12　Δ_5 区间动态调整的相关数据

Δ_5	$E(R_{f_j}^{(5)})$	σ_{5,f_j}	$R_{f_j}^{(5)}$	$\alpha_{5,j}$	$h_j^{(5)}$	$\theta_{5,j}$
1M	−0.6607	0.6211	0.1173	0.8	−0.7361	0.2811
6M	−0.6537	0.9797	0.1908	0.8	1.4829	0.0606

由上述计算结果可知，在 Δ_3、Δ_4、Δ_5 区间上并没有超额损失，所以在这些区间上都不需要进行套期保值比率的调整。仍然按照第一次调整后的套期保值比率进行套期保值。

第五节　本章结论

本章按照展期套期保值理论的发展脉络，详细介绍了成堆套期保值 SRH 模型、系列展期套期保值 SH 模型、变化型展期套期保值模型的理论方法。并利用即期收益率向量的协方差矩阵、远期收益率向量的协方差矩阵，以及即期和远期收益率向量的协方差矩阵推导出这三种模型的最优套期保值比率的解析解。变化型展期套期保值模型对远期合约的种类，远期合约进入和退出的时间没有限制，展期策略构造十分灵活。鉴于此，本章还针对变化型展期套期保值模型提出了动态跟踪调整策略。套期保值者可以根据自身的风险偏好，以及在展期过程当中接收到的新的信息集，设定动态调整的相关参数，在每一次展期期末判定是否需要调整后续合约的套期保值比率，以及计算调整比率的大小。

在实证部分，本章针对上述三种展期套期保值模型构造了相应的展期策略，选取 2008 年 4 月 1 日至 2008 年 9 月 30 日这一区间，利用人民币对美元的即期和远期汇率数据，进行了实证演算。实证结果表明：相对于 SRH 和 SH 模型，变化型展期套期保值模型的绩效指标大幅显著提高。这得益于变化型展期套期保值模型能够引入更多的远期合约，构造套期保值组合分散风险；同时能够根据实际情况调整展期策略，有效减少价格波动的风险。本章还给出一个变化型展期套期保值模型动态跟踪调整策略的算例，为理论的实际应用提供借鉴。

本章还存在很多不足，对变化型展期套期保值模型也有很多值得进一步研究的地方。首先，在计算即期和远期收益率向量的协方差矩阵时，本章使用的是静态的方法，可以考虑尝试将变化型展期套期保值模型往动态的方向发展。其次，本章是在风险最小化的条件下，求解最优套期保值比率，使用的风险测度是方差，但是方差是一个双边风险测度，并且忽略了不同套期保值者风险偏好的差异。可以考虑引进 LPM 和 VaR 等更加先进的风险测度工具。这两方面的问题在接下来的章节中将进一步论述。

第九章　基于动态 GARCH 模型的套期保值绩效研究

第一节　引言

汇率制度的不断改革、外汇管理制度的不断变化和对外开放程度的不断提高，无疑增加了汇率变动的风险程度，使进出口企业和相关金融机构面临的汇率风险不断增加，市场也愈加重视对外汇风险的管理。规避汇率风险的重要途径是在远期市场上套期保值，而套期保值的绩效又与远期市场的发达程度、市场化程度息息相关。人民币远期外汇市场的建立，一方面对规避汇率风险、促进货币价值发现、推动国际贸易发展有重要作用，另一方面对促进人民币汇率改革能产生积极作用。目前在境内外存在两个人民币远期市场，即境内银行间人民币远期市场和境外无本金交割远期（Non-Deliverable Forward，NDF）市场。哪一个市场套期保值绩效更优？境内人民币远期市场是否为效率更高的套期保值市场？本章将回答这些问题，希望在实务上能够为引导相关机构规避外汇风险提供建议。

2005 年 8 月 15 日，中国外汇交易中心作为汇改配套措施正式推出银行间远期外汇交易品种，我国银行间外汇远期市场引入了第一个衍生品，银行间外汇市场为银行规避外汇风险提供了必要的工具。境内银行间外汇市场人民币衍生品交易从无到有，规模快速增长，已经在保值避险和发现价格上发挥了良好的作用。离岸的人民币 NDF 市场产生于 20 世纪 90 年代，包括新加坡、中国香港以及芝加哥交易所等市场。境外 NDF 市场是亚洲最主要的 NDF 市场之一，发展时间长，市场比较成熟，市场化程度高。虽然我国中央银行明确禁止境内中资和外资企业参与 NDF 交易，但是 NDF 交易并不涉及人民币和外汇的跨境流动，企业交给银行的外汇担保也无需汇到境外，只是作为这些银行通知其境外分行进行 NDF 交易的一种凭证，赚取的利润也只需存到境外银行的账户即可。因此外汇管理局在执行监控的过程中难度较大，实际上 NDF 交易受到的管制较小。

银行间远期外汇市场启动较晚，而 NDF 市场的发展历史长，市场化程度高，参与者多为成熟的国际交易者，交投相当活跃。比较两个市场近几年来的日均交易量（见表 9-1）可以看到，两市的日均成交量规模差距悬殊。尽管 2008 年初以来随着国际金融危机的不断扩散和深化，特别是雷曼兄弟宣布申请破产保护以来，很多对冲基金平仓退出，一些做市商也因资金紧张停止做市，NDF 交易量有所萎缩。但据市场人士估计，2008 年 NDF 日均交易量仍然增至 40 亿美元左右。

表 9-1　境内银行间远期外汇市场和境外 NDF 市场日均交易量

单位：亿美元

	境内银行间远期外汇市场①	境外 NDF 市场②
2006 年	0.58	约 14
2007 年	0.92	约 30
2008 年上半年	1	约 40

本章研究目的在于比较两个远期市场的套期保值绩效，套期保值作为远期外汇市场的基本功能之一，其方法和绩效都是十分值得研究和探讨的。

第二节　文献回顾

一直以来，关于境内外人民币远期市场争论的焦点主要集中于 NDF 汇率和境内人民币汇率之间是否存在互为引导关系，哪个市场是汇率形成的主导力量等方面。

① 境内银行间远期外汇市场日均交易量数据来自各年《中国国际收支报告》。

② 境外 NDF 市场日均交易量数据来自各年《国际金融市场报告》，由于是场外交易，市场上并无 NDF 交易量的权威统计。

早期在汇改前后这一时间段的研究中，由于境内银行间远期外汇市场才刚刚起步，所以市场建设和定价能力还处在发展完善阶段。张光平（2006）、彭红枫等（2007）的研究结果表明，境内人民币远期市场尚未摆脱境外 NDF 市场的影响，NDF 市场仍是影响人民币远期定价的主要因素。2006 年第二季度的央行货币政策报告认为境内人民币远期市场已掌握了人民币远期定价的主导权，NDF 汇率逐渐呈现出受境内远期汇率引导的迹象。代幼渝和杨莹（2007）的实证研究也表明境内远期市场已成为人民币外汇市场的信息中心。但近期一些研究又支持 NDF 汇率依然引导境内远期汇率的观点，如陈蓉等（2008）的研究同时也表明 NDF 仍是重要的价格发现市场。关于境内外远期市场的汇率引导关系一直悬而未决，套期保值作为汇率远期市场的重要功能之一，其绩效如何更是引人关注。本章希望在这方面的研究有所拓展，运用静态与动态的最小方差套期保值比率模型，比较分析境内外人民币远期市场套期保值的绩效。

在套期保值的理论和实务中，最优套期保值比率的确定是其核心问题。本章将从组合资产收益风险最小化的角度，研究最小风险套期保值比率（Risk-Minimizing Hedge Ratios）及其绩效。期货市场套期保值策略的运用问题从 20 世纪 50 年代至今经历了几个阶段。Markowitz（1952）的资产组合理论由 Johnson（1960）和 Stein（1961）引入来解释套期保值问题，通过最小化套期保值组合的方差来得到收益方差最小的最优套期保值比率（Optimal Hedge Ratio，OHR），使得套期保值比率与绩效问题逐渐成为期货市场研究的热点。

20 世纪 70 年代，Ederington（1979）将这一理论继续发展成以 OLS 方法为基础来估计最小方差套期保值比率。在具体计算中他用 OLS 方法对期货价格的变化量和现货价格的变化量之间进行线性拟合，由于该值在整个套期保值过程中是一个常数，我们称之为静态最优套期保值比率。然而 OLS 回归所得到的残差存在自相关问题，并不满足经典线性回归模型的基本假设，Herbst 等（1989）和 Myers 等（1989）后来提出了双变量自回归模型（B-VAR），消除残差自相关。协整理论的出现进一步推动了最优套期保值比率模型的发展，由于现货价格与期货价格之间存在协整关系，Ghosh（1993）建立了误差修正模型（ECM），并通过实证发现：当不恰当地忽略协整关系时，所计算出的套期保值比率将小于最优值。

进一步考虑现货价格和期货价格波动的异方差性，Baillie 和 Myers（1991）用 GARCH 类模型估计了最优套期保值比率。GARCH 类模型估计得到的最优套期保值比率与前面的模型不同，随着现货和期货市场中新信息的产生，信息集将发生变化，从而引起最优套期保值比率的变化，此时的最优套期保值比率将不再是一个常数。Kroner 和 Sultan（1993）对模型进行了改进，将 ECM 与 GARCH 类模型结合起来，提出了 ECM-GARCH 模型，并用来估计了英镑、日元、加元等世界主要货币期货的最优套期保值比率，取得了较好的套期保值效果。目前国内对于最优套期保值比率的研究主要集中于有色金属期货、农产品期货等。刘京军等（2009）基于静态的 OLS 模型以及 ECM 修正模型研究了人民币远期市场套期保值问题。然而市场是动态变化的，从动态模型研究套期保值绩效的角度来分析人民币远期市场运行效率是十分必要的。

第三节　动态最优套期保值模型与绩效评价方法

一、最小方差套期保值比率与绩效衡量指标

考虑一个包含 C_s 单位的现货多头头寸和 C_f 单位的期货空头头寸的投资组合，记 S_t 和 F_t 分别为 t 时刻现货和期货的价格。如果忽略交易成本，其组合的利润 P_H 为：$P_H = C_s\Delta S_t - C_f\Delta F_t$。其中，$\Delta S_t = S_t - S_{t-1}$ 表示现货价格的变化，$\Delta F_t = F_t - F_{t-1}$ 表示期货价格的变化。套期保值组合的方差（即方差）为：

$$Var(P_H) = C_s^2 Var(\Delta S) + C_f^2 Var(\Delta F) - 2C_sC_f(\Delta S,\ \Delta F) \tag{9-1}$$

因为套利的目的在于最小化投资组合的方差，所以最小化方差的套期保值比率就是最优套期保值比率 $h^* = C_f/C_s = Cov(\Delta S, \Delta F)/Var(\Delta F)$。如前文第七章所述，方差最小化模型的套期保值绩效衡量指标，是与未参与套期保值时收益方差相比，参与套期保值后收益方差的减少程度。未参与套期保值方差 $Var(U_t)$ 和参与套期保值收益方差 $Var(H_t)$ 可以分别表示为：

$$Var(U_t) = Var(\Delta S_t) = Var(S_t - S_{t-1}) \tag{9-2}$$

$$Var(H_t) = Var(\Delta S_t) + h^2 Var(\Delta F_t) - 2hCov(\Delta S_t,\ \Delta F_t) \tag{9-3}$$

其中，$H_t = \Delta S_t + h_t\Delta F_t$，可以得到套期保值绩效指标 HE（Hedging Effects）：

$$HE = \frac{Var(U_t) - Var(H_t)}{Var(U_t)} \tag{9-4}$$

该指标反映了进行套期保值相对于不进行套期保值风险降低的程度。HE 越

大，则套期保值绩效越好，避险投资组合资产报酬的方差降低的程度越显著。套期保值绩效的一个更为可靠的计算方法是利用样本外数据进行计算，本章的研究将采用两种方法来进行比较分析。

$$HE_{t,n}^{FWD} = 1 - \frac{Var(\Delta S_t - h_{t,n}^{FWD}\Delta FWD_{t,n})}{Var(\Delta S_t)} \tag{9-5}$$

$$HE_{t,n}^{NDF} = 1 - \frac{Var(\Delta S_t - h_{t,n}^{NDF}\Delta NDF_{t,n})}{Var(\Delta S_t)} \tag{9-6}$$

二、动态最优套期保值比率模型——BV-GARCH 模型

Baillie 和 Myers（1991）运用该模型，对美国的农产品期货的最优套期保值比率进行了估计。该套期保值组合在时期（t - 1，t）内的收益率 R_{pt} 为：$R_{pt} = R_{st} - h_{t-1}R_{ft}$，其中 h_{t-1} 为套期保值比率，$R_{st} = \Delta S_t/S_t$，$R_{ft} = \Delta F_t/F_t$。收益率方差为：

$$Var(R_{ht}|\Omega_{t-1}) = Var(R_{st}|\Omega_{t-1}) + h_{t-1}^2 Var(R_{ft}|\Omega_{t-1}) - 2h_{t-1}Cov(R_{st},\ R_{ft}|\Omega_{t-1}) \tag{9-7}$$

Ω_{t-1} 为 t - 1 时的信息集，对上式求导可以得到最小方差套期保值比率为：

$$h_{t-1}^* \Big| \Omega_{t-1} = \frac{Cov(R_{st},\ R_{ft}|\Omega_{t-1})}{Var(R_{ft}|\Omega_{t-1})} \tag{9-8}$$

我们可以看出，随着现货和期货市场中新信息的产生，信息集 Ω 将发生变化，从而引起最优套期保值比率的变化，此时的最优套期保值比率不再是一个常数。

为了估计 h_{t-1}^*，研究一般采用适合计量时变方差的 GARCH 类模型，Bollerslev（1990）等均使用了 BGARCH 模型来估计最优套期保值比率，该模型表示为：

$$\Delta P_t = \mu + \varepsilon_t,\ \varepsilon_t|\Omega_{t-1} \sim BN(0,\ H_t) \tag{9-9}$$

其中，$\Delta P_t = (\Delta S_t,\ \Delta F_t)^T$，$\mu = (\mu_s,\ \mu_f)^T$，$\varepsilon = (\varepsilon_{s,t},\ \varepsilon_{f,t})^T$，BN 意味着二元正态分布，$H_t$ 为随时间变化的（2 × 2）的正定条件协方差矩阵，其中 $vech(H_t) = (h_{ss,t},\ h_{sf,t},\ h_{ff,t})^T$。

在后面的研究中，我们将以 BV-GARCH 模型建立方程，分别研究各个远期期限的境内人民币远期市场与人民币 NDF 市场的动态最优套期保值比率，并比较它们的套期保值绩效。关于两个远期市场的模型中 ΔP_t 分别表示 $\Delta P_t = (\Delta S_t,\ \Delta FWD_t)^T$；$\Delta P_t = (\Delta S_t,\ \Delta NDF_t)^T$。

在 BV-GARCH（p，q）模型中，H_t 的一般形式为：

$$\mathrm{vech}(H_t)=\mathrm{vech}(C)+\sum_{t=1}^{q}\Gamma_t\mathrm{vech}(\varepsilon_{t-1},\ \varepsilon_{t-1}^{T})+\sum_{t=1}^{p}D_t\mathrm{vech}(H_{t-1}) \tag{9-10}$$

其中，C 为（2×2）的对称的正定矩阵，Γ_t 和 D_t 为（3×3）的矩阵。由于上式包含太多的待估参数，因此 Bollerslev（1990）对它进行了简化。假定残差 $\varepsilon_{s,t}$ 与 $\varepsilon_{f,t}$ 之间的相关系数 ρ_{sf} 为常数，此时 H_t 可表示为：

$$H_t=\begin{bmatrix}h_{ss,t} & h_{sf,t}\\ h_{sf,t} & h_{ff,t}\end{bmatrix}=\begin{bmatrix}\sqrt{h_{ss,t}} & 0\\ 0 & \sqrt{h_{ff,t}}\end{bmatrix}\begin{bmatrix}1 & \rho_{sf}\\ \rho_{sf} & 1\end{bmatrix}\begin{bmatrix}\sqrt{h_{ss,t}} & 0\\ 0 & \sqrt{h_{ff,t}}\end{bmatrix} \tag{9-11}$$

其中，$h_{ss,t}$、$h_{sf,t}$ 和 $h_{ff,t}$ 分别由以下等式给出：

$$h_{ss,t}=c_1+a_s\varepsilon_{s,t-1}^2+b_1h_{ss,t-1} \tag{9-12}$$

$$h_{ff,t}=c_2+a_2\varepsilon_{s,t-1}^2+b_2h_{ff,t-1} \tag{9-13}$$

$$h_{sf,t}=\rho_{sf}\sqrt{h_{ss,t-1},\ h_{ff,t-1}} \tag{9-14}$$

此时，最优套期保值比率可表示为：

$$h_{t-1}^{*}\Big|\Omega_{t-1}=\frac{\mathrm{Cov}(R_{st},\ R_{ft}|\Omega_{t-1})}{\mathrm{Var}(R_{ft}|\Omega_{t-1})}=\frac{h_{sf,t}}{h_{ff,t}} \tag{9-15}$$

三、动态最优套期保值比率模型——GARCH-ECM 模型

BV-GARCH 模型同样没有考虑现货价格与期货价格的协整关系，由于 ECM 模型中的 ε_t 时常不是白噪声，而且呈现出异方差性。基于这一点，Kroner 和 Sultan（1993）将考虑协整关系的 ECM 模型和能准确度量异方差性的 GARCH 模型结合在一起，发展了 ECM-GARCH 模型。表达式为式（9-16），其中残差项 $(e_{st},\ e_{ft})^T$ 遵循 GARCH 过程。

$$\begin{bmatrix}\Delta\ln S_t\\ \Delta\ln F_t\end{bmatrix}=\begin{bmatrix}\mu_1\\ \mu_2\end{bmatrix}+\begin{bmatrix}\alpha_1(\ln S_t-\ln F_t)\\ \alpha_2(\ln S_t-\ln F_t)\end{bmatrix}+\begin{bmatrix}e_{st}\\ e_{ft}\end{bmatrix} \tag{9-16}$$

在后面的研究中，我们将参考彭红枫、叶永刚（2007）的修正的 ECM-BVGARCH 模型，分别研究各个远期期限的境内人民币远期市场与人民币 NDF 市场的动态最优套期保值比率，并比较它们的套期保值绩效，其中残差项 $(e_{1t},\ e_{2t})^T$ 遵循 GARCH 过程。

$$\begin{bmatrix}\Delta S_t\\ \Delta FWD_t\end{bmatrix}=\begin{bmatrix}\mu_1\\ \mu_2\end{bmatrix}+\begin{bmatrix}\alpha_1(S_t-FWD_t)\\ \alpha_2(S_t-FWD_t)\end{bmatrix}+\begin{bmatrix}e_{1t}\\ e_{2t}\end{bmatrix} \tag{9-17}$$

$$\begin{bmatrix}\Delta S_t\\ \Delta NDF_t\end{bmatrix}=\begin{bmatrix}\mu_1\\ \mu_2\end{bmatrix}+\begin{bmatrix}\alpha_1(S_t-NDF_t)\\ \alpha_2(S_t-NDF_t)\end{bmatrix}+\begin{bmatrix}e_{1t}\\ e_{2t}\end{bmatrix} \tag{9-18}$$

与 BV-GARCH 模型一样，本章的研究限制残差 $\varepsilon_{s,t}$ 与 $\varepsilon_{f,t}$ 之间的相关系数 ρ_{sf} 为常数，即期货价格变动的条件方差以及现货价格变动的条件方差为一常数。

第四节 境内外人民币远期套期保值的实证分析

一、数据来源与处理

本章研究分析数据的时间跨度从 2005 年 10 月 21 日至 2009 年 1 月 6 日。境内银行间远期外汇市场、境外 NDF 市场和即期汇率数据全部来自 Bloomberg 数据库。在远期合约期限的选择上，我们比较全面地选择了 1 月期、3 月期、6 月期以及 1 年期远期期限品种。另外，2008 年上半年人民币汇率变化趋势有所转变，在远期市场上的反映尤为明显。

2008 年初，在美元走弱、中国通胀压力持续加大、中国人民银行上调存款准备金率等因素影响下，人民币 1 年期 NDF 一路振荡下行，并于 3 月 13 日报收于 6.271 的年内最低点。其后，在美元总体走势强劲、中国通胀压力减小、经济增长放缓以及中国政府采取积极的财政政策和适度宽松的货币政策等因素影响下，人民币贬值预期升温，境内外人民币远期汇率一路振荡走高。我们以 2008 年 3 月为分界用 Granger 因果检验研究了在此前后两个市场汇率之间的相互引导关系和市场信息的流动方向，结果反映出在 2008 年 3 月以前境内外远期市场相互影响；而在 2008 年 3 月以后，境内银行间远期汇率不是境外 NDF 汇率的格兰杰原因，而境外 NDF 汇率是境内银行间远期外汇市场汇率的格兰杰原因，引导境内远期汇率的走势，境外 NDF 市场具有信息优势。

针对境内外两个人民币远期市场汇率引导关系，结合境内外人民币远期汇率的近期走势，本章还将以 2008 年 3 月 31 日为分界点，研究在此时间前后境内外人民币远期市场的最优套期保值比率和套期保值绩效是否发生变化。本章中，用 S_t 表示即期汇率，n 表示远期外汇合约的远期期限，$FWD_{t,n}$ 表示 t 时刻远期期限为 n 个月的境内银行间远期外汇市场汇率报价，$NDF_{t,n}$ 表示 t 时刻远期期限为 n 个月的人民币 NDF 远期汇率报价。研究数据的详细情况如表 9-2 所示。

表 9-2 样本数据详细情况

	远期期限	n=1	n=3	n=6	n=12
全样本	开始日期	2005-10-21	2005-10-21	2005-10-21	2005-10-21
	结束日期	2009-01-06	2009-01-06	2009-01-06	2009-01-06
	样本总数	791	791	791	790
样本一	开始日期	2005-10-21	2005-10-21	2005-10-21	2005-10-21
	结束日期	2008-03-31	2008-03-31	2008-03-31	2008-03-31
	样本总数	602	602	602	601
样本二	开始日期	2008-04-01	2008-04-01	2008-04-01	2008-04-01
	结束日期	2009-01-06	2009-01-06	2009-01-06	2009-01-06
	样本总数	189	189	189	189

二、单位根与协整检验

运用 GARCH-ECM 模型之前，我们必须确认远期汇率与即期汇率之间是否存在协整关系，需要对各时间序列进行单位根检验和协整检验，这里采用 EG 两步法。

第一步是对各子样本进行 ADF 单位根检验。结果如表 9-3 所示，$FWD_{t,n}$、$NDF_{t,n}$ 和 S_t 时间序列均服从一阶单整过程，满足协整检验前提。

表 9-3 ADF 单位根检验

			n=1	n=3	n=6	n=12	n=1	n=3	n=6	n=12
			水平检验				一阶差分检验			
样本一	$FWD_{t,n}$	t-Statistic	2.2030	1.5868	1.4911	0.9492	-20.4912	-22.7845	-10.3005	-9.6624
		Prob.*	1.0000	1.0000	1.0000	0.9999	0.0000	0.0000	0.0000	0.0000
	$NDF_{t,n}$	t-Statistic	0.8196	0.6233	0.7468	0.6216	-23.4112	-10.724	-10.849	-6.0622
		Prob.*	0.9998	0.9996	0.9997	0.9996	0.0000	0.0000	0.0000	0.0000
	S_t	t-Statistic	1.5412	1.5412	1.5412	1.5386	-26.0398	-26.0398	-26.0398	-26.0211
		Prob.*	1.0000	1.0000	1.0000	1.0000	0.0000	0.0000	0.0000	0.0000
样本二	$FWD_{t,n}$	t-Statistic	-1.697	-2.203	0.9860	-1.6731	-11.2909	-13.6951	-11.4358	-15.3832
		Prob.*	0.7490	0.4847	0.9142	0.4433	0.0000	0.0000	0.0000	0.0000
	$NDF_{t,n}$	t-Statistic	-2.3227	0.4124	0.7286	1.4157	-9.0261	-9.0052	-10.1618	-5.5529
		Prob.*	0.4192	0.8012	0.8713	0.9608	0.0000	0.0000	0.0000	0.0000
	S_t	t-Statistic	-1.4419	-1.4419	-1.4419	-1.4419	-12.7293	-12.7293	-12.7293	-12.7293
		Prob.*	0.8455	0.8455	0.8455	0.8455	0.0000	0.0000	0.0000	0.0000

第二步是分别用 $FWD_{t,n}$ 与 S_t，$NDF_{t,n}$ 与 S_t 进行 OLS 回归，回归方程为：$S_t = \alpha_n^{FWD} + \beta_n^{FWD} * FWD_{t,n}$，$S_t = \alpha_n^{NDF} + \beta_n^{NDF} * NDF_{t,n}$。同时可以得到的残差序列为 $Z_{t,n}^{FWD}$ 和 $Z_{t,n}^{NDF}$，对残差序列做单位根检验，ADF 检验结果见表 9-4。

$$Z_{t,n}^{FWD} = S_t - (\hat{\alpha}_n^{FWD} - \hat{\beta}_n^{FWD} * FWD_{t,n}) \tag{9-19}$$

$$Z_{t,n}^{NDF} = S_t - (\hat{\alpha}_n^{NDF} - \hat{\beta}_n^{NDF} * NDF_{t,n}) \tag{9-20}$$

表 9-4　残差序列的 ADF 检验结果

		样本一		样本二	
		t-Statistic	Prob.	t-Statistic	Prob.
$Z_{t,n}^{FWD}$	n=1	-3.217775	0.0013	-4.033254	0.0001
	n=3	-2.952928	0.0031	-3.298342	0.0011
	n=6	-3.011702	0.0026	-1.740531	0.0776
	n=12	-2.036301	0.0401	-2.313646	0.0204
$Z_{t,n}^{NDF}$	n=1	-4.515797	0.0000	-2.609180	0.0091
	n=3	-2.803931	0.0050	-2.222884	0.0256
	n=6	-2.359585	0.0178	-2.093243	0.0352
	n=12	-2.405405	0.0158	-2.288108	0.0217

从结果中我们可以看到，所有残差序列均在 10%的置信水平上显著，拒绝存在单位根的原假设。各个远期期限的残差序列 $Z_{t,n}^{FWD}$ 和 $Z_{t,n}^{NDF}$ 都是平稳的，$FWD_{t,n}$ 与 S_t，$NDF_{t,n}$ 与 S_t 之间存在协整关系，境内银行间人民币远期汇率与即期汇率、境外人民币 NDF 远期汇率与即期汇率之间都有着长期均衡关系。

三、动态最优套期保值比率结果

我们分别对境内外人民币远期汇率与即期汇率序列进行了一阶差分自回归分析，并对残差进行了 ARCH 效应检验，发现回归的残差序列存在高阶 ARCH 效应，即 GARCH 效应，因此，可以使用 GARCH（p，q）类模型来估计。根据 AIC 及 SC 信息准则，并配合残差独立性检验，通过比较我们认为，BV-GARCH（1，1）模型及 ECM-GARCH（1，1）模型比较合适，模型估计结果见附录 9-1。随着现货和期货市场中新信息的产生，信息集将发生变化，从而引起最优套期保值比率的变化，此时的最优套期保值比率不是一个常数。表 9-5 和表 9-6 分别给出了 BV-GARCH 模型和 GARCH-ECM 模型下的动态最优套期保值比率的

表 9-5　BV-GARCH 模型动态最优套期保值比率的统计性描述

	样本一				样本二			
	n=1	n=3	n=6	n=12	n=1	n=3	n=6	n=12
	境内人民币远期市场							
Mean	0.39684	0.21208	0.21311	0.09765	0.49908	0.36867	0.26420	0.19715
Median	0.38288	0.21872	0.20038	0.08471	0.50309	0.33874	0.25360	0.18361
Maximum	0.86040	0.62957	0.60917	0.43200	1.10988	0.88832	0.60011	0.62759
Minimum	-0.10521	-0.24313	-0.16898	-0.32542	-0.06309	0.00905	-0.00182	-0.09945
Std.Dev.	0.20261	0.13867	0.15988	0.10225	0.22531	0.19836	0.12309	0.14091
	境外 NDF 市场							
Mean	0.47529	0.37437	0.27532	0.19121	0.29368	0.19331	0.15481	0.10693
Median	0.51530	0.40378	0.28197	0.18703	0.29004	0.17567	0.14402	0.11118
Maximum	0.57550	0.55405	0.48072	0.34415	0.68985	0.47940	0.35519	0.23503
Minimum	-0.11373	-0.20002	-0.17123	-0.01733	-0.04833	-0.09439	-0.03609	-0.07983
Std.Dev.	0.10212	0.12717	0.10948	0.08062	0.15858	0.11730	0.08747	0.06091

表 9-6　GARCH-ECM 模型动态最优套期保值比率的统计性描述

	样本一				样本二			
	n=1	n=3	n=6	n=12	n=1	n=3	n=6	n=12
	境内人民币远期市场							
Mean	0.48264	0.20714	0.21859	0.09960	0.56627	0.40126	0.28749	0.20048
Median	0.52505	0.21421	0.20646	0.08850	0.58894	0.42369	0.29257	0.19433
Maximum	0.89049	0.53306	0.58492	0.41708	0.73011	0.62459	0.48123	0.35925
Minimum	0.00773	-0.21511	-0.14601	-0.31354	0.02361	-0.39658	-0.14777	-0.00115
Std.Dev.	0.22382	0.13131	0.15505	0.09932	0.12215	0.14702	0.10655	0.08380
	境外 NDF 市场							
Mean	0.49557	0.36597	0.25752	0.19506	0.32229	0.20370	0.15682	0.10767
Median	0.50327	0.33265	0.24258	0.17681	0.29902	0.17821	0.14354	0.10996
Maximum	1.14176	0.87279	0.61171	0.62470	0.86247	0.55038	0.35327	0.24107
Minimum	-0.09886	-0.01832	-0.04830	-0.12470	0.04337	-0.11606	-0.03968	-0.07488
Std.Dev.	0.22470	0.19770	0.12949	0.14036	0.18401	0.13358	0.09003	0.06168

统计性描述。

从两模型得到的动态最优套期保值比率的统计性描述中我们可以看到：基于 BV-GARCH 模型的最优套期保值比率的均值相对 GARCH-ECM 模型的较小，说明套期保值者如果忽视协整关系将得到一个相对较低的最小风险套期保值比率，影响套期保值绩效。

四、套期保值绩效计算结果

表 9-7 给出了基于 BV-GARCH 模型和 GARCH-ECM 模型计算出来的套期保值绩效，总体结果表明进行了套期保值明显地降低了风险程度。同时我们发现 GARCH-ECM 模型较 BV-GARCH 模型的绩效更佳，这说明在考虑了现货价格和期货价格之间的协整关系后绩效有所提高。比较不同远期期限品种套期保值的绩效，结果显示套期保值期限越短绩效越好，期限为 1 月期的绩效最佳。

表 9-7 BV-GARCH 模型和 GARCH-ECM 模型套期保值绩效计算结果

	样本一				样本二			
	n=1	n=3	n=6	n=12	n=1	n=3	n=6	n=12
	境内人民币远期市场							
BV-GARCH	0.18141	0.10134	0.06095	0.01284	0.19934	0.17077	0.15189	0.16089
GARCH-ECM	0.19442	0.11137	0.07124	0.01897	0.19377	0.15496	0.14910	0.16166
	境外 NDF 市场							
BV-GARCH	0.24964	0.14758	0.12866	0.05708	0.21366	0.18447	0.16726	0.22313
GARCH-ECM	0.25815	0.15376	0.13294	0.06555	0.21477	0.17927	0.16379	0.22208

比较 2008 年 3 月前后的差异，在境内银行间人民币远期市场上，样本二的套期保值绩效较样本一有较大幅度的提高，特别是远期期限相对较长的 3 月期、6 月期和 12 月期品种；在境外 NDF 市场上，1 月期品种样本一的绩效略高于样本二，3 月期、6 月期和 12 月期品种与境内银行间人民币远期市场的结果相同，样本二的套期保值绩效明显地优于样本一。相比之下研究结果显示样本二的套期保值绩效总体来说优于样本一，且样本二中随远期期限增加套期保值绩效减少的情况并不显著，因此可以说样本二的套期保值绩效更加稳定。观察境内外两市场的套期保值绩效，发现境外 NDF 市场的套期保值绩效较高，与第八章的实证结果不同。在这两章的研究中，我们选择应用了不同的模型和方法进行套期保值，产生的结果差异说明在市场选择中存在着模型风险。这同时印证了境内外远期市场在套期保值应用中不存在绝对的优劣顺序，与投资者的目标和方法选择有关。

第五节　本章结论

本章运用 BV-GARCH 和 GARCH-ECM 两种动态最优套期保值比率模型，比较研究了境内银行间人民币远期市场和境外人民币 NDF 市场的套期保值绩效。并基于境内外两个人民币远期市场汇率引导关系与汇率走势，以 2008 年 3 月 31 日为分界点研究了在此前后境内外人民币远期市场的套期保值绩效变化。我们的主要研究结果如下：

总体结果表明，利用远期外汇市场进行套期保值降低了价格波动的风险。运用合适的方法计算最优套期保值比率，选择合适的远期期限品种，将有效地提高套期保值的绩效。例如，如果选择远期期限为 1 个月的品种进行套期保值，风险将降低超过 18%。通过模型之间的比较表明，基于 BV-GARCH 模型的最优套期保值比率的均值相对 GARCH-ECM 模型较小。说明套期保值者如果忽视现货价格和期货价格之间协整关系将得到一个相对较低的最小风险套期保值比率，同时影响套期保值绩效，而考虑了协整关系后套期保值的绩效将有所提高。不同远期期限品种之间的比较表明：套期保值期限越短，绩效越好，套期保值期限为 1 个月的绩效最佳。

从样本一和样本二的比较中我们可以看到，2008 年 3 月 31 日后的套期保值绩效总体来说优于之前，且在此之后随远期期限的增加套期保值绩效减少的情况并不显著，套期保值绩效更加稳定。2008 年 3 月以前，人民币长期以来升值趋势明显，而此后在经济增长放缓以及中国政府采取积极的财政政策和适度宽松的货币政策等多方面因素影响下，人民币贬值预期升温，境内外人民币远期汇率一路振荡走高。值得注意的是，在 2008 年汇率变化趋势不明朗的情况下我们可以看到套期保值的绩效提高了，而且随远期期限的增加套期保值绩效减少的情况并不显著，套期保值绩效更加稳定。我们建议相关机构在汇率变化趋势不明显的情况下更应该注意防范汇率风险，同时也可以达到更好的避险效果。

境内银行间外汇市场从无到有，规模快速增长，已经在保值避险和发现价格上发挥了良好的作用。但由于发展时间较短，所受限制较多，市场还不够成熟，有待进一步地发展。而 NDF 市场的发展历史长，市场化程度高，参与者多为成熟的国际交易者，交易相当活跃，交易量远远大于起步较晚的境内银行间远期外汇市场，是亚洲乃至全球最主要的 NDF 市场之一。境外 NDF 市场比起境内银行间人民币远期市场更加发达，市场化程度更高，交易规模更大，表现在规避风险方面的优势就是套期保值绩效更高。

为积极发展境内人民币远期市场，争取人民币定价权，保护央行货币政策和监管政策的有效性，国家外汇管理局一直不允许境内企业及相关机构介入境外人民币 NDF 市场。从我们的研究结果中可以看到，虽然总体来说境外 NDF 市场的套期保值绩效优于境内银行间人民币远期市场，但样本二的结果也显示，自 2008 年 3 月以后境内外人民币远期市场的差距已经大幅缩小，境内银行间远期市场在规避汇率风险方面的效果已经有所提高。

所以我们建议积极发展境内远期市场，丰富衍生产品种类，扩大交易规模活跃市场。随着中国外汇管理体制改革的不断深化，外汇市场产品和交易主体的不断丰富，境内外汇市场的交易规模必将不断扩大，价格形成的市场化成分不断增加，境内市场也会在境内外市场的互联互动中发挥更大的价格影响力，在规避汇率风险方面的效果也将得到提高。

附录 9-1　境内外人民币远期市场动态套期保值比率模型系数估计结果

1 月远期期限 BV-GARCH 模型系数估计结果

n = 1	境内人民币远期市场				境外 NDF 市场			
	样本一		样本二		样本一		样本二	
	Coefficient	Std.Error	Coefficient	Std.Error	Coefficient	Std.Error	Coefficient	Std.Error
μ_1	-0.001052***	0.00021	−0.001028	0.00085	-0.000988***	0.00020	-0.001500**	0.00070
μ_2	-0.001076***	0.00028	−0.000854	0.00073	-0.001335***	0.00027	−0.001084	0.00096
Ω_1	0.000426***	0.00012	0.005647	0.00790	0.000535***	0.00014	0.005183	0.00818
β_1	0.961098***	0.00473	0.812742	0.57528	0.949457***	0.00632	0.827126	0.59458
α_1	0.295182***	0.02179	−0.135866	0.09960	0.326056***	0.02505	−0.080741	0.11904
Ω_3	0.001060***	0.00016	−8.03E−06	15.06134	0.001136***	0.00029	0.00000811	0.64657
Ω_2	0.000737**	0.00030	0.008635	0.01363	0.001403***	0.00035	0.002392	0.00199
β_2	0.939273***	0.00918	−0.193507	0.70921	0.922216***	0.01200	0.939889***	0.01631
α_2	0.325807***	0.02119	0.350061***	0.07697	0.309700***	0.02318	0.314101***	0.04996

3 月远期期限 BV-GARCH 模型系数估计结果

n=3	境内人民币远期市场				境外 NDF 市场			
	样本一		样本二		样本一		样本二	
	Coefficient	Std.Error	Coefficient	Std.Error	Coefficient	Std.Error	Coefficient	Std.Error
μ_1	-0.001163***	0.00024	-0.001094	0.00076	-0.000948***	0.00020	-0.001225	0.00075
μ_2	-0.001321***	0.00031	-0.000525	0.00080	-0.001304***	0.00032	-0.00057	0.00195
Ω_1	0.000599***	0.00012	0.009318**	0.00472	0.000367**	0.00016	0.008012*	0.00435
β_1	0.969609***	0.00469	-0.330016	1.35264	0.956000***	0.00556	0.570888	0.62046
α_1	0.241692***	0.02133	-0.134814	0.11896	0.314521***	0.02451	-0.148906	0.14177
Ω_3	3.81E-06	1.02314	-8.75E-06	5.19319	1.86E-07	0.60255	-1.31E-05	1.70334
Ω_2	0.004141***	0.00113	0.00584	0.00775	0.000375	0.00028	0.006405*	0.00374
β_2	0.715807***	0.02871	0.747941***	0.11417	0.982617***	0.00307	0.876222***	0.02155
α_2	0.664607***	0.02968	0.426855***	0.11184	0.196995***	0.01389	0.474704***	0.06750

6 月远期期限 BV-GARCH 模型系数估计结果

n=6	境内人民币远期市场				境外 NDF 市场			
	样本一		样本二		样本一		样本二	
	Coefficient	Std.Error	Coefficient	Std.Error	Coefficient	Std.Error	Coefficient	Std.Error
μ_1	-0.001088***	0.00021	-0.001069	0.00079	-0.001026***	0.00024	-0.001564**	0.00075
μ_2	-0.001423***	0.00031	0.000724	0.00102	-0.001673***	0.00043	0.000257	0.00255
Ω_1	0.000417***	0.00012	0.009912***	0.00040	0.000362**	0.00016	0.008124	0.00699
β_1	0.965494***	0.00479	-0.00696	1.37114	0.968028***	0.00427	0.575951	0.97401
α_1	0.276051***	0.02285	-0.140524	0.10495	0.272772***	0.02151	-0.100821	0.13666
Ω_3	0.001684**	0.00084	-1.32E-06	26.65427	3.42E-06	0.04769	0.005925	0.00862
Ω_2	0.002174***	0.00075	0.005423	0.00629	0.000371	0.00030	0.00926	0.00622
β_2	0.876078***	0.01321	0.845975***	0.08139	0.987300***	0.00357	0.811151***	0.03278
α_2	0.462280***	0.02886	0.389530***	0.08767	0.177648***	0.01968	0.542033***	0.06465

12 月远期期限 BV-GARCH 模型系数估计结果

n=12	境内人民币远期市场				境外 NDF 市场			
	样本一		样本二		样本一		样本二	
	Coefficient	Std.Error	Coefficient	Std.Error	Coefficient	Std.Error	Coefficient	Std.Error
μ_1	-0.001032***	0.00021	-0.00096	0.00077	-0.000920***	0.00020	-0.001413**	0.00075
μ_2	-0.000839	0.00055	0.002444	0.00161	-0.001461***	0.00043	0.003223	0.00394
Ω_1	0.000380***	0.00013	0.008116	0.00776	0.000375**	0.00016	0.007285**	0.00323
β_1	0.963270***	0.00484	0.570733	1.10744	0.952659***	0.00577	0.654496*	0.37164

续表

n=12	境内人民币远期市场				境外 NDF 市场			
	样本一		样本二		样本一		样本二	
	Coefficient	Std.Error	Coefficient	Std.Error	Coefficient	Std.Error	Coefficient	Std.Error
α_1	0.287667***	0.02287	-0.106962	0.18067	0.327890***	0.02546	-0.221821	0.14309
Ω_3	0.003670**	0.00163	0.001562	0.01374	0.001524***	0.00028	0.003099	0.01659
Ω_2	0.003961**	0.00168	0.004139	0.00520	0.000527	0.00055	0.013507***	0.00450
β_2	0.818735***	0.02029	0.941371***	0.01564	0.955264***	0.00626	0.874267***	0.02486
α_2	0.516986***	0.03671	0.250959***	0.04150	0.281020***	0.01753	0.445610***	0.05771

1 月远期期限 GARCH-ECM 模型系数估计结果

n=1	境内人民币远期市场				境外 NDF 市场			
	样本一		样本二		样本一		样本二	
	Coefficient	Std.Error	Coefficient	Std.Error	Coefficient	Std.Error	Coefficient	Std.Error
μ_1	0.00082	0.000569	-0.00078	0.00081	0.00089**	0.00049	-0.00143*	0.00081
γ_1	-0.09316***	0.025040	-0.03779	0.04495	-0.09035***	0.02117	-0.05312	0.05045
μ_2	-0.00725***	0.000716	-0.00136**	0.00068	-0.00102**	0.00057	-0.00206**	0.00095
γ_2	0.31671***	0.033099	0.19312***	0.03959	-0.01259	0.02381	0.07526	0.06813
Ω_1	0.00042***	0.000122	0.00989***	0.00041	0.00060***	0.00015	0.00574	0.03041
β_1	0.97304***	0.004084	0.00429	2.83336	0.94798***	0.00716	0.81178	2.23186
α_1	0.24105***	0.020300	-0.10988	0.15757	0.32537***	0.02665	0.02141	0.12482
Ω_3	0.00055	0.000439	0.00000	31.13782	0.00124***	0.00028	0.00000	6.47512
Ω_2	0.00099***	0.000373	0.00445	0.01006	0.00144***	0.00035	0.00200	0.00700
β_2	0.93285***	0.009846	0.81438***	0.10481	0.91447***	0.01285	0.93420***	0.01800
α_2	0.35142***	0.023939	0.28916***	0.05916	0.32208***	0.02377	0.33472***	0.05776

3 月远期期限 GARCH-ECM 模型系数估计结果

n=3	境内人民币远期市场				境外 NDF 市场			
	样本一		样本二		样本一		样本二	
	Coefficient	Std.Error	Coefficient	Std.Error	Coefficient	Std.Error	Coefficient	Std.Error
μ_1	1.444204	0.000680	-0.00072	0.00088	0.00061	0.00067	-0.00116	0.00084
γ_1	-3.720442	0.009333	-0.01163	0.01434	-0.02262**	0.00911	-0.01049	0.01754
μ_2	-10.1239	0.001006	-0.00113	0.00093	-0.00072	0.00093	-0.00198	0.00208
γ_2	9.568812	0.013746	0.05168***	0.01745	-0.00796	0.01339	0.03788	0.04035
Ω_1	3.44977	0.000133	0.00852***	0.00234	0.00042***	0.00015	0.00768**	0.00368
β_1	238.2401	0.004166	0.47047	0.42631	0.95706***	0.00555	0.62163	0.45604
α_1	11.87465	0.020154	-0.22164	0.13874	0.30638***	0.02414	-0.17930	0.13429

续表

n=3	境内人民币远期市场				境外 NDF 市场			
	样本一		样本二		样本一		样本二	
	Coefficient	Std.Error	Coefficient	Std.Error	Coefficient	Std.Error	Coefficient	Std.Error
Ω_3	1.258031	0.206323	0.00347	0.00237	0.00000	1.20112	0.00000	3.71965
Ω_2	2.65852	0.001297	0.00351***	0.00115	0.00034	0.00024	0.00620**	0.00257
β_2	94.73896	0.025259	0.82287***	0.10157	0.98372***	0.00299	0.86472***	0.02253
α_2	14.68008	0.037053	0.35688***	0.10373	0.19099***	0.01393	0.49393***	0.06801

6 月远期期限 GARCH–ECM 模型系数估计结果

n=6	境内人民币远期市场				境外 NDF 市场			
	样本一		样本二		样本一		样本二	
	Coefficient	Std.Error	Coefficient	Std.Error	Coefficient	Std.Error	Coefficient	Std.Error
μ_1	0.00062	0.000706	–0.00054	0.00094	0.00060	0.00073	–0.00133	0.00090
γ_1	–0.01259***	0.004713	–0.00839	0.00927	–0.01095**	0.00489	–0.00479	0.00834
μ_2	–0.00228*	0.001322	–0.00034	0.00130	–0.00026	0.00128	–0.00235	0.00290
γ_2	0.0076	0.009685	0.02305*	0.01209	–0.00854	0.00896	0.02509	0.02719
Ω_1	0.00043***	0.000124	0.00988***	0.00068	0.00038**	0.00016	0.00823	0.00599
β_1	0.97040***	0.004333	–0.05190	1.30732	0.95872***	0.00501	0.55643	0.87642
α_1	0.25259***	0.021344	–0.13175	0.11947	0.30299***	0.02291	–0.11160	0.13653
Ω_3	0.00122	0.001372	0.00001	3.94445	0.00000	0.14881	0.00569	0.00835
Ω_2	0.00245***	0.000772	0.00580	0.00642	0.00048	0.00031	0.00955*	0.00563
β_2	0.87616***	0.013181	0.83083***	0.09128	0.98584***	0.00360	0.79923***	0.03792
α_2	0.46155***	0.028898	0.39184***	0.08827	0.17977***	0.01826	0.56031***	0.06530

12 月远期期限 GARCH–ECM 模型系数估计结果

n=12	境内人民币远期市场				境外 NDF 市场			
	样本一		样本二		样本一		样本二	
	Coefficient	Std.Error	Coefficient	Std.Error	Coefficient	Std.Error	Coefficient	Std.Error
μ_1	0.00073	0.000790	–0.00043	0.00101	0.00085	0.00080	–0.00110	0.00102
γ_1	–0.00679**	0.002891	–0.00321	0.00417	–0.00669**	0.00290	–0.00224	0.00427
μ_2	–0.00047	0.001687	0.00076	0.00224	0.00009	0.00129	–0.00065	0.00556
γ_2	–0.00129	0.006111	0.01852**	0.00801	–0.00614	0.00442	0.01535	0.02363
Ω_1	0.00040***	0.000135	0.00860	0.00875	0.00041***	0.00016	0.00741**	0.00336
β_1	0.96579***	0.004420	0.49333	1.52483	0.95579***	0.00515	0.64106	0.40194
α_1	0.27484***	0.021472	–0.08801	0.16888	0.31324***	0.02361	–0.21675	0.14618
Ω_3	0.00343**	0.001945	0.00188	0.01821	0.00159***	0.00027	0.00300	0.01890
Ω_2	0.00429**	0.001735	0.00468	0.00734	0.00055	0.00052	0.01359***	0.00484
β_2	0.81355***	0.021048	0.92638***	0.02076	0.95305***	0.00645	0.86831***	0.02636
α_2	0.52155***	0.037829	0.27594***	0.04909	0.28564***	0.01795	0.45849***	0.06125

第十章　基于相对 VaR 的最优套期保值比率研究

第一节　引言

最优套期保值比率的确定是套期保值问题中的核心问题，目前已经有大量的文献讨论。套期保值比率的确定依赖于目标函数的选择，如二次效用函数对应最小方差套期保值比率（Johnson，1960；Ederington，1979）。最小方差（Mimumun Variance，MV）是应用最广泛的套期保值比率，主要是通过量化投资者持有投资组合的方差，并使得该方差最小得出最优套期保值比率。套期保值决策理论经历了传统全额套期保值、线性回归套期保值以及均值—方差套期保值三个研究阶段（黄长征，2004）。最小方差（MV）套期保值比率的优点在于其直观性和易操作性，因此得到了广泛的研究与应用。

在具体计算最优套期保值比率时，一般采用线性回归模拟期货价格的变化量和现货价格的变化量之间进行线性拟合，并得出最优套期保值比率的估计值（Ederington，1979；Johnson，1960）。随着计量经济学中时间序列分析方法的发展，Park 和 Bera（1987）指出用简单的线性回归模型来估计最优套期保值比率是不合适的，原因是模型中忽略了期货价格和现货价格序列中普遍存在的异方性；Baillie 和 Myers（1991）认为回归方程中的解释变量和被解释变量之间的协方差及解释变量的方差均为条件矩，它们是由做套期保值时所拥有的信息集决定的，因此，会因时间的推移而随着信息集的改变而改变，由它们所确定的最优套期保值比率也会随时间而变化。换句话说，最优套期保值比率不应该是一常数，而是动态变化的。Engle（1982）提出的自回归条件异方差模型及随后在此基础上发展的一般自回归条件异方差（GARCH）类模型能很好地捕捉期货价格和现货价格序列中普遍存在的异方差性。基于此，Baillie 和 Myers（1991）、Lien 等（2002）利用 GARCH 类模型估计了最优套期保值比率。同时，大量的文献表明动态双变量 GARCH（1，1）模型可以更好地描述资产回报率的二阶矩，因此用于动态套期保值研究。Baillie 和 Myers（1991）发现动态双变量 GARCH（1，1）模型得到的套期保值效率优于传统的静态模型，Kroner 和 Sultan（1993）的实证表明，时变的套期保值比率在保值效率方面要优于静态的套期保值比率。不同于以往模型，本章采取常用的 BEKK 类的 GARCH 模型，主要考虑即期市场与远期市场可能存在波动性溢出效应，同时 BEKK 模型中得到序列的相关系数是时变的，并不是常数。而在 Kroner 和 Sultan（1993）、Lien 等（2002）的研究中，两序列间的相关系数假设为常数。王俊等（2005）、彭红枫和叶永刚（2007）也尝试利用 ECM-BGARCH（1，1）模型研究最优套期保值比率，他们的结果表明动态套期保值效率优于传统的静态模型。

在险价值（Value at Risk，VaR）作为一种风险度量测度目前被广泛接受。VaR 是国际上新近发展起来的一种卓有成效的风险量化技术，同时也是近年来金融研究中最受关注的领域之一。作为一种风险管理工具，VaR 得到银行、非银行金融机构、监管部门和非金融企业的关注，逐渐发展成为一种涵盖所有风险种类的统一的风险度量标准。作为一种非常有影响力的风险度量方法，VaR 也极大地激发了学术界的研究兴趣，关于 VaR 估计问题的研究始终处在不断地发展中（Jorion，1997；姚京等，2005）。然而在 VaR 下讨论最优套期保值比率的文献鲜见，因此在套期保值理论中引入 VaR 度量风险是自然的问题。

第二节　相对 VaR 下的最优套期保值比率

VaR 可表述为：在一定的持有期和一定的置信度内，某项资产或资产组合所面临的最大可能损失金额。从 VaR 的定义可以看出其对风险的度量方式与人对风险的心理感受非常接近，它涵盖了不确定性和损失这两个公认的风险特征，可用于刻画损失规避（Loss Aversion）等行为特征（姚京等，2006）。此外，置信度水平的选择也在一定程度上反映了投资者主观方面的信息。根据 Jorion（1997）的定义，相对 VaR 计算的是相对平均值而言的损失：

$$VaR(r_h) = q_\alpha(r_h) - E(r_h),\ q_\alpha(r_h) = \inf\{K \in R: P(r_h \leq K) \geq \alpha\} \tag{10-1}$$

其中，$1-\alpha$ 为投资者选择的置信区间。在正态分布假设下，相对 VaR 具有如下表达式 $VaR(r_h)=Z_\alpha\sigma_h-E(r_h)$，其中 Z_α 为临界值，$r_h=r_s-hr_f$ 表示套期保值组合的收益率，σ_h 表示套期保值资产组合的方差，r_s 表示即期市场上的收益，r_f 表示期货市场上的收益，h 表示套期保值比率。将 $r_h=r_s-hr_f$ 代入相对 VaR，计算如下：

$$
\begin{aligned}
VaR(r_h)&=Z_\alpha\sigma_h-E(r_h)\\
&=Z_\alpha(\sigma_s^2+h^2\sigma_f^2-2h\sigma_{sf})^{1/2}-E(r_s)+hE(r_f)\\
&=Z_\alpha\sigma_f\left(h^2-2h\frac{\sigma_{sf}}{\sigma_f^2}+\frac{\sigma_s^2}{\sigma_f^2}\right)^{1/2}-E(r_s)+hE(r_f)\\
&=Z_\alpha\sigma_f((h-h^{MV})^2+\delta^2)^{1/2}-E(r_s)+hE(r_f)\\
&=Z_\alpha\sigma_f\delta\left(\left(\frac{h-h^{MV}}{\delta}\right)^2+1\right)^{1/2}-E(r_s)+hE(r_f)
\end{aligned}
$$

其中，$h^{MV}=\frac{\rho\sigma_s}{\sigma_f}$，$\delta^2=\frac{(1-\rho^2)\sigma_s^2}{\sigma_f^2}$。令 $\tan(\theta)=\frac{h-h^{MV}}{\delta}$，因此有 $h=h^{MV}+\delta\tan(\theta)$。可以看到，如果$h\geqslant h^{MV}$，那么$\tan(\theta)\geqslant0$，否则$\tan(\theta)\leqslant0$，不妨假设 $\tan(\theta)$ 的定义域为 $\{\theta|-\pi/2<\theta<\pi/2\}$，上述方程变为：

$$VaR(r_h)=Z_\alpha\sigma_f\delta\sec(\theta)-E(r_h)+(h^{MV}+\delta\tan(\theta))E(r_f)\tag{10-2}$$

对θ 求导，得到：

$$\frac{\partial VaR(r_h)}{\partial\theta}=Z_\alpha\sigma_f\delta\tan(\theta)\sec(\theta)+\delta\sec^2(\theta)E(r_f)=0$$

因此 $\sin(\theta)=-\frac{Er_f}{Z_\alpha\sigma_f^2}$，由三角函数公式得到

$$\tan(\theta)=\frac{-Er_f}{\sqrt{Z_\alpha^2\sigma_f^2-(Er_f)^2}}\tag{10-3}$$

VaR 下的最优套期保值比率可计算为：

$$
\begin{aligned}
h^{VaR}&=h^{MV}-\delta\frac{Er_f}{\sqrt{Z_\alpha^2\sigma_f^2-(Er_f)^2}}\\
&=h^{MV}-Er_f\frac{\sigma_s\sqrt{1-\rho^2}}{\sigma_f\sqrt{Z_\alpha^2\sigma_f^2-(Er_f)^2}}
\end{aligned}
$$

在附录 10-1 中，验证了 h^{VaR} 是极小值点。从上式可以看到，相对 VaR 下的套期保值比率 h^{VaR} 与最小方差套期保值比率 h^{MV} 的关系，h^{VaR} 不仅依赖于期货与现货之间的相关系数和方差，还依赖于在期货上的期望收益率。如果在期货上的期

望收益率 Er_f 为正数，那么 $h^{VaR} \leqslant h^{MV}$，也就意味着相对最小方差套期保值比率 h^{MV}，可以建立比较少的套期保值头寸；如果期望收益率 Er_f 为负数，那么 $h^{VaR} \geqslant h^{MV}$，那么就应该建立比较多的套期保值头寸。同时对临界值 Z_α 求导，得到：

$$\frac{\partial h^{VaR}}{\partial Z_\alpha} = \frac{Er_f Z_\alpha \sigma_f \sigma_s \sqrt{1-\rho^2}}{\sqrt[3]{Z_\alpha^2 \sigma_f^2 - (Er_f)^2}} \tag{10-4}$$

可以发现，相对 VaR 下的套期保值比率依赖于期货市场上的收益率 Er_f，如果期货市场上的收益率为正（负），那么对于风险厌恶者而言，需要在期货市场上卖出较多（买入较少）的期货合约来套期保值。

第三节　人民币远期套期保值效率比较

本章采用动态方法估计套期保值比率，同时考虑资产之间的动态相关关系。对于现汇 S_t 与远期合约 F_t 的收益回报率，建立如下双变量 GARCH（1，1）模型：

$$\begin{pmatrix}\Delta S_t \\ \Delta F_t\end{pmatrix} = \begin{pmatrix}\mu_1 \\ \mu_2\end{pmatrix} + \begin{pmatrix}\varepsilon_{s,t} \\ \varepsilon_{f,t}\end{pmatrix} \tag{10-5}$$

误差项 $\begin{pmatrix}\varepsilon_{s,t} \\ \varepsilon_{f,t}\end{pmatrix} \sim N(0, H_t)$，$H_t = C'C + A'\varepsilon_{t-1}\varepsilon'_{t-1}A + B'H_{t-1}H'_{t-1}B$，C 是 2×2阶的上三角矩阵，A，B 都是 2×2 阶的对角矩阵。因此，矩阵 H_t 可以写成如下形式：

$$\Omega_t = \begin{pmatrix}\sigma_{ss,t} & \sigma_{sf,t} \\ \sigma_{sf,t} & \sigma_{ff,t}\end{pmatrix}$$

$$= \begin{pmatrix}c_{11} & c_{12} \\ 0 & c_{22}\end{pmatrix}'\begin{pmatrix}c_{11} & c_{12} \\ 0 & c_{22}\end{pmatrix} + \begin{pmatrix}a_{11} & 0 \\ 0 & a_{22}\end{pmatrix}'\begin{pmatrix}\varepsilon_{s,t} \\ \varepsilon_{f,t}\end{pmatrix}\begin{pmatrix}\varepsilon_{s,t} \\ \varepsilon_{f,t}\end{pmatrix}'\begin{pmatrix}a_{11} & 0 \\ 0 & a_{22}\end{pmatrix} + \begin{pmatrix}b_{11} & 0 \\ 0 & b_{22}\end{pmatrix}H_{t-1}\begin{pmatrix}b_{11} & 0 \\ 0 & b_{22}\end{pmatrix} \tag{10-6}$$

这里 $\sigma_{sf,t}$ 和 $\sigma_{ff,t}$ 分别为：

$\sigma_{sf,t} = c_{11}c_{12} + a_{11}a_{22}\varepsilon_{s,t}\varepsilon_{f,t} + b_{11}b_{22}\sigma_{sf,t-1}$，

$\sigma_{ff,t} = c_{12}^2 + c_{22}^2 + a_{22}^2\varepsilon_{f,t}^2 + b_{22}^2\sigma_{ff,t-1}$，

$\sigma_{ss,t} = c_{11}^2 + a_{11}^2\varepsilon_{s,t}^2 + b_{11}^2\sigma_{ss,t-1}$。

此双变量 GARCH（1，1）模型经常用于条件方差方程的波动溢出效应检验

（赵留彦、王一鸣，2003）。这种具有 BEKK 结构的双变量 GARCH 模型能够较好地描述市场之间的关系，其重要特点之一是刻画市场之间的动态相关系数。本章利用双变量 GARCH（1，1）模型研究相对 VaR 意义下的套期保值比率，根据模型假设最小方差与相对 VaR 最小意义下的动态套期保值比率分别为：

$$h_t^{MV} = \frac{\sigma_{sf,t}}{\sigma_{f,t}},\ h_t^{VaR} = h_t^{MV}\left(1 - \frac{E(r_{f,t})\sqrt{\rho_{sf,t}^{-2} - 1}}{\sqrt{Z_\alpha^2\sigma_{f,t}^2 - (Er_{f,t})^2}}\right) \tag{10-7}$$

对于以上套期保值比率，定义套期保值效率为：

$$HE = 1 - \frac{Var(hedged)}{Var(unhedged)} = 1 - \frac{Var(r_{s,t} - h_t^* r_{f,t})}{Var(r_{s,t})} \tag{10-8}$$

其中，h_t^* 表示套期保值比率，这个指标表示未做套期保值与做了套期保值组合收益的方差的减少程度，是评价套期保值有效性的基本方法之一（Ederington，1979）。

自从 2005 年 7 月人民币汇率制度改革以来，中国外汇交易中心开设银行间人民币远期业务，同时境外存在人民币无本金交割远期（NDF），可见境内外存在相互分割的人民币远期市场。不管是出于真实贸易套期保值需要还是投机因素，境内外人民币远期市场都可以作为套期保值金融产品。我们选取 2005 年 8 月至 2007 年 10 月 31 日期间中国外汇交易中心美元兑人民币的远期报价以及相对应的境外 NDF 报价，对比研究相对 VaR 意义下的套期保值效率。数据主要包含美元兑人民币现汇价格，取自中国外汇管理局网站的美元兑人民币的每天中间报价，银行间的远期数据来自于中国外汇交易中心，境外 NDF 数据来自于彭博咨讯。以 S_t，F_t，NDF_t 分别表示美元兑人民币现汇价格、境内远期价格以及境外 NDF 价格，连续回报率计算如下：

$$r_{s,t} = 100*\ln(S_t/S_{t-1}),\ r_{f,t} = 100*\ln(F_t/F_{t-1}),\ r_{n,t} = 100*\ln(NDF_t/NDF_{t-1}) \tag{10-9}$$

本章仅以 1 月期、3月期、9月期、12月期合约为样本进行比较研究，表 10-1 给出了这些收益率的基本统计量。

表 10-1 人民币现汇与远期市场收益率的基本统计量

	即期市场	境内远期市场				境外 NDF 市场			
		1 月期	3 月期	9 月期	12 月期	1 月期	3 月期	9 月期	12 月期
均值	–0.0156	–0.0165	–0.0187	–0.0215	–0.0219	–0.0165	–0.0186	–0.0218	–0.0212
标准差	0.0732	0.0792	0.1049	0.1542	0.1449	0.0905	0.1082	0.1350	0.1395
偏度	–0.2040	–0.0572	–0.0037	0.5637	0.1790	–0.0146	–0.0949	0.3878	0.1797
峰度	5.8029	4.3322	5.6319	7.0226	6.3156	3.9539	4.4106	10.0286	5.1095

续表

	即期市场	境内远期市场				境外 NDF 市场			
		1 月期	3 月期	9 月期	12 月期	1 月期	3 月期	9 月期	12 月期
ρ_1	–0.062	0.057	–0.044	-0.014***	–0.017	–0.074	–0.080	–0.025	0.079**
ρ_2	–0.022	–0.128	–0.048	0.025***	–0.025	–0.058	0.009	–0.042	–0.018
ρ_3	–0.083	–0.032	0.011	-0.079***	–0.071	–0.024	–0.013	–0.032	–0.026
Q(6)	6.1291	14.817	2.866	15.695	9.2612	4.6564	3.7546	2.0216	4.5443
$z(t_{\alpha^*})$	–24.319	–17.86	–23.51	–26.31	–23.88	–24.553	–24.37	–22.17	–21.79
JB	175.17	38.95	147.2	428.7	256.26	19.84	43.05	108.3	105.51

注：表中 ρ_1 表示自相关系数，Q(6) 表示 Q– 统计量，$z(t_{\alpha^*})$ 表示单位根检验得到的临界值。JB 表示正态检验量。

通过表 10–1 发现，即期市场以及境内外远期市场收益率的均值均为负数，主要是因为在样本期内，人民币兑美元呈升值趋势。同时比较两个市场不同期限合约的标准差，发现两市场在不同期限合约均有所不同。对收益率进行正态检验，发现 JB 统计量大于临界值，因此不能接受正态分布的假设，同时从偏度以及峰度均大于 3，说明具有尖峰特征，同时偏度均偏离 0，说明序列具有明显的“尖峰厚尾”特征。通过对两个序列进行 PP 单位根检验，得到的 PP 统计量值均小于 1%显著水平下的临界值，可以判断出这两个时间序列均为平稳序列。

本章通过使用极大似然法，估计出向量 GARCH（1，1）的条件方差方程中各系数矩阵的各元素的值（估计结果见表 10–2），然后对估计模型的残差进行自相关性和 GARCH–LM 检验，论证了模型的合理性。通过表 10–2 发现境内外人民币远期市场与即期市场之间的双变量 GARCH（1，1）模型得到的系数几乎都是显著的。注意到即期市场与远期市场的期望收益率都是负数，主要样本期内人民币兑美元呈上升趋势。

表 10–2　双变量 GARCH（1，1）的估计系数

变量		μ_s	μ_f	c_{11}	c_{12}	c_{22}	a_{11}	a_{22}	b_{11}	b_{22}
T=1	FWD	–0.0093*** (0.0020)	–0.0126*** (0.0038)	0.0052** (0.0017)	0.0059** (0.0028)	0.0083** (0.00652)	0.3858*** (0.0326)	0.1993*** (0.0262)	0.9333*** (0.0118)	0.9719*** (0.0136)
	NDF	–0.0095*** (0.0019)	–0.0136*** (0.0038)	0.0043** (0.0017)	0.0118** (0.0014)	0.0108** (0.00652)	0.3824*** (0.0326)	0.2109*** (0.0337)	0.9319*** (0.0118)	0.9623*** (0.0136)
T=3	FWD	–0.0101*** (0.0019)	–0.0149*** (0.0043)	0.0064** (0.0017)	0.0368*** (0.0113)	0.0455*** (0.0021)	0.3798*** (0.0334)	0.3546*** (0.0386)	0.9275*** (0.0128)	0.7759*** (0.0663)
	NDF	–0.0098*** (0.0019)	–0.0166*** (0.0046)	0.0045** (0.0016)	0.0130 (0.0084)	0.0229*** (0.0066)	0.3742*** (0.0314)	0.2284*** (0.0337)	0.9344*** (0.0095)	0.9433*** (0.0193)

续表

变量		μ_s	μ_f	c_{11}	c_{12}	c_{22}	a_{11}	a_{22}	b_{11}	b_{22}
T=9	FWD	-0.0090*** (0.0019)	-0.0141** (0.0063)	0.0056*** (0.0015)	0.0455** (0.0217)	0.0588*** (0.0113)	0.3867*** (0.0332)	0.3541*** (0.0433)	0.93277*** (0.0125)	0.8020*** (0.0587)
	NDF	-0.0093*** (0.0019)	-0.0143*** (0.0055)	0.0051*** (0.0014)	0.0031 (0.0014)	0.0069** (0.0052)	0.3851*** (0.0324)	0.1788*** (0.0231)	0.9294*** (0.0112)	0.9832*** (0.0052)
T=12	FWD	-0.0094*** (0.0018)	-0.0194*** (0.0064)	0.0046** (0.0016)	0.0361* (0.0205)	0.0651*** (0.0100)	0.3806*** (0.0321)	0.3986*** (0.0363)	0.9325*** (0.0108)	0.7709*** (0.0480)
	NDF	-0.0097** (0.0018)	-0.0213*** (0.0062)	0.0046*** (0.0018)	0.0868** (0.0386)	0.0489 (0.0119)	0.3819** (0.0326)	0.4337*** (0.0489)	0.9319** (0.0118)	0.5909*** (0.1194)

注：*** 表示在 1%的置信水平下显著，** 表示在 5%的置信水平下显著。表中括号中的数字表示标准差（Standard Error）。

从表 10-2 可见，方差中矩阵 A 和 B 的对角元素 a_{11}，a_{22}，b_{11}，b_{22} 在 1%或5%水平下均显著异于零，这说明境内人民币远期市场和境外 NDF 市场交易波动均受前期交易波动的影响。注意到 $a_{11} > a_{22}$，$b_{11} > b_{22}$，可知即期市场和远期市场之间交易波动的影响具有一定的“不对称性”，即远期市场的波动对远期市场波动的影响不如远期市场波动对即期市场波动的影响显著。

表 10-3 比较不同期限合约的套期保值比率。首先注意到随着合约期限的不同，不管是最小方差比率还是相对 VaR 下的套期保值比率都呈下降趋势。意味着对于长期期限合约，只需要建立更小的套期保值头寸。主要原因是在此期间人民币对美元上升趋势明显，因此应该选期限较长合约进行套期保值。同时比较最小方差比率与相对 VaR 比率，发现相对 VaR 下的套期保值比率均值大于最小方差下的套期保值比率，这主要是由于在此期间，远期的收益率为负数，因此需要建立更多的头寸实行相对 VaR 最小套期保值，这点和前面的公式是一致的。

表 10-3　套期保值比率均值与标准差

期限组合	FWD				NDF			
	T=1	T=3	T=9	T=12	T=1	T=3	T=9	T=12
MV 比率均值	0.3906	0.1713	0.1156	0.0851	0.2945	0.1896	0.1413	0.0833
MV 比率标准差	0.2365	0.1167	0.0907	0.1054	0.2276	0.1553	0.1353	0.0932
VaR（99.5%）比率均值	0.4546	0.2159	0.1395	0.1091	0.3408	0.2267	0.1706	0.1083
VaR（99.5%）比率标准差	0.2540	0.1343	0.1041	0.1244	0.2466	0.1762	0.1577	0.1099
VaR（99.8%）比率均值	0.4478	0.2111	0.1370	0.1066	0.3359	0.2228	0.1675	0.1057
VaR（99.8%）比率标准差	0.2520	0.1323	0.1026	0.1223	0.2455	0.1739	0.1552	0.1080

比较套期保值效率（见表 10–4），首先发现境内外远期市场随着合约期限的增长，其套期保值效率呈下降趋势，这主要是因为对将来市场的波动无法做到准确预测。比较最小方差与相对 VaR 最小下的套期保值效率，发现境内远期合约，相对 VaR（99.5%和 99.8%）的套期保值效率均优于最小方差套期保值效率。而在境外市场上短期合约（1 月期）最小方差比率的套期保值效率比相对 VaR 下的效率要好，而在其他合约（3 月期、9 月期以及 12 月期）期限上相对 VaR 下的套期保值效率仍然高于最小方差套期保值效率。

表 10–4　套期保值效率

期限组合	FWD				NDF			
	T=1	T=3	T=9	T=12	T=1	T=3	T=9	T=12
MV 效率	0.2635	0.1399	0.1074	0.0626	0.1759	0.0745	0.0708	0.0602
VaR（99.5%）效率	0.2689	0.1524	0.1131	0.0642	0.1650	0.0765	0.0725	0.0606
VaR（99.8%）效率	0.2699	0.1535	0.1134	0.0649	0.1668	0.0778	0.0738	0.0611

观察表 10–4 结果发现，运用 VaR 和方差风险度量方法进行套期保值，均在国内远期市场取得了较高的套期绩效，这与第八章实证结果吻合。投资者在进行套期保值时需要注意到采用不同方法将在两个市场上产生不同的套期效果，而不能武断地认为某一个市场占有绝对优势。

通过表 10–3 和表 10–4 说明，套期保值者如果要取得较好的套期保值效果，那么就需要建立比较多的套期保值头寸。因此需要在较好的套期保值效果和较高的保证金之间进行权衡。在人民币汇率套期保值上，可以采用不同期限的合约进行组合对冲风险，同时建议选择套期保值效率较高的境内远期市场从事套期保值。

第四节　本章结论

本章首先在正态假设下得到相对 VaR 最小的套期保值比率，然后通过建立具有 BEKK 特征的双变量 GARCH（1，1）模型，研究境内外人民币远期市场的套期比率以及套期保值效率研究。主要结论如下：

（1）对比最小方差套期保值比率，相对 VaR 下的最优套期保值比率是依赖于远期市场的期望收益率与套期保值者的风险损失厌恶程度，而最小方差下的套期保值比率仅仅依赖于市场的波动率。因此，相对 VaR 下的最优套期保值更加灵活与实用。

(2) 通过境内外人民币远期市场的套期保值比率研究发现，相对 VaR 下的套期保值效果比最小方差套期保值效果更好，同时相对 VaR 下的套期保值效果也取决于套期保值者的置信水平。

(3) 对比研究境内外人民币远期市场，发现需要在较好的套期保值效果和较高的保证金之间进行权衡。因此，需要进一步深入研究更好的套期保值模型，在各方面做到效果更好。

附录 10–1

下面验证，首先一阶微分为 $\frac{\partial VaR(r_h)}{\partial\theta} = Z_\alpha\sigma_f\delta\tan(\theta)\sec(\theta) + \delta\sec^2(\theta)E(r_f)$

计算二阶微分

$$\frac{\partial^2 VaR(r_h)}{\partial\theta^2} = Z_\alpha\sigma_f\delta\ \ (\tan^2(\theta)\sec(\theta)+\sec^3(\theta)) + \delta E(r_f)\tan(\theta)\sec(\theta)$$

$$= \frac{Z_\alpha\sigma_f\delta + Z_\alpha\sigma_f\delta\sin^2(\theta)+\delta E(r_f)\sin(\theta)}{\cos^3(\theta)}$$

$$= \frac{Z_\alpha\sigma_f\delta}{\cos^3(\theta)}\left(\sin^2(\theta) + \frac{2E(r_f)}{Z_\alpha\sigma_f}\sin(\theta) + \left(\frac{E(r_f)}{Z_\alpha\sigma_f}\right)^2 + 1 - \left(\frac{E(r_f)}{Z_\alpha\sigma_f}\right)^2\right)$$

$$= \frac{Z_\alpha\sigma_f\delta}{\cos^3(\theta)}\left(\left(\sin(\theta) + \frac{E(r_f)}{Z_\alpha\sigma_f}\right)^2 + 1 - \left(\frac{E(r_f)}{Z_\alpha\sigma_f}\right)^2\right)$$

注意到假设 $\{\theta|-\pi/2 < \theta < \pi/2\}$，因此 $\cos^3(\theta) > 0$。同时在正态分布假设下总有 $Z_\alpha^2\sigma_f^2 - (E(r_f))^2 > 0$ 成立。

第十一章　基于 Copula-GARCH 方法的 LPM 套期保值研究

第一节　引　言

确定最优套期保值比率是套期保值研究的核心问题，目前已经有大量的文献讨论。最小方差套期保值比率是通过量化投资组合的方差，最小化该方差而得出的最优套期保值比率。最小方差比率的优点在于其直观性和易操作性，因此得到广泛的研究与应用。但是最小方差方法度量的是双边风险，资产价格的上涨和下跌都被视作风险，所以不能描述投资者规避资产贬值所形成的风险。

风险的下偏矩度量（Lower Partial Moment，LPM）弥补了方差度量方法的不足。首先，它将损失作为风险的计量因子，反映了投资者对风险的真实心理感受，符合行为科学的原理。其次，从效用函数的角度看，它仅要求投资者是风险厌恶型，即效用函数是凹型的，放松了方差度量中的二次型效用函数的要求。因此，LPM 被认为是风险测度的一种较好的方法。

应用 LPM 计量套期保值的下方风险时，如何确定远期市场和即期市场的关系是研究面临的主要困难之一。Nawrocki（1991）用资产之间的"协下偏矩"（Co-lower Partial Moments）计算对称的 LPM（Symmetric LPM，SLPM）与非对称的 LPM（Asymmetric LPM，ALPM），发现 ALPM 只是在较长的历史期/持有期有效；Lien 和 Tse（1998，2002）在研究外汇期货与期权下方风险的时候，假设现货与期货的条件分布服从双变量的正态分布。已有研究一般假设收益序列的联合分布服从联合正态分布或者等概率分布，从而简化计算过程。这种处理方法没有考虑两个金融收益序列真实的联合分布状况，令 LPM 的最终计算结果可信度不高。因此，本书尝试通过 Copula-GARCH 方法解决 LPM 模型中收益序列的联合分布不确定问题。目前部分文献如 Hsu 等（2008）基于 Copula-GARCH 模型下讨论了最小方差套期保值比率，基于 LPM 套期保值比率目前尚未看到相关研究。

第二节 LPM 风险度量在套期保值中的应用

一、LPM 风险度量在套期保值中的基本应用

根据 Bawa（1975），Lien 和 Tse（1998）的定义，n 阶 LPM 定义如下：

$$L(\theta, n, X) = E[\max(0, \theta - X)]^n = \int_{-\infty}^{\theta} (\theta - X)^n dF(X) \tag{11-1}$$

其中，θ 是目标收益率，X 是实际收益率，n 是 LPM 的阶数。n 为非负整数，它代表了投资者对风险的厌恶程度。若 $n < 1$，表示投资者对风险偏好；若 $n > 1$，表示投资者对风险厌恶，n 越大，表示投资者的厌恶程度越大。当 $n = 0$ 时，它表示收益率低于某一目标值的概率，零阶 LPM 类似于“VaR”的定义。当 $n = 0$ 时，它表示单侧偏离 θ 的均值，类似于 CVaR（即条件 VaR）。当 $n = 2$ 时，类似于方差，但仅对低于目标收益率的偏差作计算；如果目标收益率 θ 假定为平均收益率，则 LPM 就是半方差。对于目标收益率 θ，我们可以取任意实数。一方面，如果从投资者角度来说，人们一般将无风险收益率作为目标收益率，或直接取 $\theta = 0$ 作为目标收益率；另一方面，从风险管理者的角度来说，目标收益率可以取为负数，因为套期保值者愿意承担一定的负收益率来规避或转移风险，而目标收益率 θ 可以根据套期保值者的不同目标作出特定的取值。所以下偏矩作为风险计量指标符合套期保值投资者的行为，而且也更灵活。

下面分析 LPM 风险度量在外汇套期保值投资中的应用。这里考虑空头套期保值者的交易情况，而多头套期保值模型与此类似。假设空头投资者在 $t = 0$ 时刻有 W_0 的初始财富，并拥有数量为 Q 的外汇现货，此时外汇现货价格和远期的价格分别为 s_0，f_0。投资者为了规避外汇现货价格波动带来的风险，在远期市场上卖出了头寸 kQ 为的远期合约。在 $t = 1$ 时刻，假设现货和远期价格分别为 s_1，f_1，投资者卖出 Q 单位的现货，并且对 kQ 单位的远期进行平仓。投资者需

要确定在 $t=0$ 时刻的最优套期保值比率 k，以对冲外汇投资风险。

首先在 $t=1$ 时刻，投资者拥有的财富为：

$$W_1=W_0+(s_1-s_0)\cdot Q-(f_1-f_0)\cdot kQ=W_0+(\Delta s-k\Delta f)Q \tag{11-2}$$

记 $r_s=\dfrac{\Delta s}{s_0}$ 为现货的期间收益率，$r_f=\dfrac{\Delta f}{f_0}$ 为远期的期间收益率，则式（11-2）可以转换为：

$$W_1=W_0+(r_s-k\frac{f_0}{s_0}r_f)s_0Q=W_0+(r_s-hr_f)s_0Q \tag{11-3}$$

其中，$h=\dfrac{kf_0}{s_0}$ 为修正的空头套值比率，它与原始套期保值比率 k 一一对应。

记 $r_p=r_s-hr_f$ 为套期保值的收益率，用 LPM 考虑该套期的下方风险，则可以建立如下的 LPM 模型：

$$LPM(\theta,\ n,\ r_p)=E[\max(0,\ \theta-r_p)]^n=\int_{-\infty}^{\theta}(\theta-r_p)^n dF(r_p) \tag{11-4}$$

假设已知现货和远期收益率的联合密度函数 $f(r_s,\ r_f)$，则式（11-4）可以转化成：

$$LPM(\theta,\ n)=\int_{-\infty}^{+\infty}\int_{-\infty}^{\theta+hr_f}(\theta-r_s+hr_f)^n f(r_s,\ r_f)dr_s dr_f \tag{11-5}$$

给定参数 θ，n 的取值，为了求出在风险最小的情况下的最优套期比率 h^*，则需要式（11-5）的一阶导数 $\dfrac{\partial LPM(h)}{\partial h}=0$，同时要保证在极值点 $h=h^*$ 处有 $\dfrac{\partial^2 LPM(h)}{\partial^2 h}\Big|_{h=h^*}\geqslant 0$。其实这个二阶导数的条件是可以得到满足的，因为当目标收益 θ 一定时，以下条件可以实现。

（1）若 $n=1$，则 $\dfrac{\partial^2 LPM(h)}{\partial h^2}\int_{-\infty}^{+\infty}r_f^2\cdot f(r_s,\ r_f)dr_f\geqslant 0$。

（2）若 $n=2$，则 $\dfrac{\partial^2 LPM(h)}{\partial h^2}=2\int_{-\infty}^{+\infty}\int_{-\infty}^{\theta+hr_f}r_f^2\ f(r_s,\ r_f)dr_s dr_f\geqslant 0$。

（3）若 $n>2$，因为

$$\frac{\partial^2 LPM(h)}{\partial h^2}=\frac{\partial^2 E[\max(0,\ \theta-r_s+hr_f)]^n}{\partial h^2}=n(n-1)E[r_f^2\cdot\max(0,\ \theta-r_s+hr_f)]^{n-2}$$

$$=\begin{cases}0,\ \theta-r_s+hr_f\leqslant 0\\ n(n-1)\displaystyle\int_{-\infty}^{+\infty}\int_{-\infty}^{\theta+hr_f}r_f^2(\theta-r_s+hr_f)^{n-2}f(r_s,\ r_f)dr_s dr_f>0,\ \theta-r_s+hr_f>0\end{cases}$$

所以，仍然有$\frac{\partial^2 LPM(h)}{\partial h^2} \geqslant 0$。由一阶条件$\frac{\partial LPM(h)}{\partial h}=0$计算出的最优套期比$h_s^*$是区域 G：$\{h|\theta \geqslant r_s - hr_f,\ h \geqslant 0\}$内的局部最优解，并不是全局最优。

二、基于联合分布拟合的 LPM 模型应用

对于在套期保值中 LPM 的计算问题，由于现货与远期收益的联合密度函数 $f(r_s,\ r_f)$ 未知，给计算 LPM 带来困难。目前的处理方法是假设 $f(r_s,\ r_f)$ 是正态密度函数，或者假设 r_s 和 r_f 的联合分布为经验分布函数，从而推导出最优套期比率的表达式。显然，这些方法缺少了对研究对象实际分布的考虑，限制了该方法的实际应用。本书将采用 Copula-GARCH 方法确定资产收益率之间的联合分布，解决 LPM 模型在计算上遇到的困难，并且根据拟合出来的分布计算出最优套期保值比率以及套期保值投资面临的风险。

首先，通过 GARCH 方法描述收益序列的尾部分布形态，进而根据这个形态确定了两个收益序列各自的边缘密度函数 $f_1(r_s)$，$f_2(r_f)$；接着，通过极大似然估计法确定候选 Copula 函数的参数，并根据拟合优度检验方法从候选的 Copula 函数中选出最能拟合历史收益数据的函数 $C[F_1(r_s),\ F_2(r_f)]$；最后，根据式（11-5）得出 LPM 表达式，该表达式是套期比率 h 的函数（假设 c，n 是给定常数）：

$$LPM(h) = \int_{-\infty}^{+\infty}\int_{-\infty}^{\theta+hr_f}(\theta - r_s + hr_f)^n f(r_s,\ r_f)dr_s dr_f$$
$$= \int_{-\infty}^{+\infty}\int_{-\infty}^{\theta+hr_f}(\theta - r_s + hr_f)^n \cdot c[F_1(r_s),\ F_2(r_f)]\cdot f_1(r_s)\cdot f_2(r_f)dr_s dr_f \quad (11\text{-}6)$$

其中，$F_1(r_s)$，$F_2(r_f)$ 是 r_s，r_f 的概率分布函数，$c[F_1(r_s),\ F_2(r_f)]$ 是 $C[F_1(r_s),\ F_2(r_f)]$ 的密度函数。在最小化风险的原则下，可以找出一个合适的套期比率 h，使得 LPM 最小。当 LPM 在某个套期比率 h^* 下取值最小，它应该满足一阶条件：

$$\frac{\partial LPM(h)}{\partial h^*} = \int_{-\infty}^{+\infty}\int_{-\infty}^{\theta+hr_f} nr_f(\theta - r_s + h^* r_f)^{n-1}\cdot c[F_1(r_s),\ F_2(r_f)]\cdot f_1(r_s)\cdot f_2(r_f)dr_s dr_f = 0 \quad (11\text{-}7)$$

第三节　分布拟合的基本方法

在第二节中介绍了 LPM 在套期保值中的应用，并且解释了本书通过 Copula-GARCH 方法拟合即期及其衍生品收益率的联合密度函数，并且构建出了整个 LPM 方法的新模型基础。本节介绍确定边缘密度的 GARCH-t 估计方法、运用 Copula 方法确定联合密度，以及 Copula 函数参数的确定以及选择 Copula 函数的判断原则等相关问题。

一、边缘分布的估计

在现实生活中，金融收益序列的条件分布不仅具有时变波动聚集特性，还经常呈现出偏斜、尖峰厚尾等特性，因此在运用正态分布假设的 GARCH 模型来描述金融收益序列的条件边缘分布时，正态分布假设常常被拒绝。为了更好地捕捉尖峰厚尾的特征，人们常常用 t 分布、GED 分布等能描述尖峰厚尾性质的分布来代替正态分布，从而引申出一系列 GARCH 模型的扩展模式，如 GARCH-t 模型，GARCH-GED 模型等。

以即期市场为例，假设收益序列为 r_t，$t = 1, 2, \cdots, T$，T 为样本容量，其分布函数为 F（z），并且假设 r_t 服从均值为常量的随机波动分布，则可以建立如下的 GARCH-t 模型：

$$r_t = \mu + \varepsilon_t,\quad \varepsilon_t = h_t^{1/2}\xi_t$$

$$h_t = \alpha_0 + \sum_{i=1}^{p}\alpha_i\varepsilon_{t-i}^{2} + \sum_{j=1}^{q}\beta_j h_{t-j},\quad \xi_t \sim t_\nu(\xi_t) \tag{11-8}$$

那么，可以得到收益率的分布为：

$$\begin{aligned}F(z) &= P(r_t \leqslant z) = P(\mu + \varepsilon_t \leqslant z)\\ &= P(\varepsilon_t \leqslant z-\mu) = P(h_t^{1/2}\xi_t \leqslant z-\mu) = P\left(\xi_t \leqslant \frac{z-\mu}{h_t^{1/2}}\right) = t_\nu\left(\frac{z-\mu}{h_t^{1/2}}\right)\end{aligned} \tag{11-9}$$

进而推导出 r_t 的密度函数 $f(r_t)$ 为：

$$f(r_t) = \frac{\Gamma\left(\frac{\upsilon+1}{2}\right)}{\sqrt{\upsilon\pi}\,\Gamma\left(\frac{\upsilon}{2}\right)} \cdot \frac{1}{h_t^{1/2}\left[1+\frac{(r_t-\mu)^2}{\upsilon h_t}\right]^{\frac{\upsilon+1}{2}}} \tag{11-10}$$

这里Γ(•）为伽马函数。

二、联合分布的确定

Copula 方法的特点在于它不仅可以有效地描述随机变量之间的相关程度，并且能够反映它们之间的相关模式，描述它们的联合分布函数。该方法可以广泛应用于金融市场的相关性分析、资产定价和风险管理等方面（Embrechts，2003）。

最常用的 Copula 参数估计方法是两步极大似然估计法。假设样本数据的边缘分布函数分别为 $F_1(x_1;\ \varphi_1)$，…，$F_N(x_N;\ \varphi_N)$，利用极大似然估计原理，得到边缘分布函数的参数估计值如下：

$$\widehat{\varphi_i} = \arg\max_{\varphi_i \in R} \sum_{t=1}^{T} \ln f_i(x_{i,t},\ \varphi_1),\ i = 1,\ 2,\ \cdots,\ N \tag{11-11}$$

将估计出来的参数 $\widehat{\varphi_1}$，…，$\widehat{\varphi_N}$ 代入边缘分布函数并引入 Copula 函数中，就可以估计出 Copula 函数的参数 θ：

$$\widehat{\theta} = \arg\max_{\theta \in R} \sum_{t=1}^{T} \ln c[F_1(x_{1,t};\ \widehat{\varphi_1}),\ \cdots,\ F_N(x_{N,t};\ \widehat{\varphi_N});\ \theta] \tag{11-12}$$

两步法估计的优点是可以灵活地选用边缘分布函数的形式，提高模型的拟合优度。

Embrechts（2003）对不同的 Copula 模型进行了比较分析，发现采用不同形式 Copula 模型可能导致不同的分析结果。在这里，我们用 K-S（Kolmogorov-Smirnov）检验对资产组合相关模型进行分析，进而选择出能较好地描述其尾部风险相关模式的 Copula 函数。K-S 检验是一个非参数检验，揭示了理论分布与经验分布之间的偏离程度。

根据 Copula 理论，如果 $C(u,\ \nu)$ 是一个 Copula 函数，其中，$u = F(x)$，$\nu = G(y)$，$F(x)$、$G(y)$ 分别表示随机变量 x、y 的分布函数。那么 $Y|X = x$ 的条件分布为：

$$H(Y \leqslant y \mid X = x) = \frac{\partial C[F(x),\ G(y)]}{\partial F(x)} = C_1[F(x),\ G(y)] \tag{11-13}$$

它服从（0，1）范围内的均匀分布。

通过 Copula 函数的这个性质，可以把对 Copula 函数的拟合优度检验转化到检验 Copula 函数的一阶偏导数是否服从（0，1）上的均匀分布，这也就让使用 K-S 检验来评价待定的 Copula 函数对样本数据的拟合程度成为可能。进行 K-S 检验的原假设为 H_0：$F_{Y|X}(x,\ y) \sim U(0,\ 1)$；备择假设为 H_1：$F_{Y|X}(x,\ y)$ 不服从 $U(0,\ 1)$，K-S 检验的统计检验量数值越小，说明偏离程度越低，拟合效果越好。

第四节　人民币远期外汇市场的实证研究

围绕人民币汇率衍生品交易，境内外目前存在三个主要交易市场和多种汇率衍生品。境内市场为中国外汇交易中心为主，境内外银行参与；境外市场包括以中国香港和新加坡为主的离岸市场的非交割远期（NDF）交易市场以及芝加哥商品交易所（CME）的人民币远期期权交易市场。此外，加上人民币外汇即期市场，共存在四个人民币汇率公开交易市场。

本章分析所采用的数据是境内的人民币汇率即期、远期以及境外 NDF 的数据。其中，即期、远期数据以及 NDF 数据来源于 Bloomberg 数据中心。因为远期以及 NDF 合约有 1 月期、3 月期、6 月期以及 12 月期的形式，本章仅以 1 月期的合约数据作为主要的分析对象，对其他期限合约的分析方法类似。样本数据期间，从 2006 年 7 月 3 日至 2008 年 6 月 30 日，共 487 个数据。为了避免数值过小造成的精度损失，本书将收益率定义为 $r_t = 100*\ln(P_t/P_{t-1})$。本书所有计算结果均通过使用开源的 R 软件得到。

接下来通过数据实证研究分析以下两个问题：一是将前文介绍的分布估计和联合分布拟合方法应用于 LPM 模型研究，得到不同衍生品市场上的最优套期保值比率；二是比较不同市场的 LPM 套期保值绩效，并且在相同的衍生品市场，比较 LPM 模型和方差模型得到的套期保值绩效。

一、收益率分布拟合和套期保值比率优化

在大多数情况下，GARCH（1，1）可以较好地描述金融时间序列的波动特征，下面使用 GARCH（1，1）-t 模型对样本数据进行分析。从表 11-1 可以看到三个市场 t 分布的自由度均小于 10，说明三个收益序列均具有尖峰厚尾的特性，表明三个市场都具有尖峰厚尾的特性。

表 11-1　GARCH（1，1）-t 模型回归计算得到的系数结果

市场类别	μ	α_0	α_1	β_1	υ
即期	-0.02638** (0.00456)	0.00012 (0.00013)	0.02352 (0.01304)	0.96762** (0.02076)	9.87530* (3.96811)
远期	-0.02051** (0.00466)	0.00038 (0.00025)	0.08025* (0.02904)	0.90661** (0.03304)	4.57726** (1.15311)
NDF	-0.02334** (0.00411)	0.00018 (0.00012)	0.04083* (0.01983)	0.94895** (0.02343)	5.7009** (1.74514)

注：* 表示在 5%的置信水平下显著，** 表示在 1%的置信水平下显著。

Copula 函数的种类很多，我们选择具有代表性的 4 个单参数的 Copula 函数与 2 个双参数的 Copula 函数进行分析，具体的函数表达式和参数范围如表 11-2 所示。经过数据估计，各个 Copula 函数的参数估计结果如表 11-3 和表 11-4 所示。

表 11-2　Copula 函数形式及其参数的范围

Copula 类型	C(u，v)	参数范围
Clayton	$(u^{-\alpha}+\nu^{-\alpha}-1)^{-\frac{1}{\alpha}}$	$\alpha \in (0, \infty)$
Gumbel	$\exp\{-[(-\ln u)^{1/\alpha}+(-\ln \nu)^{1/\alpha}]\alpha\}$	$\alpha \in (0, 1]$
Frank	$-\frac{1}{\alpha}\log\left[1-\frac{(1-e^{-\alpha u})(1-e^{-\alpha \nu})}{1-e^{-\alpha}}\right]$	$\alpha \neq 0$
Other	$\frac{u\nu}{1-\alpha(1-u)(1-\nu)}$	$\alpha \in (-1, 1)$
BB1	$\{1+[(u^{-\theta}-1)^{\delta}+(\nu^{-\theta}-1)^{\delta}]^{1/\delta}\}^{-1/\theta}$	$\theta \in (0, +\infty)$；$\delta \in [1, +\infty)$
Joe-Clayton	$1-\{1-[(1-(1-u)^{\theta})^{-\delta}+(1-(1-\nu)^{\theta})^{-\delta}]^{-1/\delta}\}^{1/\theta}$	$\theta \in [0, +\infty)$；$\delta \in (1, +\infty)$

表 11-3　远期和 NDF 市场单参数 Copula 函数的参数估计值

	市场类别	Clayton	Gumbel	Frank	Other
α 估计值	远期	0.87506	0.35	4.00631	0.85
	NDF	0.97871	0.30	4.58608	0.75

表 11-4 远期和 NDF 市场双参数 Copula 函数的参数估计值

市场类别	参数估计值	BB1	Joe-Clayton
远期	θ	0.11541	0.11790
	δ	1.33930	1.59307
NDF	θ	0.11507	0.11879
	δ	1.34571	1.58708

从表 11-3 和表 11-4 可见，用极大似然估计法估计出来的系数均在允许的范围内。并且根据各类 Copula 函数参数的性质，即期远期市场收益率、即期 NDF 收益率都存在着正相关关系，这说明即期收益率的上升会引起远期与 NDF 收益率的上升，即期收益率的下降也会导致远期与 NDF 收益率的降低。

将估计出来的各个 Copula 的参数与数据对 (u_i, ν_i)，(u_i, w_i)，$i = 1, 2, \cdots, T$ 代入相应 Copula 函数的条件分布函数中，可以分别得到即期—远期和即期—NDF 市场各个 Copula 函数的 K-S 检验量以及概率值 P。下面以 $C_1[F(x), G(y)] = \frac{\partial C[F(x), G(y)]}{\partial G(y)}$ 为例作 K-S 检验，具体结果如表 11-5 所示。

表 11-5 远期和 NDF 市场各个 Copula 函数的 K-S 检验结果

Copula 类型	远期市场		NDF 市场	
	K-S 检验量	概率值 P	K-S 检验量	概率值 P
Clayton	0.0481	0.2100	0.0413	0.3766
Gumbel	0.1435	0	0.1519	0
Frank	0.0322	0.6926	0.0298	0.7812
Other	0.0520	0.1429	0.0505	0.1670
BB1	1	0	0.9979	0
Joe-Clayton	0.0805	0.00363	0.0840	0.00209

由表 11-5 可知，无论是即期—远期市场，还是即期—NDF 市场，Frank Copula 函数均较好地拟合了收益数据的 Copula 函数。这说明 Frank Copula 函数能够对即期—远期和即期—NDF 收益序列的相关模式进行较好的刻画。由于 Frank Copula 密度函数呈“U”形，能够刻画上尾和下尾对称的相关模式，所以，该选择结果暗示了即期—远期和即期—NDF 收益序列对称的关系。因此，在最优套期比率计算中，连接函数使用 Frank Copula 函数。

在下偏矩 LPM（θ，n，h）的定义中，θ 和 n 的不同取值范围有着不同的含义。由于本书研究其中的一个目的是比较下偏矩与最小方差之间的套期绩效，

并且当 $n \geqslant 1$ 时，代表了套期保值者是风险规避者，符合现实中大多数套期保值的状况。所以，在不失一般性的情况下，本书以下计算分析选取 $\theta = E(r_s)$ 和 $n = 2$，即取目标报酬率为样本间即期汇率的期望值（平均值），下偏矩阶次为 2。

将前述各变量代入式（11-7），用统计软件 R 解之可得最优的套期比率以及该套期比率下 LPM 的大小。结果见表 11-6。

表 11-6　最优套期比率及 LPM 的计算结果

结果	远期市场	NDF 市场
h^*	0.38779	0.56539
$LPM(h^*)$	0.00478	0.00405

从表 11-6 的结果可见，使用 LPM 模型对人民币即期头寸进行套期保值，在 NDF 市场进行套期保值的比率要比远期市场的大，而且在 NDF 市场面临低于目标收益率的风险要比远期市场的小。如果把最小化风险作为目标，把套期比率作为手段，我们可以得到如下因果联系：在同一目标收益率的前提下，为了使面临的风险最小，我们可以在 NDF 市场采用更有力的手段，即构造更大的套期保值头寸，从而承担较远期市场更小的风险。

二、套期保值绩效分析

通过计算我们已经得到了样本期内两个衍生品市场的最优套期保值比率，下面将对套期保值绩效作进一步的分析。本书将对比远期市场与 NDF 市场上的套期保值绩效指标，确定两者中哪一个市场更能体现套期保值的效果，能够更好地帮助套期保值者控制投资损失。

本书运用 Demirer 和 Lien（2003）定义的 H 绩效指标衡量最优套期比率计算样本期间的套期保值绩效，对远期市场与 NDF 市场进行比较。H 值避险绩效指标表示如下：

$$H = 1 - \left[\frac{L(\theta, n, r_p^*)}{L(\theta, n, r_p^0)}\right]^{\frac{1}{n}}$$

$$L(\theta, n, r_p^*) = E\{[\max(0, \theta - r_p^*)]^n\} = E\{[\max(0, \theta - r_s + h^* r_f)]^n\}$$

$$L(\theta, n, r_p^0) = E\{[\max(0, \theta - r_p^0)]^n\} = E\{[\max(0, \theta - r_s^0)]^n\} \tag{11-14}$$

式（11-14）中，$L(\theta, n, r_p^*)$ 为在远期或者 NDF 市场进行套期保值的损失风险，L（θ，n，r_p^0）为没有在远期或者 NDF 市场进行套期保值而造成的损失风险。H 值介于［0，1］，而且 H 值越大，表明资产组合的避险绩效越好。根据式（11–14），可以分别计算出即期—远期市场与即期—NDF 市场的套期保值绩效的结果，如表 11–7 所示。

表 11–7　H 值指标的计算结果

绩效指标	即期—远期市场	即期—NDF 市场
H	0.19487	0.25821

表 11–7 的结果表明，在样本期间内，通过 NDF 市场对即期头寸进行套期保值，发现 NDF 市场风险暴露的程度要比远期市场的低。所以投资者在运用 LPM 模型对人民币即期头寸进行套期保值时，可以选择 NDF 市场进行操作，以减少损失的风险。同时需要强调的是，结合第八章到第十一章的实证结果，我们发现采用不同的套期目标和方法，在国内远期市场与 NDF 市场上的套期效果不同，即两个市场之间不存在绝对优劣顺序，因此投资者需要依据各自的投资方法来选择市场。

前文套期保值均适用 LPM 度量模型，以下将比较 LPM 模型与最小方差模型套期绩效优劣。我们采用 Nawrocki（1989）定义的收益半变动比率 R/SV 指标，该指标衡量了每单位损失风险所能获得的超额报酬。

$$R/SV = \frac{E(R_p) - R_f}{LPM(\theta,\ n,\ h,\ R_p)} \tag{11–15}$$

$E(R_p)$ 为投资组合的预期收益率，θ，n 分别是目标报酬率和 LPM 阶次。该项指标越大，代表该套期保值的绩效表现越好。

最小方差模型得到的最优套期比率可以表示为 $h_\nu = \sigma_{sf}/\sigma_f^2$，其中，$\sigma_{sf}$ 为即期与远期（或 NDF）收益的协方差，σ_f^2 为远期（或 NDF）收益的方差。所以，此处可以通过 R/SV 指标对用 LPM 和最小方差模型计算出来的最优套期比率进行绩效的比较。不失一般性，我们确定无风险利率 $R_f = 4.14\%$，这是 2007~2008 年中国资本的平均贷出利率。在样本期间，在远期市场和 NDF 市场中两种模型的套期绩效结果如表 11–8 所示。

观察表 11–8，发现无论是远期市场或 NDF 市场，在样本期间内以 LPM 为风险计量模型计算的 R/SV 指标都比以方差模型计算的要大。这说明在 LPM 模型下，每单位风险所得到的报酬会比方差的高，从另一个方面说，在取得相同的报酬下，以 LPM 模型计算出来的套期比率所面临的风险要比以最小方差计算

表 11-8　样本期间远期市场和 NDF 市场套期绩效

市场类型	计算指标	LPM	最小方差
远期	h	0.38779	0.30855
	R/SV	-12.74961	-12.99195
NDF	h	0.56539	0.47944
	R/SV	-13.59708	-14.02953

出来的低。所以，这从一个侧面反映了以 LPM 模型度量风险的优越性。我们还可以发现，在相同的样本期间，用最小方差方法计算出来的最优套期保值率比用 LPM 模型计算出来的要低。

第五节　本章结论

本章利用 LPM 模型作为人民币外汇套期保值的风险测度方法，在使得损失最小的情况下，计算出外汇套期保值的最优比率。面对即期—远期市场和即期—NDF 市场联合分布都不确定带来的应用困难，本研究抛弃了一般研究中的假设收益序列的联合分布服从联合正态分布或者等概率分布等做法。在充分考虑即期、远期和 NDF 市场收益率序列的实际分布情况后，本研究通过对收益序列数据进行检验和模拟，运用 GARCH 模型找出它们的边缘分布，并采用 Copula 方法得到它们的联合分布状况，从而解决了 LPM 模型中因联合分布函数不确定所带来的计算和研究困难，进而采用 H 指标以及 R/SV 指标比较了 LPM 模型与传统最小方差模型计算最优套期比率的优劣。

实证分析发现，即期—远期和即期—NDF 的收益率分布并不是简单的椭圆形分布，而是都有比较明显的尾部风险；Frank Copula 函数能够对即期—远期和即期—NDF 收益序列的相关关系进行较好的刻画。LPM 模型对即期头寸进行套期保值，NDF 市场的绩效要比远期市场的好；在样本期间，LPM 模型中的每单位风险所得到的报酬会比最小方差的高。

本章研究仍存在需改进之处。首先，假设了收益率的固定分布形式，是一种静态的结构，这样可能忽略了一些重大事件对人民币汇率结构产生的影响，所以，我们可以进一步考虑人民币与其衍生品市场相关结构的变化情况，使用动态的 Copula 模型（如变参数的 Copula 模型）对它们的相关性进行分析。其次，我们可以把单期套期保值扩展到跨期保值。本章研究是以 1 月期的合约数据为分析对象的，而远期和 NDF 市场均包括 3 月期、6 月期和 12 月期的合约数据。为使得套期保值的绩效更好，后续研究可以运用 LPM 模型进行跨期的研究。

总 结

本研究历时两年，形成 15 万字共计 13 章的成果报告。报告主体由 11 篇论文组成，主题从人民币远期外汇市场有效性分析到市场的动态相关性研究，再到人民币远期市场的套期保值模型方法研究，层层递进。

一、人民币远期外汇市场有效性

上篇是关于人民币外汇衍生品市场有效性问题的研究。以往研究多从人民币/美元的角度探讨人民币远期市场的有效性问题，忽略了其他货币和人民币之间的关系研究。本课题则同时研究了人民币/美元、人民币/日元以及人民币/欧元的外汇远期市场的有效性问题，分别对 2005 年 8 月 1 日至 2008 年 12 月 31 日，各外汇品种的 4 个不同期限的远期外汇报价进行考察，得出以下结论。

结论 1：考虑到人民币各外币汇率之间的联系，建立了综合美元/人民币、欧元/人民币以及日元/人民币的 SUR 模型，采用了半参数方法进行估计。估计结果表明，考察期内各外汇市场的有效性均不成立，各人民币外汇市场存在相关关系，且各市场中的参与者对风险溢价要求不同，具有非风险中性特征。另外，对汇率序列进行平稳性检验的结果还表明，我国外汇市场可能存在结构变化。

考察期内人民币远期外汇市场有效性假设不成立的主要原因可归结为市场参与者要求的时变风险溢价以及我国政府对外汇即期市场的报价限制。具体来说：①在人民币兑美元的远期外汇市场上，市场参与者偏好风险，要求的风险溢价为负。同时，模型的估计结果还表明，人民币兑美元即期汇率已经逐渐趋向市场均衡，我国对应汇率政策应在未来一段时间内保持相对稳定。②在人民币兑欧元市场上，市场参与者厌恶风险，要求的风险溢价随交易期限的延长而增大，估计结果还显示，人民币兑欧元市场和人民币兑美元和日元市场相关性较大，书中的 SUR 估计结果较之以往模型估计结果更有效。③在人民币兑日元市场上，市场参与者偏好风险，即期汇率短期内对市场反应过度，长期内对市场反应不足。市场参与者预期人民币兑日元和人民币兑美元市场相关性较大。

结论 2： 依据上述研究中发现市场中可能存在的结构变化，在第二章对我国外汇市场的特征进行进一步的研究，检验市场中是否存在结构变化，分析发生在结构变化时点的经济事件，发掘引起市场发生结构变化的对应事件。考虑到模型中回归变量间同期相关性和序列的自相关性，采用了 FMOLS 方法来估计模型参数，得到了比以往研究中更有效的假设检验结果。

结构突变分析表明，考察期间，欧元/人民币市场不存在结构突变，而美元/人民币和日元/人民币市场存在多个结构突变点，并且某些时间区间内美元/人民币外汇市场的有效性假设成立。对与结构突变时点对应的经济事件进行分析发现，在日元/人民币外汇市场上，市场结构变化多数与日本政府发布发行政府债券的信息相关，部分与我国政府对银行存款利率的调整相关；在美元/人民币外汇市场上，市场结构变化时点多与我国政府的货币政策调整及市场信息发布相关，部分结构变化点也与美国的货币政策调整相关。

总体来说，在日元/人民币市场上，日本政府对市场的干预对市场汇率影响较大，而在美元/人民币市场上，我国政府货币政策调整以及相关市场干预行为对市场汇率影响较大。同时，研究还发现，政府的干预时间略早于市场发生结构变化的时间。这说明，政府对市场的干预行为影响到了市场参与者的市场预期，市场参与者对自己的买卖行为的调整使得市场结构发生变化。

未来一段时间内，我国应继续实施人民币兑美元市场的现有外汇政策，保持人民币兑美元汇率的稳定；完善人民币兑欧元和人民币兑日元市场的汇率报价，更多的从各国实际经济发展水平、实行的货币政策和利率政策等方面来考虑两市场的汇率报价，降低对应市场汇率报价和人民币兑美元汇率报价之间的相关性，减小人民币外汇市场的系统风险。

二、人民币外汇市场动态相关性

自从 2005 年 7 月 21 日中国人民银行宣布开始实行以市场供求为基础、参考一篮子货币进行调节的有管理浮动汇率制度以来，人民币汇率波动的幅度逐渐加大，汇率风险凸显。只有清楚地了解多个人民币汇率市场的价格波动及其信息传导关系，才能更好地运用多个市场交易对冲汇率风险，中篇围绕多个人民币外汇市场的动态相关性和价格发现功能展开研究，本课题研究利用的数据是 2005~2008 年的时间序列数据，同时给出了不同期限品种的数据，远远比现有文献数据时间长、品种多，更加全面。本书研究分别运用 DAG 理论、VEC Granger 因果检验方法、双变量 EGARCH 模型和 DCC-EGARCH 模型等工具，全面量化分析了三个市场之间的动态相关性和价格引导关系，得出以下结论：

结论 3：在市场动态相关性研究中，本书同时研究了市场间的收益率溢出和波动率溢出关系。针对收益率溢出我们指出，1 月期、3 月期和 6 月期远期品种的境内人民币远期市场收益率与境外 NDF 市场收益率之间均有双向价格溢出效应，NDF 市场对 DF 市场的价格引导作用更大，也就是在较短期限的远期市场中，NDF 相对于 DF 市场拥有更大的远期定价权。在 12 月期的远期品种中，仅存在 NDF 市场对 DF 市场的单方向价格引导作用。

结论 4：针对波动性溢出我们指出，1 月期品种只存在 DF 市场对于 NDF 市场的单方向波动率溢出效应；3 月期及 6 月期品种存在双向波动率溢出效应，且 DF 市场对于 NDF 市场的波动率溢出效应更大；12 月期品种存在双向波动率溢出效应，且 NDF 市场对于 DF 市场的波动率溢出效应更大。我们可以看出在波动率溢出效应方面，在短期限的远期市场中，境内 DF 市场更多地扮演着波动率输出者的角色。

本书研究发现，在 2005 年 7 月 21 日人民币汇率制度改革以后，存在着人民币 NDF 市场的信息向人民币在岸市场的传递机制。这说明人民币 NDF 汇率起到了一定的价格发现作用。在岸人民币衍生品的定价已受到离岸人民币衍生品市场的影响。我国应逐步增加在岸人民币衍生品市场的流动性和交易量，提升在岸市场对于人民币衍生品的定价权。需要注意的是，由于投资者可以从人民币 NDF 市场的信息推断汇率的未来走势，国内金融市场必将受到境外市场的影响。今后，随着人民币离岸市场的不断发展，其对在岸市场的影响也将不断加大，加之境外人民币 NDF 不为政策当局所控制，这意味着政策当局寻求独立的经济政策可能会变得更加困难。

三、人民币汇率风险管理方法

如何运用人民币远期汇率市场交易有效对冲汇率风险已成为金融风险控制领域的前沿论题。下篇集中于人民币外汇衍生品套期保值模型与方法的研究，研究围绕人民币远期套期保值方法，包括套期比率优化及套期效率评价等问题，从静态到动态、从传统模型到前沿方法逐步展开，得出以下主要结论：

结论5：运用误差修正模型，BV-GARCH和GARCH-ECM等动态最优套期保值模型研究了境内外人民币远期市场的套期保值绩效。远期产品品种的选择影响到套期保值绩效，在可行的情况下，选用短期内到期的远期外汇产品，套期保值绩效较好。

同时发现因为套期模型选择的不同，国内远期与NDF市场在套期保值效果上各有优势，这与风险度量方法的选择及模型设置相关。本书将模型扩展为动态变化型展期套期保值模型，并针对该模型提出了动态跟踪调整策略。实证研究表明变化型展期套期保值模型的套期保值绩效大幅显著提高。

结论6：在极值理论框架下得到基于相对VaR的最优套期保值比率的解析表达式，基于双变量GARCH（1，1）方法分别建立境内外人民币远期市场与即期汇率市场的实证模型，通过比较发现，相对VaR下的套期保值效率比传统最小方差套期效率更优。本书研究采用Copula-GARCH方法对收益序列数据进行拟合，解决了LPM模型中因联合分布函数不确定所带来的计算和研究困难。通过绩效比较也发现，无论在境内远期市场还是NDF市场，LPM模型的绩效都比最小方差的绩效要好。此外，本书还通过采用多种套期保值方法，在境外NDF市场和境内远期市场之间比较套期保值效率，发现两个远期市场各有所长，并不能确定某一市场的绝对优势。因此，投资者可根据套期保值目标与方法的不同来选择市场，更好地完成风险对冲。

参考文献

[1] Abdullah D. A., Rangazas P. C.. Money and the Business Cycle: Another Look [J]. Review of Economics and Statistics, 1988 (70): 680-685.

[2] Andrews D. W. K.. Heteroskedastictiy and Autocorrelation Consistent Covariance Matrix Estimation [J]. Econometrica, 1991 (59): 817-858.

[3] Bai J.. Estimation of a Change Point in Multiple Regression Models. Review of Economics and Statistics [J]. 1997 (79): 551-563.

[4] Baillie R. T. and Myers. Bivariate GARCH Estimation of the Optimal Commodity Futures Hedge [J]. Journal of Applied Econometrics, 1991 (6): 109-124.

[5] Baillie R. T., Bollerslev T.. The Forward Premium Anomaly is not as Bad as You Think [J]. Journal of International Money and Finance, 2000 (19): 471-488.

[6] Bansal R.. An Exploration of the Forward Premium Puzzle in Currency Markets [J]. The Review of Financial Studies, 1997 (10): 369-403.

[7] Barnhart S. W., Szakmary A.. Testing the Unbiased Forward Rate Hypothesis: Evidence on Unit Roots, Cointegration, and Stochastic Coefficient [J]. Journal of Financial and Quantitative Analysis, 1991 (26): 245-267.

[8] Bartley W. A., Lee J., Strazicich M. C.. Testing the Null of Cointegration in the Presence of a Structural Break [J]. Economics Letter, 2001 (73): 315-323.

[9] Baum C., Barkoulas J., Caglayan M.. Long Memory or Structural Breaks: Can Either Explain Non-stationary Real Exchange Rates Under the Current Float? [J]. Journal of International Financial Markets, Institutions and Money, 1999 (9): 359-376.

[10] Bawa V. S.. Optimal Rules for Ordering Uncertain Prospects [J]. Journal of Financial Economics, 1975 (1): 95-121.

[11] Bekaert G. , Harvey C. R.. Emerging Equity Market Volatility [J].

Journal of Financial Economics, 1997 (43): 729–771.

[12] Bekaert G., Hodrick R. J.. On Biased in the Measurement of Foreign Exchange Risk Premiums [J]. Journal of International Money and Finance, 1993 (12): 115–138.

[13] Bernanke B. S.. Alternative Explanations of the Money–income Correlation [R]. NBER Working Paper, February 1986, No. 1842.

[14] Billio M., Pelizzon L.. Volatility and Shocks Spillover Before and After EMU in European Stock Markets [J]. Journal of Multinational Financial Management, 2003 (13): 323–340.

[15] Bilson J. F.. The Speculative Efficiency Hypothesis [J]. The Journal of Business, 1981 (54): 435–451.

[16] Blake D., Beenstock M., Brasse V.. The Performance of UK Exchange Rate Forecasters [J]. The Economic Journal, 1986 (96): 986–999.

[17] Bollerslev T.. Generalized Autoregressive Conditional Heteroskedasticity [J]. Journal of Econometrics, 1986 (31): 307–327.

[18] Bollerslev T.. Modeling the Coherence in Short–Run Nominal Exchange Rates: A Multivariate Generalized ARCH Model [J]. Review of Economics and Statistics, 1990 (72): 498–505.

[19] Booth G. G. , Lee T. H., Tse Y.. International Linkages in Nikkei Stock Index Futures Markets [J]. Pacific–Basin Journal, 1996 (4): 59–76.

[20] Bruce Mizrach, Christopher J. N.. Information Shares in the US Treasury Market [J]. Journal of Banking & Finance, 2008 (32): 1221–1233.

[21] Cecchetti S. G., Cumby R. E., Figlewski S.. Estimation of the Optimal Futures Hedge [J]. Review of Economic and Statistics, 1998 (70): 623–630.

[22] Chakraborty A., Evans G. W.. Can Perpetual Learning Explain the Forward–premium Puzzle? [J]. Journal of Monetary Economics, 2008 (55): 477–490.

[23] Chang J., Shanker L.. A Risk–return Measure of Hedging Effectiveness: A Comment [J]. Journal of Financial and Quantitative Analysis, 1987 (22): 373–376.

[24] Cheung C., Kwna C. C. Y.. The Hedging Effectiveness of Options and Futures: A Mean–Gini Approach [J]. Journal of Futures Markets. 1990 (10): 61–74.

[25] Chou W. L., Fan K. K., Lee C. F.. Hedging with the Nikkei Index

Futures: The Conventional Model Versus the Error Correction Model [J]. Quarterly Review of Economics and Finance, 1993 (36): 495-505.

[26] Chou W., Denis K., Lee C.. Hedging with the Nikkei Index Futures: The Conventional Versus the Error Correction Model [J]. The Quarterly Review of Economics and Finance, 1996 (36): 495-505.

[27] Clarida R. H. and Taylor. The Term Structure of Forward Exchange Premiums and the Forecastability of Spot Exchange Rates: Correcting the Errors [J]. Review of Economics and Statistic, 1997 (79): 353-361.

[28] Cooley T., Leroy S.. A Theoretical Macroeconomics: A Critique [J]. Journal of Monetary Economics, 1985 (16): 283-308.

[29] Crowder W.. Foreign Exchange Market Efficiency and Common Stochastic Trends [J]. Journal of International Money and Finance, 1994 (13): 551-564.

[30] Culp C. L. and Miller. Hedging a Flow of Commodity Deliveries with Futures: Lessons from Metallgesellschaft [J]. Derivatives Quarterly, 1994 (1): 7-15.

[31] Cumby R., Obstfeld M.. A Note on Exchange Rate Expectations and Nominal Interest Differentials: A Test of Fisher Hypothesis [J]. Journal of Finance, 1981 (36): 679-703.

[32] Darrat A. F., Maosen Zhong. Permanent and Transitory Driving Forces in the Asian Pacific Stock Markets [J]. The Financial Review, 2002 (37): 35-52.

[33] De Jong, De Roon, Veld C.. Out-of-sample Hedging Effectiveness of Currency Futures for Alternative Models and Hedging Strategies [J]. Journal of Futures Markets, 1997 (17): 817-837.

[34] Demirer R. and Lien D.. Downside Risk for Short and Long Hedgers [J]. International Review of Economics and Finance, 2003 (12): 25-44.

[35] Diebold F. X., Inoue A.. Long Memory and Regime Switching [J]. Journal of Econometrics, 2001 (105): 131-159.

[36] Ding Z., Granger C. W. J., Engle R. F.. A Long Memory Property of Stock Market Returns and a New Model [J]. Journal of Empirical Finance, 1993 (1): 83-106.

[37] Donald Lien, Li Yang. Asymmetric Effect of Basis on Dynamic Futures Hedging: Empirical Evidence from Commodity Markets [J]. Journal of Banking & Finance, 2008 (32): 187-198.

[38] Donald Lien. Cointegration and the Optimal Hedge Ratio: The General Case [J]. The Quarterly Review of Economics and Finance, 2004 (44): 654–658.

[39] Ederington L. H.. The Hedging Performance of the New Futures Markets [J]. Journal of Finance, 1979 (34): 157–170.

[40] Elliott G., Rothenberg T. J., Stock J. H.. Efficient Tests for an Autoregressive Unit Root [J]. Econometrica, 1996 (64): 813–836.

[41] Embrechts P., Lindskog F. and McNeil A. J.. Modeling Dependence with Copulas and Applications to Risk Management [M]. Elsevier/North–Holland, 2003.

[42] Engel C., Hamilton J.. Long Swings in the Dollar: Are They in the Data and do Markets Know it? [J]. American Economic Review, 1990 (80): 689–713.

[43] Engel C.. The Forward Discount Anomaly and the Risk Premium: A Survey of Recent Evidence [J]. Journal of Empirical Finance, 1996 (3): 123–192.

[44] Engle R. F.. Dynamic Conditional Correlation: A Simple Class of Multivariate GARCH Models [J]. Journal of Business and Economic Statistics, 2002 (20): 339–350.

[45] Engle R. F., Granger C. W. J.. Cointegration and Error Correction Representation, Estimation and Testing [J]. Econometrica, 1987 (55): 251–276.

[46] Engle R. F., Kroner F. K.. Multivariate Simultaneous Generalized ARCH [J]. Econometric Theory, 1995 (11): 122–150.

[47] Engle R. F, Sheppard K. Theoretical and Empirical Properties of Dynamic Conditional Correlation Multivariate GARCH [R]. NBER Working Paper, 2002, No. 8554.

[48] Evans, Martin D. and Karen K.. Lewis. Do Long–term Swings in the Dollar Affect Estimates of the Risk Premia ? [J]. Review of Financial Studies, 1995 (8): 709–742.

[49] Fama E. F.. Efficient Capital Markets: The Review of Theoretical and Empirical Work [J]. Journal of Finance, 1970 (25): 383–417.

[50] Fama E. F.. Forward and Spot Exchange Rates [J]. Journal of Monetary Economics, 1984 (14): 319–338.

[51] Feldstein M., Stock J. H.. In the Use of a Monetary Aggregate to Target Nominal GDP [M]. Chicago: Chicago University Press, 1994: 762–762.

[52] Flood R. P. and Rose A. K.. Fixes of the Forward Discount Puzzle [J].

Review of Economic Studies, 1996 (40): 209-224.

[53] Frankel J. A. and Froot K. A.. Using Survey Data to Test Standard Propositions Regarding Exchange Rate Expectations [J]. American Economic Review, 1987 (77): 133-153.

[54] Frenkel J. A.. A Monetary Approach to the Exchange Rate: Doctrinal Aspect and Empirical Evidence [J]. The Scandinavian Journal of Economics, 1976 (78): 200-224.

[55] Frenkel J. A., Mussa M. L.. The Efficiency of Foreign Exchange Markets and Measures of Turbulence [J]. The American Economic Review, 1980 (70): 374-381.

[56] Froot K. A. and Frankel J. A.. Forward Discount Bias: Is an Exchange Risk Premium? [J]. Quarterly Journal of Economics, 1989 (104): 139-161.

[57] Froot K. A., Thaler R. H.. Foreign Exchange [J]. Journal of Economic Perspectives, 1990 (4): 179-192.

[58] Fung H. G. and Leung. The Use of Forward Contracts for Hedging Currency Risk [J]. Journal of International Finnancial Management & Accounting, 1993 (3): 78-92.

[59] Gadea M. D., Sabate M., Serrano J. M.. Structural of Breaks and Their Trace in the Memory Inflation Rate Series in the Long -run [J]. Journal of International Financial Markets, Institutions and Money, 2004 (14): 117-134.

[60] Ghosh A.. Hedging with Stock Index Futures: Estimation and Forecasting with Error Correction Model [J]. The Journal of Futures Markets, 1993 (13): 743-752.

[61] Giannellis N., Papadopoulos A. P.. Testing for Efficiency in Selected Developing Foreign Exchange Markets: An Equilibrium -Based Approach [J]. Economic Modeling, 2009 (26): 155-166.

[62] Glosten L. R., Jagannathan R., Runkle D.. On the Relation Between the Expected Value and the Volatility of the Nominal Excess Return on Stocks [J]. Journal of Finance, 1993 (48): 1779-1801.

[63] Gonzalo J., Granger C. W. J.. Estimation of Common Long-memory Components in Cointegrated Systems [J]. Journal of Business & Economics Statistics, 1995 (13): 27-35.

[64] Gregory A. W., Hansen B. E.. Residual-based Tests for Cointegration in Models with Regime Shifts [J]. Journal of Econometrics, 1996 (70): 99-126.

[65] Gregory A. W., Hansen B. E.. Tests for Cointegration in Modles with Regime and Trend Shifts [J]. Oxford Bulletion of Economics and Statistics, 1996 (58): 555-560.

[66] Gregory A. W., Nason Watt. Testing for Structural Breaks in Cointegrated Relationship [J]. Journal of Econometrics, 1994 (71): 321-341.

[67] Gregory A. W., McCurdy T. H.. Testing the Unbiasedness Hypothesis in the Forward Foreign Exchange Market: A Specification Analysis [J]. Journal of International Money and Finance, 1984 (3): 357-368.

[68] Guonan Ma, Corrinne, Robert. The Markets for Non-deliverable Forwards in Asian Currencies [J]. BIS Quarterly Review, 2004 (6): 81-94.

[69] Hai W., Mark N., Wu Y.. Understanding Forward and Spot Exchange Rate Regressions [J]. Journal of Applied Econometrics, 1997 (12): 715-734.

[70] Hakkio C. S., Mark R.. Market Efficiency and Cointegration: An Application to the Sterling and Deutschemark Exchange Market [J]. Journal of International Money and Finance, 1989 (8): 75-88.

[71] Hamao Y., Masulis R.. Correlations in Price Changes and Volatility Across International Stock Markets [J]. Review of Financial Studies, 1990 (3): 281-308.

[72] Hamilton J. D.. Time Series Analysis [M]. Princeton: Princeton University Press, 1994.

[73] Hansen L. P., Hodrick R. J.. Forward Exchange Rates as Optimal Predictors of Future Spot Rates: An Econometric Analysis [J]. Journal of Political Economy, 1980 (88): 829-853.

[74] Harries F. H., McInish T. H., Wood R.. Common Factor Component Versus Information Shares: A Reply [J]. Journal of Financial Markets, 2002 (5): 341-348.

[75] Harries R., McInish T. H., Shoesmith G. C., Wood R. A.. Cointegration Error-correction and Price Discovery Informationally Linked Security Markets [J]. Journal of Finance and Quantitative Analysis, 1995 (30): 563-579.

[76] Harris F. H., McInish T. H., Wood R.. Security Price Adjustment Across Exchanges: An Investigation of Common Factor Component for Dow Stocks [J].

Journal of Financial Markets, 2002 (5): 277-308.

[77] Hasbrouck J.. One Security, Many Markets: Determining the Contributions to Price Discovery [J]. Journal of Finance, 1995 (50): 1175-1199.

[78] Hasbrouck J.. Stalking the Efficient Price in Market Microstructure Specifications: An Overview [J]. Journal of Financial Markets, 2002 (5): 329-339.

[79] Hayashi F.. Econometrics [M]. Princeton: Princeton University Press, 2000.

[80] Herbst A. F., Kare D. D., Caples S. C.. Hedging Effectiveness and Minimum Risk Hedgeratios in the Presence of Autocorrelation: Foreign Currency Futures [J]. Jorunal of Futures Market. 1989 (3): 185-198.

[81] Hicks J.. Value and Capital: An Inquiry into Some Fundamental Principles of Economic Theory [M]. Oxford: Oxford University Press, 1946.

[82] Hilliard J.. Analytics Underlying the Metallgesellschaft Hedge: Short Term Futures in a Multi-Period Environment [J]. Review of Quantitative Finance and Accounting, 1999 (3): 195-220.

[83] Hodgson D. J.. Adaptive Estimation of Cointegrated Models: Simulations Evidence and an Application to the Forward Exchange Market [J]. Journal of Applied Econometrics, 1999 (14): 627-650.

[84] Hodgson D. J.. Oliver Linton and Keith Vorkink. Testing Forward Exchange Rate Unbiasedness Efficiently: A Semiparametric Approach [J]. Journal of Applied Econometric, 2004 (8): 325-353.

[85] Hodrick R. J.. The Empirical Evidence on the Efficiency of Forward and Futures Foreign Exchange Markets [M]. Harwood, 1987.

[86] Howard C. T., D'Antonio L. J.. A Risk-return Measure of Hedging Effectiveness [J]. Journal of Financial and Quantitative Analysis, 1984 (19): 101-112.

[87] Hsin C. W., Kuo J., Lee C. F.. A New Measure to Compare the Hedging Effectiveness of Foreign Currency Futures Versus Options [J]. Journal of Futures Markets, 1994 (14): 685-707.

[88] Hung G. F., Wai K. L., Jiang Z.. Non-deliverable Forward Market for Chinese RMB: A First Look [J]. China Economic Review, 2004 (15): 348-

352.

[89] Izawa Hideki. An Empirical Test of Efficiency Hypothesis on the Renminbi NDF in Hongkong Market [R]. Working Paper, Kobe University, 2006,

[90] Jerry Coakley, Jian Dollery, Neil Kellard. The Role of Long Memory in Hedging Effectiveness [J]. Computational Statistics & Data Analysis, 2008 (52): 3075-3082.

[91] Jian Yang, David A., Bessler. Contagion Around the October 1987 Stock Market Crash [J]. European Journal of Operation Research, 2008 (184): 291-310.

[92] Jian Yang, Hui Guo, Zijun Wang. International Transmission of Inflation Among G-7 Countries—A Data-Determined VAR Analysis [J]. Journal of Banking and Finance, 2006 (30): 2681-2700.

[93] Johansen S.. Statistical Analysis of Cointegration Vectors [J]. Journal of Economic Dynamics and Control, 1988 (12): 231-254.

[94] Johansen S., Juselius K.. Maximum Likelihood Estimation and Inference on Cointegration with Applications to the Demand for Money [J]. Oxford Bulletin of Economics and Statistics, 1990 (52): 169-210.

[95] Johnson L. L.. The Theory of Hedging and Speculation in Commodity Futures [J]. Review of Economic Studies, 1960 (27): 139-151.

[96] Jorion P.. Value at Risk : The New Benchmark for Controlling Derivatives Risk [M]. McGraw OHill, New York, 1997.

[97] Kaen F. R., Hachey G. A.. Eurocurrency and National Money Market Interest Rates: An Empirical Investigation of Causality [J]. Journal of Money, Credit and Banking, 1983 (15): 327-338.

[98] Kaminsky G. L. Is there a Peso Problem? Evidence from the Dollar/Pound Exchange Rate, 1976-1987 [J]. American Economic Review, 1993 (83): 450-472.

[99] Karolyi G. Andrew. A Multivariate GARCH Model of International Transmissions of Stock Returns and Volatility: The Case of the United States and Canada [J]. Journal of Business and Economic Statistics, 1995 (13): 11-25.

[100] Keynes J. Fine Gold v. Standard Gold [J]. The Economic Journal, 1930 (40): 461-465.

[101] Koutmos G., Tucker M.. Temporal Relationships and Dynamic Interactions

between Spot and Futures Stock Exchanges [J]. Journal of Futures Markets, 1996 (16): 55-69.

[102] Kroner K. F., Sultan J.. Time-Varying Distributions and Dynamic Hedging with Foreign Currency Futures [J]. Journal of Financial and Quantitative Analysis, 1993 (28): 77-89.

[103] Kroner K. F. and Sultan J.. Time-varying Distributions and Dynamic Hedging with Foreign Currency Futures [J]. Journal of Financial and Quantitative Analysis, 1993 (28): 535-551.

[104] Kumer R. V., Mukherjee S.. Testing Forward Rate Unbiasedness in India an Econometric Analysis of Indo-US ForexMarket [J]. International Research Journal of Finance and Economics, 2007 (12): 56-66.

[105] Kutan A. M., Zhou S.. Has the Link Between the Spot and Forward Exchange Rates Broken Down? Evidence form Rolling Cointegration Tests [J]. Open Economics Review, 2003 (14), 369-379.

[106] Lai K., Lai M. A.. Cointegration Test for Market Efficiency [J]. Journal of Futures Markets, 1991 (11): 567-575.

[107] Lee H. and Yoder, J. K.. A Bivariate Markov Regime Switching-Garch Approach to Estimate Time Varying Minimum Variance Hedge Ratio [J]. Applied Economics, 2007 (39): 1253-1265.

[108] Lehmann B. N.. Some Desiderata for the Measurement of Price Discovery across Markets [J]. Journal of Financial Markets, 2002 (5): 259-276.

[109] Lewis K. K.. Can Learning Affect Exchange-Rate Behaviour? The Case of the Dollar in the Early 1980s' [J]. Journal of Monetary Economics, 1989 (23): 79-100.

[110] Lewis K. K.. Changing Beliefs and Systematic Rational Forecast Errors with Evidence from Foreign Exchange [J]. The American Economic Review, 1989 (79): 621-636.

[111] Leybourne, S. J., McCabe, B. P. M.. A Consistent Test for a Unit Root [J]. Journal of Business & Economic Statistics, 1994 (12): 157-166.

[112] Lien D., Tse Y. K., Albert K. C.. Evaluating the Hedging Performance of the Constant Correlation GARCH Mode [J]. Applied Financial Economics, 2002 (12): 791-798.

[113] Lien D., Shaffer D. R.. Hedging Multiperiod Forward Commitments: The Case of Period-by-period Quantity Uncertainty [J]. Review of Quantitative Finance and Accounting, 2001 (16): 171-181.

[114] Lien D., Tse Y. K.. Hedging Time-varying Downside Risk [J]. The Journal of Future Market, 1998 (18): 705-722.

[115] Lien, D.. The Effect of the Cointegration Relationship on Futures Hedging: A Note [J]. Journal of Futures Markets, 1996, 16: 773-780.

[116] Liu P. C. and G. S. Maddala. Rationality of Survey Data and Tests for Market Efficiency in the Foreign Exchange Markets [J]. Journal of International Money and Finance, 1992 (11): 366-381.

[117] MacDonald R. and Torrance T. S.. On Risk, Rationality and Excessive Speculation in the Deutschemark United States Dollar Exchange Market: Some Evidence Using Survey Data [J]. Oxford Bulletin of Economics and Statistics, 1988 (50): 107-123.

[118] Michael S. Haigh, David A. Bessler. Causality and Price Discovery-An Application of Directed Acyclic Graphs [J]. Journal of Business, 2004 (77): 1099-1121.

[119] Miyakoshi T.. Spillovers of Stock Return Volatility to Asian Equity Markets from Japan and US. International Financial Markets [J]. Journal of International Financial Markets, Institutions and Money, 2003 (13): 383-399.

[120] Nawrocki D.. Optimal Algorithms and Lower Partial Moment: Ex-post Results [J]. Applied Economics, 1991 (23): 465-470.

[121] Nelson D. B.. Conditional Heteroskedasticity in Asset Returns: A New Approach [J]. Econometrica, 1991 (59): 347-370.

[122] Neuberger. Hedging Long Term Exposures with Multiple Short Term Futures Contracts [J]. Review of Financial Studies, 1999 (12): 429-59.

[123] Ng, Angela. Volatility Spillover Effects from Japan and the US to the Pacific Basin [J]. Journal of International Money and Finance, 2000 (19): 207-233.

[124] Ng S., Perron P.. Lag Length Selection and the Construction of Unit Root Tests with Good Size and Power [J]. Econometrica, 2001 (69): 1519-1554.

[125] Park J.. Information Flows between Non-deliverable Forward (NDF) and

Spot Markets: Evidence from Korean Currency [J]. Pacific-Basin Finance Journal, 2001 (9): 363-377.

[126] Park T. H. and Switzer. Bivariante GARCH Estimation of the Optimal Hedge Ratios for Stock Index Futures : A Note [J]. Journal of Futures Markets, 1995 (15): 61-67.

[127] Pearl J.. Causal Diagrams for Empirical Research [J]. Biometrika, 1995 (82): 669-710.

[128] Pearl J.. In: Causality [M]. Cambridge: Cambridge University Press, 2000.

[129] Philips P. C. B., James W. M., Patrick C. M.. Robust Tests of Forward Exchange Market Efficiency with Empirical Evidence from the 1920's [J]. Journal of Applied Econometrics, 1996 (11): 1-22.

[130] Philips P. C. B., James W. M.. Forward Exchange Market Unbiasedness: The Case of the Australian Dollar Since 1984 [J]. Journal of International Money and Finance, 1997 (16): 885-907.

[131] Qian Su, Terence Tai-Leung Chong. Determining the Contributions to Price Discovery for Chinese Cross-listed Stocks [J]. Finance Journal, 2007 (15): 140-153.

[132] Robert E.. Johnson. Alternatives in Converting the Statements of Foreign Subsidiaries, National Association of Accountants [J]. NAA Bulletin, 1960 (41): 83-92.

[133] Robert F. Engle. Autoregressive Conditional Heteroscedasticity with Estimates of the Variance of United Kingdom Inflation [J]. Econometrica, 1982 (50): 987-1007.

[134] Robert J. Myers, Stanley R. Thompson. Generalized Optimal Hedge Ratio Estimation [J]. American Journal of Agricultural Economics, 1989 (4): 858-868.

[135] Robert L. Stein, Herman Travis. Special Labor Force Reports: Labor Force and Employment in 1960 [J]. Monthly Labor Review, 1961 (84): 344-355.

[136] Roberta C., Michael F.. Volatility Transmissions between Renminbi and Asia-Pacific On-shore and Off-shore U. S. Dollar Futures [J]. BOFIT Discussion Papers, 2006 (16).

[137] Ross S.. Hedging Long Run Commitments: Exercises in Incomplete Market Pricing [J]. Economic Notes, 1997 (1): 385-419.

[138] Sarno L. and Taylor M. P.. The Economics of Exchange Rates [M]. Cambridge: Cambridge University Press, 2002.

[139] Selva D., Kevin D. H.. Searching for the Causal Structure of a Vector Autoregression [J]. Oxford Bulletin of Economics and Statistics, 2003 (1): 745-767.

[140] Sheng-Syan Chen, Cheng-Few Lee, KeshabShrestha. Do the Pure Martingale and Joint Normality Hypotheses Hold for Futures Contracts? Implications for the Optimal Hedge Ratios [J]. The Quarterly Review of Economics and Finance, 2008 (48): 153-174.

[141] Shiller R. J., Campbell J. Y., Schoenholtz K. L.. Forward Rates and Future Policy: Interpreting the Term Structure of Interest Rates [R]. Cowles Foundation Discussion Paper, 1983, No. 667.

[142] Sims C. A.. Macroeconomics and Reality [J]. Econometrica, 1980 (48): 1-48.

[143] Sims Christopher A.. Money, Income and Causality [J]. The America Economic Review, 1972 (10): 540-552.

[144] Skintzi V., Refenes A. N.. Volatility Spillovers and Dynamic Correlation in European Bond Markets [J]. Journal of International Financial Markets, 2006 (16): 23-40.

[145] Spirtes P., Glymour C., Scheines R.. In: Causation, Prediction, and Search [M]. Cambridge: MA, MIT Press, 2000.

[146] Stock J. H., Watson M. W.. Testing for Common Trends [J]. Journal of the American Statistical Association, 1988 (83): 1097-1107.

[147] Sumit Agarwal, Chunlin Liu S., Ghon Rhee. Where Does Price Discovery Occur for Stocks Traded in Multiple Markets? Evidence from Hong Kong and London [J]. Journal of International Money and Finance, 2007 (26): 46-63.

[148] Swanson P. E. and Caples S. C.. Hedging Foreign Exchange Risk Using Forward Foreign Exchange Markets: An Extension [J]. International Business Studies, 1987 (18): 75-82.

[149] Swanson N. R., Granger C. W. J.. Impulse Response Functions Based on

a Causal Approach to Residual Orthogonalization in Vector Autoregressions [J]. Journal of the American Statistical Association, 1997 (92): 257-267.

[150] Taylor M. P.. Expectations, Risk and Uncertainty in the Foreign Exchange Market: Some Results Based on Survey Data [J]. Manchester School, 1989 (57): 142-153.

[151] Tse Y., Valeria Martinez. Price Discovery and Informational Efficiency of International iShares Funds [J]. Global Finance Journal, 2007 (18): 1-15.

[152] Tse Y, Erenburg G.. Competition for Order Flow, Market Quality, and Price Discovery in the NASDAQ 100 Index Tracking Stock [J]. The Journal of Financial Research, 2003 (26): 301-318.

[153] Villanueva O. M.. Spot-forward Cointegraton, Structural Breaks and FX Market Unbiasedness [J]. Journal of International Money and Finance, 2007 (17), 58-78.

[154] Voronkova S.. Equity Market Integration in Central European Emerging Markets: A Cointegration Analysis with Shifting Regimes [J]. International Review of Financial Analysis, 2004 (13), 633-647.

[155] Working H. Hedging Reconsidered [J]. Journal of Farm Economics. 1953 (35): 544-561.

[156] 陈蓉，郑振龙，龚继海. 中国应开放人民币 NDF 市场吗？——基于人民币和韩元的对比研究 [J]. 国际金融研究，2009 (6)：79-89.

[157] 陈蓉，郑振龙. 结构突变、推定预期与风险溢酬：美元/人民币远期汇率定价偏差的信息含量 [J]. 世界经济，2009 (6)：64-76.

[158] 陈蓉，郑振龙. NDF 市场：挑战与应对——各国 NDF 市场比较与借鉴 [J]. 国际金融研究，2008 (9)：39-47.

[159] 迟国泰，杨中原. 基于最小方差的系列展期套期保值优化模型 [J]. 系统工程理论与实践，2009 (12)：163-174.

[160] 崔明超，黄运成. 人民币远期汇率定价实证分析 [J]. 国际金融研究，2008 (10)：75-80.

[161] 代幼渝，杨莹. 人民币境外 NDF 汇率、境内远期汇率与即期汇率的关系的实证研究 [J]. 国际金融研究，2007 (10)：72-80.

[162] 邓超，张伟. 论人民币远期外汇市场的发展方向 [J]. 经济研究导刊，2006 (5)：75-77.

[163] 丁剑平. 关于现行的人民币汇率机制的可持续性研究 [J]. 国际金融研究，2003 (5)：48-55.

[164] 高金余，刘庆富. 伦敦与上海期铜市场之间的信息传递关系研究 [J]. 金融研究，2007 (2)： 63-73.

[165] 谷耀，陆丽娜. 沪、深、港股市信息溢出效应与动态相关性 [J]. 数量经济技术经济研究，2006 (8)：142-151.

[166] 顾莉莉. 基于 BV-GARCH 模型的期铜市场信息流动的实证研究 [J]. 现代管理科学，2007 (6)：113-114.

[167] 郭璐，韩立岩，李东辉. 交叉上市的信息传递及整合性：股改前后的变化 [J]. 管理世界，2009 (1)：29-37.

[168] 华仁海，刘庆富. 国内外期货市场之间的波动溢出效应研究 [J]. 世界经济，2007 (6)：64-74.

[169] 华仁海. 对我国期货市场价格发现功能的实证分析 [J]. 财务管理，2002 (5)：57-61.

[170] 黄冬运，韩鑫. 基于二元 Garch 模型的人民币外汇远期与即期汇率波动溢出效应分析 [J]. 时代金融，2008 (4)：57-59.

[171] 黄方亮，孟祥仲. 价格发现机理的理论史分析 [J]. 理论学刊，2007 (12)：53-56.

[172] 黄学军，吴冲锋. 离岸人民币非交割远期与境内即期汇率价格的互动：改革前后 [J]. 金融研究，2006 (11)：83-89.

[173] 黄长征. 期货套期保值模型决策研究 [J]. 数量经济与技术经济，2004 (7)：96-102.

[174] 李帅，熊熊，张维，刘文财，寇悦. 我国股票市场共因子的价格发现——以上证指数、H 股指数与 H 股指数期货为例 [J]. 系统工程，2007 (8)：21-27.

[175] 李宪铎，黄昌利. 人民币即期汇率与 NDF 的关联性：对 NDF 限制政策的实证研究 [J]. 财经研究，2007 (9)：76-86.

[176] 李晓峰，陈华. 人民币即期汇率市场与境外衍生品市场之间的信息流动关系研究 [J]. 金融研究，2008 (5)：14-24.

[177] 梁云翀，王玥. 汇率改革前后人民币即期汇率、离岸 NDF 和国内远期汇率关系研究 [J]. 全国商情（经济理论研究），2008 (11)：70-72.

[178] 刘京军，曾令琤，梁建峰. 境内外人民币远期市场套期保值效率研究

[J]. 上海财经大学学报，2009（11）：89–97.

[179] 陆前进. 人民币汇率变动研究——基于人民币兑美元和非美元货币汇率的分析 [J]. 数量经济技术经济研究，2009（7）：3–18.

[180] 彭红枫，叶永刚. 基于修正的 ECM–GARCH 模型的动态最优套期保值比率估计及比较研究 [J]. 中国管理科学，2007（15）：29–35.

[181] 彭红枫，叶永刚. 中国铜期货最优套期保值比率估计及其比较研究 [J]. 武汉大学学报（哲学社会科学版），2007（60）：863–868.

[182] 任兆璋，宁忠忠. 人民币汇率预期与人民币 NDF 汇率的实证研究 [J]. 学术研究，2005（12）：34–39.

[183] 戎如香. 人民币汇率定价权问题研究：基于 NDF 与即期汇率的实证检验 [J]. 上海金融，2008（12）：69–73.

[184] 盛骤，谢式千，潘承毅. 概率论与数理统计（第 4 版）[M]. 北京：高等教育出版社，2008.

[185] 史晋川，陈向明，汪炜. 基于协整关系的中国铜期货合约套期保值策略 [J]. 财贸经济，2006（11）：37–40.

[186] 王骏，张宗成，赵昌旭. 中国硬麦和大豆期货市场套期保值绩效的实证研究 [J]. 中国农业大学学报，2005（10）：131–137.

[187] 王骏，张宗成. 中国有色金属期货市场套期保值绩效的实证研究：2000~2004 年 [J]. 中国地质大学学报（社会科学版），2006，6（1）：46–51.

[188] 王丽，董益彪，葛明. 汇率改革对人民币 NDF 与 DF 关系的影响——基于中国金融管制背景下的实证研究 [J]. 现代商贸工业，2008（1）：62–63.

[189] 王群勇，张晓峒. 我国在 NYSE 上市公司的价格发现机制——基于永久短暂模型的实证分析 [J]. 经济问题探索，2005（6）：80–84.

[190] 王群勇，张晓峒. 原油期货市场的价格发现功能——基于信息份额模型的分析 [J]. 工业技术经济，2005（6）：72–74.

[191] 王少平，李子奈. 结构突变与人民币汇率的经验分析 [J]. 世界经济，2003（8）：22–27.

[192] 王曦，才国伟. 人民币合意升值幅度的一种算法 [J]. 经济研究，2007（5）：27–41.

[193] 王玉刚. 基于非线性组合的最小方差套期保值模型研究 [D]. 大连：大连理工大学，2006.

[194] 吴先智. NDF 市场与境内人民币汇率的互动研究 [J]. 广西金融研究，

2008 (7): 17-20.

[195] 伍海军，马永开. 期货市场多阶段展期套期保值的基本理论探讨 [J]. 系统工程，2007 (25): 3-87.

[196] 伍海军，马永开. 展期套期保值策略研究 [J]. 电子科技大学学报 (自然科学版)，2004 (1): 109-112.

[197] 肖辉，吴冲锋，鲍建平，朱战宇. 伦敦金属交易所与上海期货交易所铜价格发现过程 [J]. 系统工程理论方法应用，2004 (13): 481-489.

[198] 谢赤，杨益波. 汇率协整分析的理论基础与技术方法 [J]. 湖南大学学报 (社会科学版)，2003 (4): 27-32.

[199] 谢赤，刘薇，吴晓. 关于外汇期货套期保值比率的实证研究 [J]. 湘潭大学学报，2005 (11): 103-106.

[200] 熊维平，程晓红，周友生. 商品保值性的定量分析 [J]. 技术经济与管理研究，2000 (5): 47-48.

[201] 徐剑刚，李治国，张晓荣. 人民币 NDF 与即期汇率的动态关联性研究 [J]. 财经研究，2007 (9): 61-68.

[202] 徐信忠，杨云红，朱彤. 上海期货交易所铜期货价格发现功能研究 [J]. 财经问题研究，2005 (10): 23-31.

[203] 阳晓晖，伍海军. 多阶段展期套期保值策略研究 [J]. 统计与决策，2007 (4): 102-103.

[204] 杨子晖. 财政政策与货币政策对私人投资的影响研究——基于有向无环图的应用分析 [J]. 经济研究，2008 (5): 81-93.

[205] 姚京，袁子甲，李仲飞. 基于相对 VaR 的资产配置与资本资产定价模型 [J]. 数量经济与技术经济，2005 (12): 133-142.

[206] 于鑫. 银行间债券市场价格发现功能研究 [J]. 上海金融，2008 (4): 28-32.

[207] 张光平. 人民币产品创新和风险管控 [J]. 国际金融研究，2006 (8): 4-10.

[208] 张光平. 中国银行业金融衍生品发展的现状与未来 [J]. 中国外汇，2006 (9): 10-11.

[209] 张陶伟，杨金国. 人民币 NDF 与人民币汇率失调关系的实证分析 [J]. 国际金融研究，2005 (10): 49-54.

[210] 赵留彦，王一鸣. AB 股之间的信息流动与波动溢出 [J]. 金融研究，

2003 (10): 112–134。

[211] 曾五一，方琦. 关于外汇市场有效性的实证研究 [J]. 当代财经，2005 (8): 28–32.